国家卫生和计划生育委员会"十三五"规划教材
全国高等医药教材建设研究会"十三五"规划教材

全国高等学校药学类专业第八轮规划教材
供药学类专业用

药学信息检索与利用

主 编 何 华

副主编 李 霞 陈东林

编 者（以姓氏笔画为序）

万晓霞（广东药科大学）

刘 伟（郑州大学药学院）

刘 洋（北京中医药大学）

李 霞（哈尔滨医科大学）

李 潜（天津中医药大学）

杜晓峰（辽宁中医药大学）

邱 玺（湖北中医药大学）

陈东林（四川大学华西药学院）

何 华（中国药科大学）

顾东蕾（中国药科大学）

钱爱民（中国药科大学）

人民卫生出版社

图书在版编目（CIP）数据

药学信息检索与利用/何华主编. —北京：人民卫生出版
社，2016
ISBN 978-7-117-22125-2

Ⅰ. ①药… Ⅱ. ①何… Ⅲ. ①药物学－情报检索－医
学院校－教材 Ⅳ. ①G252.7

中国版本图书馆 CIP 数据核字（2016）第 036067 号

| 人卫社官网 | www.pmph.com | 出版物查询，在线购书 |
| 人卫医学网 | www.ipmph.com | 医学考试辅导，医学数据库服务，医学教育资源，大众健康资讯 |

药学信息检索与利用

主　　编：何　华
出版发行：人民卫生出版社（中继线 010-59780011）
地　　址：北京市朝阳区潘家园南里 19 号
邮　　编：100021
E - mail：pmph @ pmph.com
购书热线：010-59787592　010-59787584　010-65264830
印　　刷：北京铭成印刷有限公司
经　　销：新华书店
开　　本：850×1168　1/16　　印张：16
字　　数：440 千字
版　　次：2016 年 2 月第 1 版　2025 年 1 月第 1 版第 11 次印刷
标准书号：ISBN 978-7-117-22125-2/R · 22126
定　　价：42.00 元

打击盗版举报电话：010-59787491　E-mail：WQ @ pmph.com
（凡属印装质量问题请与本社市场营销中心联系退换）

全国高等学校药学类专业本科国家卫生和计划生育委员会规划教材是我国最权威的药学类专业教材,于1979年出版第1版,1987—2011年进行了6次修订,并于2011年出版了第七轮规划教材。第七轮规划教材主干教材31种,全部为原卫生部"十二五"规划教材,其中29种为"十二五"普通高等教育本科国家级规划教材;配套教材21种,全部为原卫生部"十二五"规划教材。本次修订出版的第八轮规划教材中主干教材共34种,其中修订第七轮规划教材31种;新编教材3种,《药学信息检索与利用》《药学服务概论》《医药市场营销学》;配套教材29种,其中修订24种,新编5种。同时,为满足院校双语教学的需求,本轮新编双语教材2种,《药理学》《药剂学》。全国高等学校药学类专业第八轮规划教材及其配套教材均为国家卫生和计划生育委员会"十三五"规划教材、全国高等医药教材建设研究会"十三五"规划教材,具体品种详见出版说明所附书目。

该套教材曾为全国高等学校药学类专业唯一一套统编教材,后更名为规划教材,具有较高的权威性和较强的影响力,为我国高等教育培养大批的药学类专业人才发挥了重要作用。随着我国高等教育体制改革的不断深入发展,药学类专业办学规模不断扩大,办学形式、专业种类、教学方式亦呈多样化发展,我国高等药学教育进入了一个新的时期。同时,随着药学行业相关法规政策、标准等的出台,以及2015年版《中华人民共和国药典》的颁布等,高等药学教育面临着新的要求和任务。为跟上时代发展的步伐,适应新时期我国高等药学教育改革和发展的要求,培养合格的药学专门人才,进一步做好药学类专业本科教材的组织规划和质量保障工作,全国高等学校药学类专业第五届教材评审委员会围绕药学类专业第七轮教材使用情况、药学教育现状、新时期药学人才培养模式等多个主题,进行了广泛、深入的调研,并对调研结果进行了反复、细致的分析论证。根据药学类专业教材评审委员会的意见和调研、论证的结果,全国高等医药教材建设研究会、人民卫生出版社决定组织全国专家对第七轮教材进行修订,并根据教学需要组织编写了部分新教材。

药学类专业第八轮规划教材的修订编写,坚持紧紧围绕全国高等学校药学类专业本科教育和人才培养目标要求,突出药学类专业特色,对接国家执业药师资格考试,按照国家卫生和计划生育委员会等相关部门及行业用人要求,在继承和巩固前七轮教材建设工作成果的基础上,提出了"继承创新""医教协同""教考融合""理实结合""纸数同步"的编写原则,使得本轮教材更加契合当前药学类专业人才培养的目标和需求,更加适应现阶段高等学校本科药学类人才的培养模式,从而进一步提升了教材的整体质量和水平。

为满足广大师生对教学内容数字化的需求,积极探索传统媒体与新媒体融合发展的新型整体教学解决方案,本轮教材同步启动了网络增值服务和数字教材的编写工作。34种主干教材都将在纸质教材内容的基础上,集合视频、音频、动画、图片、拓展文本等多媒介、多形态、多用途、多层次的数字素材,完成教材数字化的转型升级。

需要特别说明的是,随着教育教学改革的发展和专家队伍的发展变化,根据教材建设工作的需要,在修订编写本轮规划教材之初,全国高等医药教材建设研究会、人民卫生出版社对第四届教材评审委员会进行了改选换届,成立了第五届教材评审委员会。无论新老评审委员,都为本轮教材建设做出了重要贡献,在此向他们表示衷心的谢意!

众多学术水平一流和教学经验丰富的专家教授以高度负责的态度积极踊跃和严谨认真地参与了本套教材的编写工作,付出了诸多心血,从而使教材的质量得到不断完善和提高,在此我们对长期支持本套教材修订编写的专家和教师及同学们表示诚挚的感谢!

本轮教材出版后,各位教师、学生在使用过程中,如发现问题请反馈给我们(renweiyaoxue@163.com),以便及时更正和修订完善。

全国高等医药教材建设研究会

人民卫生出版社

2016年1月

国家卫生和计划生育委员会"十三五"规划教材
全国高等学校药学类专业第八轮规划教材书目

序号	教材名称	主编	单位
1	药学导论(第4版)	毕开顺	沈阳药科大学
2	高等数学(第6版)	顾作林	河北医科大学
	高等数学学习指导与习题集(第3版)	顾作林	河北医科大学
3	医药数理统计方法(第6版)	高祖新	中国药科大学
	医药数理统计方法学习指导与习题集(第2版)	高祖新	中国药科大学
4	物理学(第7版)	武 宏	山东大学物理学院
		章新友	江西中医药大学
	物理学学习指导与习题集(第3版)	武 宏	山东大学物理学院
	物理学实验指导★★★	王晨光	哈尔滨医科大学
		武 宏	山东大学物理学院
5	物理化学(第8版)	李三鸣	沈阳药科大学
	物理化学学习指导与习题集(第4版)	李三鸣	沈阳药科大学
	物理化学实验指导(第2版)(双语)	崔黎丽	第二军医大学
6	无机化学(第7版)	张天蓝	北京大学药学院
		姜凤超	华中科技大学同济药学院
	无机化学学习指导与习题集(第4版)	姜凤超	华中科技大学同济药学院
7	分析化学(第8版)	柴逸峰	第二军医大学
		邸 欣	沈阳药科大学
	分析化学学习指导与习题集(第4版)	柴逸峰	第二军医大学
	分析化学实验指导(第4版)	邸 欣	沈阳药科大学
8	有机化学(第8版)	陆 涛	中国药科大学
	有机化学学习指导与习题集(第4版)	陆 涛	中国药科大学
9	人体解剖生理学(第7版)	周 华	四川大学华西基础医学与法医学院
		崔慧先	河北医科大学
10	微生物学与免疫学(第8版)	沈关心	华中科技大学同济医学院
		徐 威	沈阳药科大学
	微生物学与免疫学学习指导与习题集★★★	苏 昕	沈阳药科大学
		尹丙姣	华中科技大学同济医学院
11	生物化学(第8版)	姚文兵	中国药科大学
	生物化学学习指导与习题集(第2版)	杨 红	广东药科大学

续表

序号	教材名称	主编	单位
12	药理学(第 8 版)	朱依谆	复旦大学药学院
		殷 明	上海交通大学药学院
	药理学(双语)★★	朱依谆	复旦大学药学院
		殷 明	上海交通大学药学院
	药理学学习指导与习题集(第 3 版)	程能能	复旦大学药学院
13	药物分析(第 8 版)	杭太俊	中国药科大学
	药物分析学习指导与习题集(第 2 版)	于治国	沈阳药科大学
	药物分析实验指导(第 2 版)	范国荣	第二军医大学
14	药用植物学(第 7 版)	黄宝康	第二军医大学
	药用植物学实践与学习指导(第 2 版)	黄宝康	第二军医大学
15	生药学(第 7 版)	蔡少青	北京大学药学院
		秦路平	第二军医大学
	生药学学习指导与习题集★★★	姬生国	广东药科大学
	生药学实验指导(第 3 版)	陈随清	河南中医药大学
16	药物毒理学(第 4 版)	楼宜嘉	浙江大学药学院
17	临床药物治疗学(第 4 版)	姜远英	第二军医大学
		文爱东	第四军医大学
18	药物化学(第 8 版)	尤启冬	中国药科大学
	药物化学学习指导与习题集(第 3 版)	孙铁民	沈阳药科大学
19	药剂学(第 8 版)	方 亮	沈阳药科大学
	药剂学(双语)★★	毛世瑞	沈阳药科大学
	药剂学学习指导与习题集(第 3 版)	王东凯	沈阳药科大学
	药剂学实验指导(第 4 版)	杨 丽	沈阳药科大学
20	天然药物化学(第 7 版)	裴月湖	沈阳药科大学
		娄红祥	山东大学药学院
	天然药物化学学习指导与习题集(第 4 版)	裴月湖	沈阳药科大学
	天然药物化学实验指导(第 4 版)	裴月湖	沈阳药科大学
21	中医药学概论(第 8 版)	王 建	成都中医药大学
22	药事管理学(第 6 版)	杨世民	西安交通大学药学院
	药事管理学学习指导与习题集(第 3 版)	杨世民	西安交通大学药学院
23	药学分子生物学(第 5 版)	张景海	沈阳药科大学
	药学分子生物学学习指导与习题集★★★	宋永波	沈阳药科大学
24	生物药剂学与药物动力学(第 5 版)	刘建平	中国药科大学
	生物药剂学与药物动力学学习指导与习题集(第 3 版)	张 娜	山东大学药学院

续表

序号	教材名称	主编	单位
25	药学英语(上册、下册)(第 5 版)	史志祥	中国药科大学
	药学英语学习指导(第 3 版)	史志祥	中国药科大学
26	药物设计学(第 3 版)	方　浩	山东大学药学院
	药物设计学学习指导与习题集(第 2 版)	杨晓虹	吉林大学药学院
27	制药工程原理与设备(第 3 版)	王志祥	中国药科大学
28	生物制药工艺学(第 2 版)	夏焕章	沈阳药科大学
29	生物技术制药(第 3 版)	王凤山	山东大学药学院
		邹全明	第三军医大学
	生物技术制药实验指导★★★	邹全明	第三军医大学
30	临床医学概论(第 2 版)	于　锋	中国药科大学
		闻德亮	中国医科大学
31	波谱解析(第 2 版)	孔令义	中国药科大学
32	药学信息检索与利用★	何　华	中国药科大学
33	药学服务概论★	丁选胜	中国药科大学
34	医药市场营销学★	陈玉文	沈阳药科大学

注:★为第八轮新编主干教材;★★为第八轮新编双语教材;★★★为第八轮新编配套教材。

全国高等学校药学类专业第五届教材评审委员会名单

顾　　问　　吴晓明　中国药科大学

周福成　国家食品药品监督管理总局执业药师资格认证中心

主 任 委 员　毕开顺　沈阳药科大学

副主任委员　姚文兵　中国药科大学

郭　姣　广东药科大学

张志荣　四川大学华西药学院

委　　员（以姓氏笔画为序）

王凤山	山东大学药学院	陆　涛	中国药科大学
朱　珠	中国药学会医院药学专业委员会	周余来	吉林大学药学院
朱依谆	复旦大学药学院	胡　琴	南京医科大学
刘俊义	北京大学药学院	胡长平	中南大学药学院
孙建平	哈尔滨医科大学	姜远英	第二军医大学
李　高	华中科技大学同济药学院	夏焕章	沈阳药科大学
李晓波	上海交通大学药学院	黄　民	中山大学药学院
杨　波	浙江大学药学院	黄泽波	广东药科大学
杨世民	西安交通大学药学院	曹德英	河北医科大学
张振中	郑州大学药学院	彭代银	安徽中医药大学
张淑秋	山西医科大学	董　志	重庆医科大学

药学信息检索课程是伴随着药学学科迅速发展应运而生的一门专门研究如何获取所需药学知识的科学方法课程,是培养药学专业学生信息能力和信息素质,吸取新知识、改善知识结构等的具有重要意义的一门课程。通过信息素质与信息能力的培养,学会用科学的方法进行文献信息的收集、整理、加工和利用,提高药学专业学生的自学和研究能力,发挥创造才能,为将来从事科研、教学和管理等相关工作打好基础。

药学信息包含了药学领域所有的知识和数据。包括与药物直接相关的药物信息,如药物作用机制、药代动力学、不良反应、药物相互作用、妊娠用药危险度、药物经济学等,也包括与药物间接相关的信息如疾病变化、耐药性、生理病理状态、健康保健等信息。随着信息技术的发展,存在着药学信息总量、药学信息种类、药学信息质量与个人信息获取能力有限的矛盾。因此,对于药学工作者来说,提高信息素养显得十分重要。

药学信息检索课程现阶段的教学在保持原有的文献检索基础知识及文献检索工具使用技巧的教学内容的基础上,以研究性学习、知识发现能力带动创新实践能力培养为核心设计课程内容与教学方式,带着问题研究为学习与教学的主要手段,使学生在课题研究中提高信息素养和文献利用能力。随着科学技术的发展,药学及相关领域文献的数量呈指数增长。由于互联网的快速发展,极大地改善了信息环境,使信息的存储、传播和检索进入了一个崭新的阶段,对信息检索课程提出了挑战,原有教材部分内容亟待更新。为此,本教材围绕文献信息检索系统的最新发展,以研究型学习方法与能力的培养为主线,以信息意识、信息获取、信息利用三个层次和信息意识、知识产权与创新、信息检索能力、文献研究能力、信息分析及应用五个知识模块为思路,介绍信息检索技能及利用方法。

本书是全国高等医药院校药学类规划教材之一,共七章内容。由何华、钱爱民、杜晓峰、顾东蕾、刘洋、万晓霞、李潜、陈东林、刘伟、邱玺和李霞共同编写,何华统稿。全书是在参考了众多信息检索教材的基础上结合药学特色编写而成的,该教材紧扣本科药学教育培养目标和要求,突出实用性,在阐述药学信息检索的基本理论和方法的同时,结合具体实例介绍国内外主要检索工具,着重介绍检索技能和检索策略;突出新颖性,尽可能吸收和介绍新动态、新知识和新方法,使本书能反映信息检索的最新进展。本书既适合高等医药学校学生药学信息检索课的使用,也适用于广大医药工作者及相关科技人员参考阅读。

在本书编写过程中,得到中国药科大学、哈尔滨医科大学生物信息科学与技术学院的大力支持;中国药科大学图书馆的江陵、李静、王润海和吴琦磊等老师提出了宝贵意见;牛牧川、时天和李博同学在文字整理中也付出了辛勤的劳动,在此一并表示谢意。

由于时间和条件的限制,尤其是我们编写的水平有限,书中还会存在很多不足乃至错误的地方,恳请各位同行和读者批评指正,以便今后修订时改进。

编　者
2016 年 1 月

目 录

第一章　信息资源检索概述

我们生活在一个变幻莫测的信息时代,信息就像我们呼吸的空气一样无所不在。随着全球信息化、网络化的发展,以数字化、网络化为特征的信息技术正以前所未有的汹涌潮流冲击着世界,迅速地改变着人们的学习、工作和生活方式,并日益广泛地渗透到社会的各个领域。信息技术的发展,加速了互联网信息资源的迅猛增长。开发和利用信息,已成为我们每个人社会生活的必需。"工欲善其事,必先利其器",我们要研究现代信息检索,就要掌握其基本功能和原理。明确信息的概念,了解信息资源的类型和特点,掌握信息检索工具和检索途径,从而使得我们对现代信息检索有一个宏观和一般规律性的认识。

第一节　信息与信息意识

一、信息的概念

(一) 信息

信息一词流行于今,亦见于古。一千多年前,唐代诗人李中在《暮春怀故人》一诗中就有这样的诗句:"梦断美人沈信息,目穿长路倚楼台。"宋朝陈亮在《梅花》一诗里也写道:"欲传春信息,不怕雪埋藏。"上述古诗中"信息"一词,大体上是消息、征兆之意。而信息一词被引入科学领域,则是从1948年美国数学家、通信工程师申农(C. E. Shannon)创立信息论开始的。申农在其《通讯的数学理论》一书中把信息定义为:"信息是二次不定性之差,不定性就是对事物认识不清楚、不知道。信息就是消除人们认识上的不定性。"而另一位信息科学的奠基人,控制论的创始人维纳(N. Wiener)认为:"信息这个名称的内容就是我们对外界进行调节并使我们的调节为外界所了解时而与外界交换来的东西。"由此可见,今天作为事物运动状态和方式的"信息",其含义与古人所谓"信息"并不等同。

信息一词并不神秘,是日常生活中常见现象的集合,大到宇宙空间,小到微观世界,每时每刻都在不断地发出信息、传递信息。树木的年轮表现了其生长的年龄与发展的信息,海水的涨落表现了月亮围绕地球运行的信息,动物的异常行为表现了地震有可能到来的……信息普遍存在于自然界、人类社会和人们的思维之中。

所谓信息是指客观存在着的一切事物,通过一定媒介与形式向外传播、展示或表现的一种迹象、征兆、信号和消息。简言之,即一切事物(包括物质的或精神的)运动的状态和运动的方式。

当然,本书所指的信息并不是包罗万象的一切信息,而是指人类能够接收和利用的那部分信息,即经过收集、整理、序化了的各类文献信息和社会信息,人们可以通过交流、传递、提问、查询、检索等方式去获取。信息具有普遍性、无限性、相对性、转移性、时效性、共享性和商品性等特征。

(二) 信息的分类

1. 按信息的内容划分

(1) 自然信息:自然信息是指宇宙间、自然界客观存在的各种事物或随机发生的各种事件的信息,是物质运动和生物生存活动的产物,它随着事物的存在而存在,随着事物的变化而变

笔记

1

化，是自然界的客观反映。自然信息包括生命信息、动植物"活动"信息及物质物理信息等。人们通过对自然信息的利用可以达到认识世界、改造世界的目的。

（2）社会信息：是指在人类或社会维系生存、生产和发展过程中所产生、传递、利用的信息，是人和人之间发生交往的产物，也是人类从事一切活动的基础。社会信息包括经济信息、政治信息、法律信息、文化信息、军事信息、科技信息以及社会生活信息等。

2. 按信息的来源划分

（1）直接信息：事物的存在状态和运动形式本身在人们头脑中的直接反映是直接信息，这种信息是人的眼、鼻、嘴、手、耳、皮肤等感觉器官在直接接触客观事物时，对客观事物作出反映而生成的信息。

（2）间接信息：关于事物存在状态与运动形式的描述（如经过加工整理后的数据、资料、理论、观点等）则是间接信息，是可以通过历史资料查阅，各种信息传播媒介传递，以及对未来事物发展趋势预测等手段所获取的信息。

3. 按信息的产生过程划分

（1）原始信息：原始信息是事物第一次发出且未经人们作任何处理的信息，如科学发现、科学发明中首次揭示事物的状态或运行规律的信息，或是科学试验、经济活动中的原始数据。原始信息本身不受人的意识干扰，它是事物状态或方式的客观反映。

（2）再生信息：再生信息是以原始信息为基础，经过加工处理以后而产生的信息，也称为加工性信息，如文摘、索引、分析报告等。有的再生信息是对原始信息的简化描述或浓缩所得，有的则是对原始信息进行重新组合或分析计算而成。

二、信 息 意 识

面对信息社会，人们能否自觉地掌握信息检索及利用已有的知识与技能去猎取有关的信息，其关键在于有没有强烈的信息意识。何谓信息意识？信息意识是指人们从思想上对信息在经济、社会、事业发展中的地位、价值、功能与作用的认识，是指人们对信息重要性的认识程度和需求信息的迫切程度，以及捕捉信息、分析信息、判断信息和吸收信息的自觉程度。换言之，信息意识就是在充分认识信息价值的基础上，对信息具有特殊敏感性的一种主体意识。

（一）信息意识与信息环境

在当今的信息社会，人们面临着两种境况：其一，日新月异的信息技术作为一种专门的知识和技能，要求人们不断学习与利用它，以适应其发展；其二，信息产品渗透到各个领域，信息产出量呈指数级增长，知识更新迅速倍增，这就是当前所处的信息环境，人们一般称之为"信息爆炸"。信息量的急剧增长还引起现代社会的"信息危机"，一方面是社会信息的迅速累积、高速增长，新知识、新成果不断涌现；另一方面，个人、组织、团体乃至整个社会的信息传播、处理与吸收能力发展较慢，使大量有价值的信息不能发挥有效的作用。人们为了在竞争中立于不败之地，谁都想要优先掌握有价值的信息，唯恐自己所知道的东西越来越少和越来越陈旧。现代社会的信息环境和竞争状况已经给人们造成压力，使人们普遍感到信息匮乏，因而产生危机感。对此所需采取的对策就是要培养自己高度的信息意识及信息敏感性，时时刻刻从信息的角度去观察周围的一切，及时捕捉各类信息，从分散、无序的文献信息中发现价值高、内容新的信息。

（二）信息意识与人才素质

在信息社会，信息意识强的人都是把搜集信息作为事业的生存之本、取胜之道。这无疑是对个人的基本素质提出了新的要求。美国劳动部提交的一份关于 2000 年人才需求的报告中提出，信息时代，人们特别需要五个方面的能力，其中使用信息的能力占有重要地位。也就是说，具有获取信息的意识和能力将成为人们在未来社会生存和发展的基本素质之一。在信息社会，人们若缺乏获取信息的意识和能力，就会成为"信息盲"，甚至丧失一些基本生活能力。而信息意识的觉醒和获取信息技能的提高，能有效地改善文化素养和思想方式，增强创新能力，及时调整知识结构，进而有效适应信息社会的要求。

（三）信息意识与药学创新

药品是基于高度密集的知识而研制出的高科技产品。药品的研制、开发不是一项简单的工程，而是创新知识的过程。现代药学研究是在传统的医药学基础上不断地吸收科学技术新信息、新技术而发展起来的。20世纪中叶以后，分子生物学、生物工程技术、电子计算机技术等方面的发展，使药物设计、作用机制研究和药品生产进入了一个新的历史发展阶段，新药的研究和开发也向着新领域拓展。新中国成立60多年来，新药研究基本上走的是仿制之路，自主创新药物较少。随着世界经济越来越趋向地区化、全球化，国际、国内市场的竞争越来越激烈。只有减少仿制，增强新产品的开发，才能开拓更大的市场。因此，我国必须尽快走创制新药的道路。

由此可见，我国的药品研制、开发和生产目前面临着严峻的形势和挑战。创制新药是一项复杂工程，需要多学科、多专业科技人员参与，还要有先进设备及足够的投入等条件，其中信息是不可忽略的重要因素。我们要有敏锐的信息意识，及时了解和掌握国内外在药品研制方面的有关信息，包括药品研制方面的历史状况、现有动态、最新成果、发展趋势和前景，以及可供开发的环境和可利用的条件等，为发展我国的医药事业，为创制有自主知识产权的新药，在方方面面创造必要的条件。因此，药学信息服务重点应当放在通过各种方式和手段，及时将有针对性的信息传递给特定的信息用户，使信息转化为科研的思路、决策的依据、解决用药问题的措施。

（四）药学信息的作用

利用药学信息，我们可以达到促进合理用药、改善药物治疗效果、体现药师自身价值的目的。其特点集中表现为以患者为中心，以知识为基础，以高科技为依据。药学信息服务，在过去主要是药师解答患者或药品消费者有关药品使用方面的询问，如今药学信息服务的对象已经扩大到医师、护士及其他医务人员，成为社会各方面的需要。随着现代医药科技的发展，新药不断出现，老药新用屡见不鲜，现代临床用药和解决用药问题更多地依赖于药学信息服务。

药学信息可以提高药学科研的效率和质量。如果药学信息不畅，对于药学领域当前研究水平缺乏全面而细致的了解，就会影响药学科研的效率和质量。一方面，对于基础研究人员来说，一味地在实验室里搞研究，就会闭门造车，造成人力、物力、财力的巨大浪费，而不会带来明显的社会效益和实用价值。另一方面，对于临床工作人员来说，就会影响其自身技术水平和专业素质的提高，造成治疗方案、用药方式、仪器设备等方面滞后，延误治疗，浪费资源，甚至引起药源性疾病，酿成医疗事故。因此，相关人士应该像蜜蜂采蜜一样，博采众家之所长，充分掌握药学发展的最新动态，为我所用，以确定科研方向，并指导临床用药。

药学信息可以促进对药品不良反应的监测与报告。药学人员尤其应对药品的安全性、有效性及经济性进行广泛关注，在收集完整资料的同时，还要收集同类药物疗效和不良反应比较研究的信息。随着药品品种和数量的增多，药品不良反应发生率和严重性日益突出，引起医药界乃至全社会的广泛关注。自20世纪60年代开始，许多国家制定并颁布了药品不良反应监测报告制度，并成立了相应的机构。药学信息服务对安全用药起到了良好的促进作用。经专家及机构整理、分析来自网络、媒体的大量药品不良反应信息，发现用药中各种不安全因素，从而促进合理用药，研制更为安全、有效的新药，科学地淘汰旧药。所以，药学信息为药品不良反应的监测与报告提供了准确、全面而高效的信息资源，使其管理更趋信息化、规范化、科学化、国际化。

药学信息服务已成为包括患者在内的普通药品消费者的需求品，不再是医药卫生人员的专用品。

三、信息、知识、文献和情报之间的关系

知识是人类在改造客观世界实践中所获得的认识和经验的总和，是信息的一部分。知识也是人类对各种大量信息进行思维分析，加工提炼，并加以系统化和深化而形成的结果。知识可被视为载有经验、评价、敏锐洞察力的信息。知识属于意识范畴，具有不可替代性、不可相加性、不可逆性、不可磨损性、不可分性、可共享性、无限增值性等特征。2010年中华人民共和国国家标准《知识管理》（GB/T 23703.2—2010）中关于"知识"的定义是："知识是通过学习、实践或探索所获得的认识、判断或技能。"知识是人类在实践中认识客观世界（包括人类自身）的成果。它包括事实、信息的描述或在教育和实践中获得的技能。它可以是关于理论的，也可以是关于实践的。在哲学中，关于知识的研究叫作认识论。

情报是人们在一定时间内为一定目的而传递的有使用价值的知识或信息。情报具有竞争性、传递性、效用性、时间性等特征。

文献是记录知识和信息的一切载体。文献的基本要素包括：①信息内容，是文献的核心；②载体材料，是承载文献信息符号的物质材料；③信息符号，是揭示和表达知识与信息的标记符号。

信息、知识、文献和情报四者之间的关系是：知识来源于信息，是理性化的、优化的和系统化的信息；信息经过人脑的思维重新组合和优化后，成为知识；情报是知识中的一部分，是被传递的知识，是知识的激活，是运用一定的媒体，越过空间和时间传递给特定用户，解决科研、生产中的具体问题所需要的特定知识和信息；而知识通过一定的方式记录下来时，则成为文献。文献是知识的载体。其逻辑关系如图1-1所示。

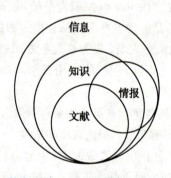

图 1-1　信息、知识、文献和情报四者的逻辑关系

第二节　信息资源的类型和药学信息资源的特点

一、信息资源概述

所谓资源是指一切可被人类开发和利用的物质、能量和信息的总称。它广泛地存在于自然界和人类社会中。信息最初并不被认为是资源，随着信息在社会与经济发展中的重要性与日递增，信息资源化才逐渐被认识，信息最终成为人类经济社会发展的一种重要的可供利用的资源。所谓信息资源则是指经过人类开发与组织的信息的集合。

信息资源同其他资源一样是多种多样的。社会信息资源一般有三种存在形式：一是存储在

人脑记忆中,人们通过语言交谈、讨论等形式进行交流传播;二是存在于文献中,用文字、图形、符号等手段记录在一定的物质载体上;三是存在于实物中,人们通过实地观察、采集样品等形式进行传播交流。这三种形式分别称为口头信息资源、文献信息资源和实物信息资源,它们构成了社会信息资源总体。在这三者中,文献信息资源是社会信息资源的主要组成部分。在信息技术飞速发展的今天,文献资源越来越多地表现为数字化、网络化的传递,可以实现多途径检索或智能检索,并具有海量存储、世界范围内共享的特征。电子信息资源现已占有相当重要的地位。

二、信息资源的类型

为了更好地开发和利用信息资源,应首先了解信息资源的类型。我们以文献资源为例,从收录的内容、加工程度、获取的难易程度、载体形式来进行简单的分类。

(一)以信息资源的内容形式划分

1. **图书**　图书是一种传统的、比较定型的信息媒体、数量庞大、流通广泛、影响深远持久,是用以表达思想、保存知识、积累经验、传递信息的工具。其特点是,反映的知识内容比较完整、系统和成熟,论述比较全面。不过,传统印刷型图书出版周期长、体积大、更新慢,电子版图书的出现可以弥补这一缺陷。

2. **期刊**　期刊又称杂志,是指那些定期或不定期连续出版,有固定的名称和版式,使用连续的卷、期号或年、月顺序序号作为时序标识的一种连续出版物。

期刊按其内容性质或使用对象可以分为学术类期刊、检索类期刊、政论类期刊、文艺类期刊等。由于期刊具有出版周期短、报道时差短、能及时反映当前科技水平等特点,是人们传递信息、交流学术思想所使用的最基本、最广泛的载体。据统计,从期刊获取的科技信息约占整个信息来源的65%。

目前,网络资源中新兴的网络刊物发展很快,备受人们关注。

3. **专利文献**　专利文献包括专利申请书、专利说明书、专利公报和专利检索工具,以及与专利有关的一切资料。

4. **标准文献**　标准文献是指按规定程序制定,经权威的管理机构批准的一整套须在特定范围内执行的规格、规则、技术要求等规范性文献。

5. **科技报告**　科技报告也称研究报告或技术报告,它是指有关某项科学研究的正式报告或研究进展情况的阶段性总结和实际记录。

6. **会议文献**　会议文献指的是在国内外各种会议上所产生的正式和非正式的资料汇总,是围绕会议的中心议题,在会前提供的发言预印本或发言预摘、会上发表或散发的论文,以及会后整理出来的有关资料的总称。

7. **政府出版物**　政府出版物是指各国政府部门及其所属机构发表或出版的各种文献总称,一般可分为行政性文件和科技性文献两大类。

8. **学位论文**　学位论文通常是指高等学校、科研单位攻读学位人员为获取学位而撰写的学术论文,分为硕士论文和博士论文。

9. **产品资料**　产品资料是各个厂商为了推销产品而印发的企业出版物或免费赠送的商业宣传品,通常包含着有关产品的技术信息。

10. **科技档案**　科技档案是指在技术活动中所形成的技术文件、图纸、图片、原始技术记录等资料。包括任务书、协议书、技术指标、审批文件、研究计划及方案、调研材料等。

(二)以信息资源的加工程度划分

1. **零次信息资源**　零次信息资源是指未成为正式文献资料的一些中间信息和过程信息。如实验记录、草稿、私人日记、笔记、书信、草图等。

笔记

2. 一次信息资源　一次信息资源是指报道新发明、新创造、新知识、新技术的原始信息,是人们研究或创造性活动成果的直接记录。如期刊论文、研究报告、专利说明书等,它是加工二、三次文献信息的基础。

3. 二次信息资源　二次信息资源是对一次信息资源进行加工整理后产生的一类文献信息。如简介、文摘等检索工具,它是查找一次信息资源的桥梁。

4. 三次信息资源　三次信息资源是在一、二次文献信息的基础上,经过分析,综合而编写出来的文献信息。如综述、述评、文献指南等。

(三) 以信息资源获取的难易程度划分

1. 白色信息资源　白色是一个明亮的色调,因而人们将公开发行,较易获得的文献信息形象地称为白色文献信息资源,如正式出版的图书、期刊等。

2. 黑色信息资源　黑色与白色相对,指看不见的事物状态,因而人们将处于保密状态,极难获取的文献信息称为黑色文献信息资源,如未解密的政府文件、技术档案等。

3. 灰色信息资源　灰色介于黑色、白色之间,灰色信息资源是没有公开的、潜在的信息,需要通过一些合法的、特定的渠道才能获取。因而人们把不正式出版的,无定价,但在一定范围内流通的内部文献资料称为灰色文献信息资源,如会议资料、未公开的学位论文等。

(四) 以信息资源的载体形式划分

1. 纸质型信息资源　纸质型信息资源是以手写和印刷技术为手段,以纸张记录信息的载体形式。包括铅印、油印、胶印、木版印刷、激光照排印刷等形式的出版物,也包括手工书写、复印机复制、传真传递以及计算机打印等形式获得的文献,通常是以纸质材料为介质。它有悠久的历史,至今仍广为流传,成为传播文献信息的主要形式。其优点是读取方便,不受时空的局限;其不足是存储信息密度低,占据空间大,笨重,管理比较困难。

2. 缩微型信息资源　缩微型信息资源是以感光材料为存储介质,以缩微照像为记录手段产生的一种信息媒体形式,它是原始信息资源的缩微复制品。它包括缩微胶卷、缩微平片等。缩微型媒体的优点是信息储量大、体积小、价格便宜、保存期长,一张 105mm×148mm 的缩微平片,缩小 1/24、1/42 及 1/48 时,可分别存入 98、325 和 420 页资料。超缩微片一般每张可存3200 页,而特超缩微片每张可存 22 500 页。其缺点是不能直接阅读,阅读时必须借助于阅读设备。

3. 视听型信息资源　以磁性材料或感光材料为存储介质,借助特殊的机械设备,直接记录声音和图像,并通过视听设备存储和播放信息知识的信息媒体形式,如唱片、录音带、幻灯片等。它依感官接受功能可划分为视觉资料、听觉资料和声像资料。其优点是直观性强、形象逼真,可直接表现那些难以用文字描述的事物。其缺点是必须借助一定的设备才能使用。

4. 电子型信息资源　它是指采用电子手段并以电子形式存在,利用计算机及现代通信方式提供信息的一种新兴信息媒体形式,原称机读型信息资源。它通过计算机对电子格式的信息进行存取和处理,即采用高技术手段,将信息存储在磁盘、磁带或光盘等一些媒体中,形成多种类型的电子出版物,通过本地计算机或远程通信传输的网络计算机系统来进行阅读。它具有信息存储密度高、存取速度快的特点,并且具有电子加工、出版和传递功能,其出版物形式分为单行版电子出版物、联机数据库型电子出版物和网络型电子出版物。如各种光盘型数据库、联机数据库、电子期刊、电子图书、电子报纸、电子会议、电子邮件、电子公告等。还可以进一步分为文本型、多媒体型、超文本型。

文本型主要是以数字形式记载文字信息,让用户通过计算机来阅读,文本型的媒体也可进一步分为题录型、文摘型和全文型,题录型通常只提供文献的著者、题名、原文的地址;而文摘型的数据库在提供题录的基础上,还可检索到文献的摘要。随着信息技术的发展,全文型文献计算机检索阅读应运而生。

　　多媒体型是能够把文字、图形、图像、声音动画和视频图像采集于一体，通过计算机进行综合处理和控制的信息媒体，它改变了信息的表示方法，对同一信息能同时采用图、文、声等多种形式表示，具有多样性、直观性，同时也是人机交互的友好界面。

　　超文本型（包括超媒体型）是计算机网络特别是 WWW 技术的发展而产生的一种通过文本或图像的关键词或图标链接文件的形式，让用户不必考虑信息的来源或分类，自由地在网络中寻找相关信息的一种新型计算机信息阅读方式。按信息资源的载体形式划分，也可分为文献型信息资源和数字化信息资源两大类，如图 1-2 所示。

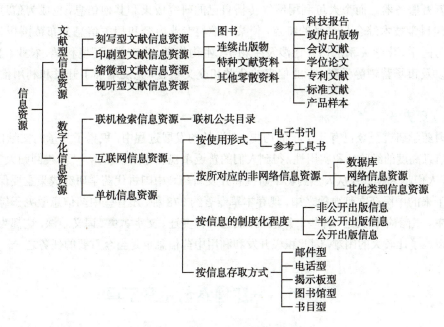

图 1-2　信息资源按载体形式分类

三、药学信息资源的特点

（一）载体多样、传递快捷

　　现代信息技术对信息资源载体形式及传递方式的影响是最直接、最根本的。20 世纪 60 年代初，计算机只是作为信息处理和文献编排工具被应用于生产印刷型文献。随着现代信息技术的不断发展，印刷型文献信息一统天下的局面被打破，出现了各种形式的电子出版物，增加了磁盘、光盘等载体形式和电话、传真、网络等传递方式。从而促进了信息资源的多类型、多媒体、跨时间、跨行业、跨地域的快速发展；很多信息资源以印刷型、光盘型和网络型三种形式同时出版发行，这种记录知识载体的形式多样化，使其性能更具有科学性。目前，以印刷型信息资源、磁带型信息资源、光盘型信息资源、网络型信息资源为主且这四种信息资源并存的格局已经形成，现代信息技术的发展，加速了信息转换，丰富了信息资源的载体形式和传递方式。

（二）内容丰富、数量激增

　　现代信息技术对信息资源内容的变化也有不可低估的影响。现代科学技术和社会经济的发展为信息资源内容的拓展和数量的增多提供了动力和条件。由于现代信息技术的应用，信息生产周期缩短，信息资源数量迅速增多，属传统信息资源的图书、期刊、特种文献等正式出版物。与此同时，光盘型信息资源和网络型信息资源的数量也日益增加，网络会议既有学术性专业论文的正式信息交流，也有非正式信息交流，如电子邮件、电子布告牌、网络会议中所包含的

笔记

信息内容以及各种学术团体、企事业单位、政府部门、行业协会等单位通过正式出版物系统无法得到的灰色信息。

（三）分布广泛、交叉分散

在印刷型文献信息一统天下的时代，资源的社会分布相对集中，图书馆、信息所、档案馆是信息资源的主要分布点，信息服务部门的信息主要来自于出版社、编辑部、书店和图书发行公司。如今信息资源的社会分布异常分散，数量众多的信息资源广泛地分布在各类社会机构、社会组织以及大部分家庭中。信息服务部门的信息除了来源于出版社、编辑部、书店外，还可以来自于计算机硬件和软件公司、数据库开发公司，甚至是遍布世界各地无法确定的千千万万服务器。而个人可利用网络传播自己的研究成果和其他信息，也成为信息来源之一。现代科学技术综合与交叉的特点，使某一学科专业内容和相关信息分布范围极为广泛，药学除与医学、化学关系密切外还涉及生物学、生物化学、生理学、环境科学、农业、工业、管理科学以及市场营销等学科，专业信息的分散和交叉重复，无疑增加了开发和利用信息资源的难度。

（四）历史悠久、蕴久精深

我国药学研究至今已有几千年的历史，在漫长的发展过程中，积累了大量的文献信息，由于这些信息高度的经验性和实用性，得到人们的普遍重视和尊崇。在当今"人类回归大自然"的趋势下，人们越来越重视从天然药物中研究和开发新药。中国古代药学研究成果主要保存在世代遗留下来的中医药文献典籍之中，现存本草专著约 278 种，还有些中药信息散见于综合性中医著作中。由于年代久远，有些书籍散佚，加之时代变迁、文字古奥、词义艰深，这都为获取中药信息造成了比较大的困难，因此积极开发和利用中药信息也是当今重要的任务之一。

第三节　信息检索与检索工具

一、信息检索的原理

（一）信息检索的概念

一般认为，信息检索是根据特定的需要，利用检索工具或其他技术手段，从大量的信息中，迅速准确地查找出所需信息或单元知识的一种方法或过程。信息检索有广义和狭义之分，广义的信息检索包括信息的存储与检索，是指将信息按一定的方式组织和存储起来，并根据人们的需要找到有关信息的过程和技术。狭义的信息检索仅指检索，即从信息的集合中找到所需信息的过程。

（二）信息检索的基本原理

信息检索的基本原理就是将读者（用户）的信息需求与存储在信息集合体中的信息进行比较和选择，即匹配（match）的过程。即对信息集合与需求的匹配与选择。信息存储是将信息存储到检索工具中去，组成检索系统提供检索手段。信息检索则是根据需要，从检索工具或检索系统中将信息查找出来的逆过程。

信息存储的过程一般包括：搜集原始信息进行筛选；对所选出的信息进行主题分析，得出主题，将主题转换成主题词或分类号（即标引）；著录其信息的内容特征和外部特征；按照一定的排检方法，编成检索工具，就是信息的录入过程。信息检索的过程一般包括：对检索课题进行主题分析；确定检索标识；根据标识符到检索工具中去查找，即将检索系统中的信息标识与检索提问的检索标识进行匹配，当二者达到一致时，即为"命中"信息，而予以提取或输出。

（三）信息检索的类型

根据不同的标准，可以将检索分为不同的类型。

笔记

1. 根据检索内容分类

（1）文献检索：是指从一个文献集合中查找出特定课题的文献信息的行为、方法或程序。

（2）事实检索：是指从贮存的文献中查出关于某一事物发生与发展情况及相关信息的行为、方法或程序。

（3）数据检索：是指从贮存数据的集合中找出数值性数据的行为、方法或程序。数值性数据包括各种统计数字、图表、化学结构式以及计算公式等。

三种检索虽然各有特点，但检索的基本原理和方法没有本质区别，在实际工作中也不能截然分开，所提供的信息常常是有关联的和互补的，但比较而言，文献检索最为基本，其应用也最为广泛。

2. 根据检索手段分类

（1）手工检索：是指人们以手工方法，利用活页式、卡片式、期刊式、附录式等检索工具来处理和查找信息的行为。

（2）机器检索：是指人们借助机械、光电、计算机、网络等技术设备处理和查找信息的行为。主要包括穿孔卡片检索、缩微检索、使用磁带、磁盘的脱机、联机检索、光盘检索以及利用互联网的网络检索。

计算机检索、网络检索发展很快，以其特有优势越来越受到人们的重视。而手工检索灵活性高、费用低，在今后一段时间仍是重要的检索手段之一。因此，现代科技人员不但要掌握传统的手工检索技术，更应掌握计算机检索技术和网络检索技术。

二、信息检索工具的形式

由于信息的类型多种多样，人们对信息检索的角度、广度和深度也不一致，因此产生了多种检索工具。

（一）印刷式检索工具

1. 期刊式检索工具　以期刊形式刊行，有统一的年、卷、期号，它报道信息快而新，主要用于查检最近发表的文献信息，也可用来回溯查检，这种检索工具适用范围广，利用率也很高。

2. 单卷式检索工具　它以某一专题内容编制，并累积多年与之有关的文献信息。这种检索工具收录的文献信息按学科分类集中，报道量大，内容系统全面，时间和地域范围广，适合用来回溯查检专业性强的文献信息。

3. 卡片式检索工具　以特定规格的卡片记录文献信息有关款目，再以一定的方法把卡片排列起来，即成为卡片式检索工具。它编排灵活，可随时累积组合、剔旧更新，用户使用也颇为方便。

4. 附录式检索工具　它不是一个独立存在的出版物，一般附在图书、期刊或论文之后，以辅助索引、引用数目、参考文献形式出现。

（二）缩微式检索工具

是一种摄制在缩微胶卷或胶片上通过缩微阅读机才能使用的检索工具。另外还有一种 COM（Computer Output Microfilm，计算机输出缩微胶片）式检索工具也属于缩微式检索工具。

（三）机读式检索工具

将检索工具的信息以数字方式存储在磁带、磁盘和光盘等介质上，通过电子计算机输出设备和电信网在视频终端上显示出来，它具有贮存容量大、存取速度快等特点。

三、信息检索工具的类型

（一）传统型检索工具

所谓传统型检索工具主要是指以纸质材料为载体，以手工检索为主的一些工具书。这类

笔记

工具书按功用可分为两大类。一类是参考型的,为人们提供的是各种实际工作中需要的具体资料。如专业术语、字词的解释,它本身就包含读者所需要的信息。这一类出版物有辞典、药典、百科全书、手册、大全等,我们将在专门章节详细介绍。另一类是检索型的,是从书刊文献信息外部特征和内容特征出发,用特定编排形式和检索方法编制而成的专供人们迅速查找信息线索的出版物,如目录、索引、文摘、综述等。

1. 目录　目录是以文献的出版单元为著录对象,系统揭示其名称、著者、出版者、出版时间以及收藏者、内容提要的检索工具。目录揭示了文献的基本特征,提供了图书本身的有关情况,通过目录可以掌握文献信息发展的基本状况、了解某文献在该学科发展中的地位和作用,其作用在于揭示藏书、指导阅读。

目录有很多种类,按职能划分有国家书目、出版目录、馆藏目录、联合目录等;按文献种类划分有图书目录、报刊目录等;按物质形态划分有卡片式目录、书本目录、机读目录等。

2. 索引　索引是将若干文献中具有检索意义的特征,如书名、刊名、篇名、人名、地名、主题、语词等项目分别摘录出来,按一定方式加以编排并逐一注明出处,以供查检的一种检索工具。

索引从文献的外部特征和内部特征分析、选择、标引文献所含的信息内容,并按一定顺序编排,可满足人们多种的检索要求,从而提高了检索深度和检索效率。人们通过索引能掌握学术动态,开阔视野,启发思路。因此索引的使用比较广泛,其他检索工具也大多附录各种辅助索引。

索引的种类很多,根据其功能,主要分为篇名索引和内容索引两大类。

3. 文摘　文摘是将文献的重要内容进行简略而确切的摘述,并按一定著录规则和排列方式系统编制而成的检索工具。

文摘以简明扼要的文字陈述文献的主要论点、数据、结论等,并注明出处,是原始文献的浓缩。文摘条目的著录方式和编排方式类似于索引,但每一条目下附有该文献的内容提要。所以,文摘除了具有索引的某些性能外,还有其独特的功用:扼要报道最新的理论动态、研究成果和其他信息,节省读者的时间和精力,参考价值比较高。

文摘的种类较多,根据文摘摘录方式及其作用的不同,可以划分为题录式文摘、指示性文摘、报道性文摘。

(二)电子型检索工具

电子型检索工具是一种依托现代计算机技术和网络技术,以磁带、磁盘、光盘等为存储介质,以数字化的形式通过电信号、光信号传输信息的检索工具。我们可以从数据库形式和网络形式来进一步了解。

1. 数据库　数据库是以某一特定方式编制和存储数据资料的一种新型检索工具,是电子信息检索的基础。按国际上通用的分类方法,数据库分为以下三大类:

(1)参考数据库:指能指引用户到另一信息源获取原文或其他细节的数据库,包括书目数据库和指南数据库。

(2)源数据库:指能直接提供所需原始资料或具体数据的数据库,包括数值数据库、全文数据库、术语数据库和图像数据库。

(3)混合数据库:指能同时存储多种类型数据的数据库。

2. 计算机信息网络　计算机信息网络是指通过远程通信方式进行计算机信息交换与数据库的存取而形成的一种系统。这也就是网络信息检索工具,可以分为三种:

(1)分类目录型:分类目录型检索工具提供按类别编排的互联网站目录,其检索方法为分类目录浏览检索。

(2)搜索引擎型:搜索引擎型检索工具提供关键词查询网站及网页信息,其检索方法为关键词查询检索。

（3）混合型：混合型检索工具兼有搜索引擎和分类目录两种检索方式，既可直接输入关键词查找特定信息，又可浏览分类目录了解某个领域范围的信息。

电子型检索工具一般数据完备、检索手段先进，受到广泛的欢迎。目前许多传统型的检索工具正在逐步向电子型转换，发展十分迅速。

第四节　信息检索语言

一、检索语言的概念和种类

（一）概念

语言是人际交流的工具，信息检索语言与自然语言一样，都具有表达思想，相互交流的功能。所不同的是，前者仅限于人与检索工具之间，或人与计算机数据库之间的信息交流和沟通。具体地说，信息各方面的特征都可以用一种特定的语言（各种词、词组、短语或符号）记录下来。人们以这些词或符号作为标识，把相同的标识集中排列起来，使之成为一个供组织和检索信息使用的标识体系。检索语言与自然语言之不同还在于概念的表达上具有唯一性、排他性，消除了自然语言中存在的多义词、同义词等不适于检索的缺点。总之，检索语言是信息检索时人们用来描述信息特征和检索提问的一种专用语言，了解检索语言是熟练运用信息检索工具的基础。

（二）种类

检索语言有多种分类方法，主要有：

1. 按其学科专业划分，可分为综合性语言和专业性语言。

2. 按表达信息的特征划分，可分为表述信息外表特征的检索语言和表述信息内容特征的检索语言。

3. 按组配方式划分，可分为先组式检索语言和后组式检索语言。

4. 按结构原理划分，可分为分类检索语言、主题检索语言、代码检索语言。

目前使用较普遍的是分类检索语言中的体系分类法和主题检索语言中的叙词法、关键词法等。

二、分类检索语言

分类是人们以事物的属性为标准对事物进行区分的一种常用方法。分类检索语言是一种按学科范畴和体系来划分事物的语言，分类检索语言又可分为体系分类检索语言和组配分类检索语言两种，这里只介绍体系分类检索语言。

（一）体系分类检索语言的原理

1. **原理**　体系分类法是一种直接体现知识分类的等级制概念的标识系统。它的主要特点是按学科专业集中信息，并从知识分类的角度揭示各类信息资料的途径，体系分类法运用概念划分与概括的方法，按知识门类的逻辑次序由总体到分支，由一般到具体，由简单到复杂进行层层划分，逐级铺开，每个大类或上位类每划分一次产生许多子类目，所有不同级别的子类目向上层隶属，向下级派生，从而形成了类似种族繁衍式的一个严格有序的直线性知识门类等级体系。现以《中国图书馆分类法》个别子类目的隶属与派生关系示例如下：

自然科学

R　　医药、卫生

R9　　药学

R94　　　药剂学

R944　　　剂型

R944.1　　液体制剂

R944.11　针剂

R944.12　水剂

……

……

R944.2　　固体制剂

R944.4　　片剂

……

……

其中 R944.1 是 R944 的下位类，同时是 R944.11 的上位类，与 R944.2 互称同位类。

2. **类及相互关系**　所谓"类"是指具有共同属性的事物的集合。类是可以分的，因为在同一类事物中每一个事物除了具备与同类其他事物相同的属性外，还有许多与其他事物不同的属性、也就是该同类事物在某些方面相同，在另一方面不同，这样每次用一个标准就能对这个类目进行划分。

一个概念经过一次划分后所形成的一系列知识概念就是"种概念"，又叫子类或下位类；被划分的类称为母类或上位类，也就是"属概念"；由同一上位类划分的各个下位类互称为同位类，也就是"并列概念"。

3. **标识符号**　每个类目都用分类号作为标识，分类检索语言采用的是一套间接的号码标识系统，即以字母、数字或二者混合的号码体系来作为大小类目的标识符号，分类语言所编排组织的检索工具主要依据类号决定序列，每个分类号表达特定知识概念，标引时必须把语言文字表达的信息全部换为号码，再依号码来编排检索工具，检索时必须依分类表，把检索的信息主题的语言文字转换成相应的类号，再按类号查检所需信息。

（二）分类法

分类法是由众多类目根据一定原则组成，运用标识符号代表各级类目和固定其先后次序的分类体系。一般是以表的形式出现，故又称文献分类表，《分类法》是按学科内容，对信息进行分类的依据。

国际上使用较多的是《国际十进制分类法》、美国《国会图书馆图书资料分类法》。国内使用较多的有《中国图书馆分类法》（简称《中图法》）、《中国科学院图书馆图书分类法》，其中《中图法》是使用最多的。

《中国图书馆分类法》是以解决信息资料分类问题，实现全国信息资料分类标准化为目的而编制的一部大型信息分类法，是国家推荐统一使用的体系分类法。

《中图法》将所有的知识划分为五个基本部类：马克思主义、列宁主义、毛泽东思想、邓小平理论部类；哲学、宗教部类；社会科学部类；自然科学部类；综合性图书部类。在五个基本部类的基础上分成 22 个大类。

《中图法》采用汉语拼音与阿拉伯数字的混合制号码。用一个字母标志一个大类，以字母的顺序反映大类的序列。在字母的后面用数字表示大类下类目的划分。数字的设置尽可能代表类的级位，并基本上遵从层累制的原则。

三、主题检索语言

（一）主题检索语言的原理

主题检索语言是以语言文字为基础，以反映特定事物为中心，直接借助于自然语言的形式，

笔记

作为信息内容的标识和检索依据的一种检索语言。主题检索语言具有直观性、专指性、灵活性等特点。

1. 按主题(信息所论述涉及的事物)集中　如关于"茶"有方方面面的问题,有种植、加工、出口贸易,在体系分类法中属于不同的类。茶种植属农业类;茶加工属工业技术类中的食品工业;出口贸易属经济类中的商品学。而主题法只要选用"茶"这个主题词就能将它方方面面的事物集中起来。

2. 标识符号　主题检索语言是以自然语言作为标识符号,所以它给人们以直观的感觉,不像分类检索语言那样需要借助于号码。这种标识符号直观、明确、含义一目了然,概念与标识合二为一,不存在转换工序。

3. 语义关系　主题法是通过参照系统来多角度、多层次显示主题词之间的语义关系,如标题法是采用"见(see)"、"见自(see from)"、"参见(see also)"和"参见自(see also from)"等来分别显示各个标题之间的同义、属分和相关语义关系。

4. 体系编排　主题法的主题表是按照主题词的字顺进行排列的,这种字顺系统是主题表的全部主题词。

(二)主题检索语言的类别

主题检索语言包括标题词、单元词、关键词和叙词等。

1. 标题词　标题词是指用规范化的语词来标引信息主题,用字顺序列直接提供主题检索途径。标题有单级标题、带说明语的单级标题、多级标题、倒置标题等几种形式。这一方法直观、易掌握、检索速度快。

2. 单元词　单元词亦叫元词,是指概念上不能再分的最小的语词单位,各种完整的、复杂的概念均可以用单元词组配而成,这种方法有益于进行专题检索。

3. 关键词　关键词是指直接从信息的题目、正文或摘要中选出具有实质意义并能代表信息主题内容的语词。关键词语言是一种未经优选或未经规范化处理的自然语言,不仅对同义词、近义词无须进行规范化,单数、复数等也保持原状,而且没有词表,所以相当粗糙,漏检率和误检率较高。但正是由于不需对名词术语进行加工处理,因而它的一个显著特点就是编制索引方便、快速,很适合计算机自动编排与检索。

关键词检索语言编制的索引有:题内关键词索引、题外关键词索引、单纯关键词索引、简单关键词索引。

4. 叙词　叙词描述语言简称叙词语言,是以叙词(即主题词)作为信息内容的标识和检索依据的主题语,叙词语言又称主题词语言。所谓叙词(主题词),是指从自然语言中优选出来并经过规范化处理的名词术语。叙词语言是采用表示单元概念的规范化语词的组配来对信息内容(主题)进行描述的检索。叙词检索语言具有以下特性:

(1)概念的专一性:每个叙词都有严格的人为性专一概念。在叙词语言中要求叙词与某事物概念一一对应,就必须选择同义词的一个作为叙词,其余的作非叙词。除同义规范外,还有词义规范、词类规范、词形规范。都是为了达到概念的专一性。

(2)组配性功能:叙词语言是通过概念组配来表达文献主题,以使检索达到更高的专指度,概念组配是决定叙词语言特点的重要因素,是叙词语言的重要标志。

所谓概念组配就是将几个概念按其逻辑和语义相关组合起来,以表达原来被分解的那个整体概念。概念组配是合乎逻辑关系的组配,虽然比较复杂,但不会产生与主题概念不一致的虚假组配,导致误检。叙词的概念组配方式有三种:概念相交、概念限定、概念并列。

(3)语义关联性:在整个叙词集合体中,叙词之间主要有三种语义关系,即同义关系、属分关系、相关关系。叙词之间的语义关系,通常用各种语义符号来表达。

第一,同义关系:是指一组词的同义、近义关系。用Y(用项)、D(代项)作为语义关系符号。

笔记

例如：

　　盘尼西林（非正式叙词）

　　Y 青霉素（正式叙词）

　　青霉素（正式叙词）

　　D 盘尼西林（非正式叙词）

第二，属分关系：是指一组词中的种属关系或等级关系。用 F（分项）、S（属项）、Z（族项）作为参照符号联系。F 是指明该款目词的下位概念词，S 是指明该款目词的上位概念词，Z 是指明该款目词的族首概念词。例如：

　　本草

　　　　F 食物本草（下位概念、狭义词）

　　　　S 中草药（上位概念，广义词）

　　　　Z 医药学（族首概念，族首词）

第三，相关关系：是指一组词中的交叉、矛盾与对立关系，也是相互参照的关系。用 C（参项）作为参照符号联系。

（4）动态性特征：叙词语言的动态性是指根据叙词标引和检索的频率及适用程度，对叙词表可经常进行规范、调整、补充新词、删去不适用的词以及调整叙词间的语义关系等。所以叙词表是一部规范化的动态词汇表。

（三）叙词表

叙词语言是主题语言的高级形式，叙词表是一种权威性的主题语言词汇表。该表是一种规范化的与动态的词汇表，它是把信息中自然语言译成规范化的检索语言的工具。叙词表一般由两大部分组成，即叙词字顺表（主表）和主题词范畴类目表，后者也是词族索引。具体有：①字顺表（主表），包括叙词和非叙词；②分类表，又称范畴索引；③词族表，等级索引；④轮排索引，又称轮排表；⑤双语种对照索引；⑥专有叙词索引。以上部分并非任何叙词表都具有。

叙词表的种类比较多，有综合性的，如《汉语主题词表》《纽约时报主题表》。而更多是专科性的词表，如与医药科学关系密切的《医学主题词表》《中国中医药主题词表》。《医学主题词表》（Medical Subject Headings, 简称 MeSH）是美国国立医学图书馆编制的医学专业主题词表，它得到世界上很多国家的认可，也是我国生物医药领域使用的主要词表。但是《医学主题词表》主要反映的是西医、西药方面的主题词，不能满足中医药信息研究的需要。为此，中国中医研究院中医药信息研究所在 1987 年编辑并出版了《中医药学主题词表》，1996 年进行了修订，并易名为《中国中医药学主题词表》，该表吸取了 MeSH 的标引方法，因而这两个词表能互相兼容。

第五节　信息检索的方法与步骤

一、信息检索方法

信息检索方法很多，应根据检索要求，设备条件的不同，采取相应的检索方法。目前，信息检索的主要方法有：

（一）常规法

常规法就是利用各种检索工具进行查找文献信息的方法，因这些方法被经常使用，故称"常规法"。常规法又可分顺查法、倒查法和抽查法。

1. **顺查法**　顺查法是按时间由远及近检索信息的一种方法。此法需掌握已知课题所涉及的信息资料产生的时间，故需从最初年代开始，逐期、逐年地由远及近查找，顺查法的查全率

笔记

较高。

2. 倒查法　倒查法是从时间上由近向远进行追溯性检索信息资料的一种方法。它与顺查法正好相反，利用检索工具由近及远地逐年、逐卷进行查找，一直查到所需的信息资料时为止。

3. 抽查法　抽查法是按课题研究的需要、抽查一定时期、一定内容的信息资料的一种方法。该方法对研究某一历史阶段的课题非常重要。

（二）引文法

文献信息之间的引证和被引证关系揭示了文献之间存在的某种内在联系。引文法是利用文献后所附的参考文献查找相关文献信息的方法。

1. 传统追溯法　传统追溯法是指当查到一项可用的信息资料后，根据其信息来源逐项向前追查信息的源头或出处，然后再依据信息源所提供的线索向前追溯，直到满足要求为止。由于在追溯过程中能获取许多相关信息，因此这种由近及远的追溯法适合于历史研究或对背景资料的查询。其缺点是越查材料越旧，离原课题主题越远。

2. 引文索引追溯法　引文索引追溯法是指查到一篇有价值的论文后进一步查找该论文被其他哪些文献引用过，以便了解他人对该论文的评论，是否他人对此作进一步研究等。这种由远及近地追溯，越查资料越新，研究也越深入。但这种方法要依靠专门的引文索引，如《科学引文索引》（Science Citation Index）、《社会科学引文索引》（Social Science Citation Index）。

（三）交替法

交替法又称为循环法，实际上是上述两种方法的综合使用。一般是先使用常规法查找一批有用的信息资料，然后利用信息资料所附来源追溯查找，扩大线索。如果需要，可再利用常规法查找以补充信息资料，然后再追查该信息资料的源头，这样循环往复，直到满意为止。

（四）浏览法

因各种检索工具加工和报道时会产生时滞问题，为获得课题的最新信息，读者应直接浏览相关专业期刊及其他出版物上的目次或原始论文。由于网上的许多信息资源并非永久保存，往往稍纵即逝，因而网上浏览显得更为重要，往往会有未曾预料的结果。

上述方法各有其优缺点，检索时要结合检索条件、检索要求等因素综合考虑。

二、信息检索途径

检索文献信息有各种检索途径，从原理上看，它与信息的特征密切相关。一是书名、刊名、篇名、责任者、序号等外表特征；二是分类、主题、分子式等内容特征。依据信息的这两个特征可以确定信息的检索途径。

（一）题名途径

这是根据由书刊名称或文章的篇名、资料名称等所编成的索引和目录来检索文献信息的途径。一般按书刊资料名称字顺编排和检索。

（二）责任者途径

这是根据著（译）者（个人或某一团体）的名称来查找文献信息的途径。这类检索工具有"著者目录""著者索引"等，均按著者姓名字顺排列和检索。

（三）号码途径

这是按照文献信息出版时所编的号码顺序来检索文献信息的途径。这类检索工具有"专利号索引""标准号索引"等。

（四）分类途径

这是按照文献信息主题内容所属的学科类别来进行检索的一种途径。这类检索工具有"分类目录""分类索引"等。由于这一途径按学科体系排检文献信息,能把同一学科的文献信息集中在一起检索出来。

（五）主题途径

这是按照文献信息的主题内容进行检索的一种途径。这类检索工具有"关键词索引""主题索引""叙词索引"等。这个途径一般通过从文献信息中抽出能代表文献信息内容实质的主题词（标题词、关键词、单元词、叙词），按其字顺排列的索引来检索。

（六）其他途径

这是利用根据各学科、各种文献信息类型的特点而编制的索引来进行检索的途径,如分子式索引、地名索引等。

三、信息检索的步骤

（一）分析检索课题

在检索文献之前,用户首先要弄清楚检索要求及检索目的。对检索课题进行分析,确定学科范围、文献类型、回溯年限、语种、要求检出文献的数量、输出方式等。

（二）制定检索策略

检索策略是为实现检索目标制订的全盘计划和方案,应从以下几方面考虑:

1. 选择恰当的数据库或检索工具　由于文献信息的数据库和检索工具种类很多,内容也有很大差别,正确选用合适的数据库或检索工具就甚为关键,应从课题的专业范围,时间和语言的限制以及数据库工具的特点来考虑。无论是手检还是机检,所要考虑的因素是:专业对口,信息量大,时差短,检索手段完备,便于追溯等。

2. 确定检索标识　标识是确切表达文献信息内容及某些外表特征而使用的一种符号或词,如分类号、主题词等。一般检索工具或数据库都载有专用主题表或分类目次表供选择参考。检索者应根据课题要求和数据库输入词的要求准确找出检索标识。

3. 确定检索途径和检索方法　采取哪种检索途径,要从课题检索的要求出发,并结合课题的检索标识来选择检索途径。如果课题检索要求是泛指性较强的文献信息,则最好选择分类途径;如果课题检索要求是专指性较强的文献信息,则最好选择主题途径;如果事先已知文献责任者、分子式、专利号、标准号等条件,则利用责任者途径、分子式途径、号码途径等进行检索。

选择检索方法时,要根据现有检索工具或数据库的情况及课题的检索要求而定。

（三）实施信息检索

1. 试验性检索　在开始正式检索以前,可先对半年到一年时间范围内的文献做试验性检索。通过对检出文献的分析,再对检索策略做适当修改调整,以便有效地进行正式检索。

2. 正式检索　在检索过程中,应灵活地运用各种检索方法,选择适当的检索途径,尽可能地使用累积索引。

3. 辅助性检索　当利用检索工具查到的文献不能满足要求时,应考虑进行辅助性查找。如浏览最新的期刊论文、边缘学科的文献、行业文献、内部报告等,以便将遗漏的文献查全。

（四）获取检索结果

在检索完成以后,要将检查出的文献信息进行系统整理。如果进行的是数据、事实检索,其结果为读者所需信息,与课题要求核对无误后即可完成。文献检索的结果一般是文献线索,如欲取原始文献还需有一个分析和筛选过程,删掉误检文献。机检结果一般也采用显示的方法进行选择。在确定所需文献后,关键是弄清原始文献的出处和收藏情况,可以利用书本式的馆藏目录或联合目录,也可通过网络查找文献收藏单位并与之联系进行借阅、复制、传真、网上传送。或者在网上从全文数据库中下载。

笔记

四、检索效果的评价

（一）检索效率

检索效率是衡量检索效果好坏的指标，一般通过查全率和查准率两方面来反映。

查全率（recall ratio, R）指的是系统在进行某一检索时检索出的相关文献与系统文献库中的相关文献总量之比率，计算公式为：

$$R = \frac{被检出相关文献量}{相关文献总量} = \frac{a}{a+c} \times 100\%$$

查准率（pertinency ratio, P）指的是系统在进行某一检索时，检索出的相关文献量与检索出的文献总量之比率，计算公式为：

$$P = \frac{被检出相关文献量}{被检出文献总量} = \frac{a}{a+b} \times 100\%$$

使用泛指性较强的检索语言（如上位类、上位主题词）能提高查全率，但查准率下降。

这两个指标可以用表1-1加以推导：

表 1-1　计算参数表

用户需求	相关文献	非相关文献	总计
被检出文献	a	b	a＋b
未检出文献	c	d	c＋d
合计	a＋c	b＋d	a＋c＋b＋d

举例来说，在一次信息检索中，总共检索出文献100篇，其中与检索目标相关文献为80篇，剩余20篇为误检文献，那么本次检索的查准率就等于（80/100）×100% 即80%。假如检索系统中还有40篇相关文献，由于某种原因而没有被检出，那么按照上述公式，本次检索的查全率就等于[80/（80+40）]×100% 即75%。

与查全率和查准率相对应的指标是漏检率（$\frac{c}{a+b}$）和误检率（$\frac{b}{a+b}$）。在查全率和查准率之间存在着矛盾的互逆关系。在同一个检索系统中，查全率提高，查准率就会降低；而查准率提高，查全率必然降低，要求其查全率和查准率都达到100%是不可能的。一般来说，查全率控制在60%～70%，查准率控制在40%～50%，是较好的检索结果。

（二）影响检索效果的因素

1. 客观因素　当今由于信息爆炸，文献量大增，学科之间交叉日趋频繁，各种学科知识之间相互渗透、相互包容，这是影响查全率和查准率的主要原因。无论怎样调整检索策略或改进检索工具质量，都无法使查全率和查准率同时达到100%，这表明它们之间的相互制约性。客观因素造成的误检和漏检被称为"合理误检"和"合理漏检"。

2. 主观因素　主观因素也就是人为因素。主要包括两方面：一是编制者在编制检索工具或数据库时收录文献不全面、不明确，在编制工作中人为造成各种错误；二是使用者在检索课题时对课题内容分析不确切和选定错误的检索入口。人为造成的失误往往会引起查全率和查准率同时下降，由此造成的误检和漏检被称为"不合理误检"和"不合理漏检"。

影响查全率和查准率的主要因素是比较复杂的，在信息检索过程中，要正确认识查全率和查准率之间的关系，既不能盲目确定查全率和查准率之间的互逆关系或相关关系，也不能认为两者之间不存在关系，要根据实际检索案例，综合考虑查全率和查准率之间的关系。查全率和查准率结果的高低既有信息检索系统内部的因素，也有人工进行检索干预的影响，在进行信息检索时，提高信息检索查全率和查准率，要考虑到信息检索系统主题词表的构成，在

笔记

标引文献时，要使得主题词和检索词尽量一致。信息检索工具方面，要充分结合手工检索工具和检索软件，在检索用户提出信息检索时，要与用户进行沟通，了解用户的检索需求。检索过程，要多次尝试，从不同的检索途径，提高信息检索的查全率和查准率，满足信息检索用户的检索需求，在实际检索过程中，检索人员也要不断提高自己的检索水平，工作负责，保障信息检索的质量。

(何　华)

2001 年 3 月，美国作家斯蒂芬·金在自己的网站（www.stephenKing.com）上独家发表了新作《骑弹飞行》（Riding the Bullet），这是第一本只发行电子版不发行印刷版的小说。这本 66 页的书引起了读者的极大兴趣，两天内有 50 万人登录浏览。该书每次下载收取 2.5 美元，它在网上发行 1 个月，作者获利 45 万美元。而历史上印刷版本的新发行小说第一天的销售记录只有 7.5 万本。该书若是以纸本发行，作者的版税收入仅为 1 万美元。此事作为出版史上的一次标志性事件，在出版界引起巨大的轰动。这次成功的网上书籍发行被誉为"是他个人的一小步，是整个图书业的一大步"，这种全新的发行模式为电子图书行业的发展开辟了成功之路。

那么，什么是电子图书呢？

第一节 电子图书概述

一、电子图书的概念

电子图书又称数字图书或者 e-book，即数字化的出版物，是计算机技术和网络技术飞速发展下的印刷型图书的数字化形式，是利用计算机高容量的存储介质来存储图书信息的一种新型图书记载形式。可以理解为以 PDF、DOC、CEB、TXT 或者图片等格式存在的书籍，更可以直接理解为是数字化的文字内容。与光盘图书不同，e-book 基于互联网。

二、电子图书的发展

电子图书的首次出现是在 1971 年，美国伊利诺伊大学的 Michael Hart 提出了"古腾堡计划"（Project Gutenberg），把莎士比亚等无版权问题的经典文学作品输入电脑供人们网上阅读和下载，第一次规模化将纸质图书转化为电子图书，开创了电子阅读的先河。

电子书的最初形式是纯文本文件格式，后来随着互联网的不断发展，由 CD-ROM、存储卡、U 盘为传输介质的电子书逐渐变为格式多样、内容丰富、通过 Internet 广泛传播的电子书。常见的电子书格式主要有 TXT、CHM、PDF、EXE 等。现在大多数的数字终端设备都支持电子书的阅读格式，手机终端常见的电子书格式为 UMD、JAR、TXT 这三种。可以说，电子书的发展经历了纯文本阅读阶段、计算机专用阅读软件阶段、电子阅读器阅读阶段三个阶段。

三、电子图书的类型

电子图书因其制作途径不同，可分为三大类。

1. **扫描电子图书** 扫描电子图书是商业公司扫描现有的印刷型图书而生成的电子图书，如超星电子图书。扫描传统印刷型图书从技术上来说是最落后的，但是其商业模式却是最成熟的。

2. **纯电子图书** 纯电子图书是以宣扬自己的主张或传播知识为目的，把自己的作品不经过传统的出版，首先以电子图书的形式出现供人们分享，如国内网上流行过的电子图书《第一次

笔记

亲密接触》)。这一途径脱离了传统的出版。

3. 印刷型和电子并行的电子图书　印刷型和电子并行的电子图书是版权所有者或者合法版权获得者利用出版过程中制版使用的电子文本制成的电子图书,该电子图书与印刷型图书并行发售,如北大方正的 Apabi 电子图书。

四、电子图书的特点

1. 发行周期短,内容更新快,易于传播与共享　传统书籍从生产到消费的流程是"作者→出版者→发行者→读者"。电子图书可极大地简化这个过程,采用"作者(出版者)→读者"的直销模式,缩短发行周期并加快更新速度。而且电子图书不受时间和空间的限制,可以被多人同时共享。

2. 节约资源,减少污染　电子图书的出版发行实现了无纸化和零库存,极大地降低了图书制作与发行成本。电子图书的平均价格要比相应纸本书的平均价格低约三分之一,是真正意义上的绿色产业。

3. 存储密度高,易储存、携带　1G 的硬盘可以存储 2 万多本电子书,这极大地方便了书籍的保存和阅读,不仅可以存储在电脑上,还可以通过移动设备保存而便于携带使用。

4. 多媒体显示,智能生动　电子图书不仅能展现纸质书上的文字、图片内容,保持纸质图书的原版原式,同时还可以附带音频、视频等多媒体内容,表现形式比传统书籍更加丰富,效果形象生动。

5. 功能强大,易于检索　电子图书以数字形式存储,不仅能提供书签、标注等功能,其提供的检索功能更是动态、多途径和可组配的,图书中的任何信息单元都可借助电子图书数据库进行检索,非常方便快捷。

第二节　中文电子图书检索

一、读秀学术搜索

1. 读秀学术搜索　读秀学术搜索(http://www.duxiu.com)是北京世纪超星信息技术发展有限责任公司研发的由海量全文数据及元数据组成的超大型数据库。

读秀学术搜索是一个学术搜索引擎及文献资料服务平台。它提供深入到图书章节和内容的全文检索;整合馆藏学术资源,将检索结果与馆藏资源库对接;提供图书部分原文试读,本馆电子全文阅读,本馆纸质图书借阅,本馆电子期刊、论文阅读,文献传递,文献互助等多种资源获取途径;提供高效查找和获取各种类型海量学术资源的一站式检索;提供参考咨询服务。

读秀学术搜索包括知识、图书、期刊、报纸、学位论文、会议论文、文档等 20 多个频道。

(1) 知识频道:读秀知识搜索是在图书资料的章节、内容中搜索包含有检索词内容的知识点,更有利于资料的收集和查找。

读秀首页默认为知识频道,输入检索词,点击"中文搜索"按钮,即可得到搜索结果。点击"外文搜索",即可得到"百链云图书馆"中的外文文献(图 2-1)。

在检索结果界面(图 2-2),可通过右侧的"在结果中搜索"、左侧的"辅助筛选"来缩小检索范围,精简检索结果。点击标题或"阅读"可进入包含检索词的正文页面,点击"PDF 下载"可下载相关知识点章节的 PDF 全文。

在阅读界面,可进行放大、缩小、翻页、文字识别(或选取文字)、查看资料来源、PDF 下载(或保存)、打印等操作,不同界面显示的操作按钮会有所差别(图 2-3)。

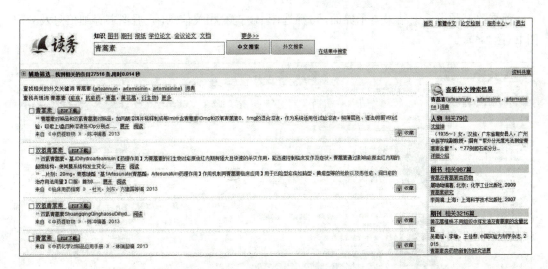

图 2-1　读秀知识频道搜索界面

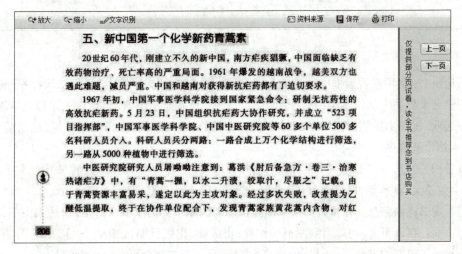

图 2-2　读秀知识频道搜索结果界面

图 2-3　读秀知识频道阅读界面

（2）图书频道：读秀图书频道以超星数字图书馆的 330 多万种中文图书资源为基础，为用户提供深入图书内容的书目和全文检索，文献试读，以及通过 E-mail 文献传递获取图书资源的

笔记

服务。

　　读秀频道提供快速搜索、高级搜索、分类导航三种检索方式（图2-4）。快速搜索为默认检索，高级检索、分类导航分别在图书频道首页右侧有相应链接。快速搜索界面，可选择检索字段、匹配度，输入检索词，进行中外文图书的搜索；高级检索界面，提供书名、作者、主题词、出版社、ISBN、分类、中图分类号、年代、搜索结果显示条数等检索项，检索者可根据需要填写或选择相应检索项，进行搜索；分类导航界面，分类按照《中国图书馆分类法》进行设置，点击一级分类或二级分类的链接，可以看到属于相应类别的图书，及其子分类的链接。

图2-4　读秀图书频道搜索界面

　　读秀图书频道搜索结果显示界面，可筛选图书，查看相关信息，查看图书详细信息及获取图书（图2-5）。

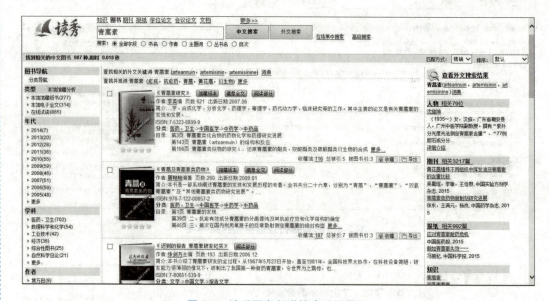

图2-5　读秀图书频道搜索结果界面

　　筛选图书：利用在搜索框中再次输入关键词，点击"在结果中搜索"进行二次检索，也可以利用搜索结果界面左侧的聚类，按类型、年代、学科、作者显示图书，还可以利用搜索结果右侧的排序选项，将图书按照时间降序、时间升序、访问量、个人收藏量、单位收藏量、引用量、电子馆藏、本馆馆藏排序。

　　查看相关信息　点击搜索结果界面右侧相关链接，查看人物、期刊、报纸、知识、文档、学位论文、会议论文、课程课件、考试辅导、政府公开信息、专利、视频等相关信息。

　　查看图书详细信息　在检索结果页面点击想要的图书封面或书名链接，可进入图书详细信息显示页面。在该页面，可以看到图书的作者、出版社、出版日期、ISBN号、主题词、分类号等。读秀还提供了图书的书名页、版权页、前言页、目录页、正文部分页在线试读（图2-6）。

　　获取图书　读秀提供本馆馆藏纸质图书借阅、电子图书全文阅读外，还提供了相似文档下载、图书馆文献传递、按需印刷、网上书店购买、其他图书馆馆藏纸质图书借阅等多种获取图书的渠道。另外，还具有推荐图书馆购买的功能服务。

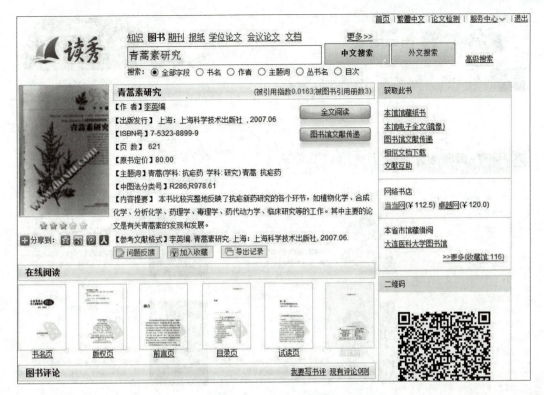

图2-6 读秀图书频道图书详细信息界面

读秀具有整合所在图书馆（或文献机构）馆藏资源的功能。因此如果本单位购买了纸质图书，通过点击图书信息界面中的"本馆馆藏纸书"，进入本单位馆藏书目检索系统，可查看该纸质图书的收藏与借阅情况；如果本单位购买了电子图书，通过点击图书信息界面中的"本馆电子全文"，进入本单位超星数字图书馆，可在线阅读或下载该图书的电子版。

如果本单位没有购买该书，则可在线进行"部分阅读"，并根据需要通过"图书馆文献传递"获取该书部分内容的全文。点击"图书馆文献传递"，进入图书馆文献咨询服务中心，填写想要获取的图书正文页码范围，并正确填写邮箱地址和验证码，然后点击"确认提交"即可。邮箱接收到的是带有链接的邮件，打开链接就可以阅读传递的图书全文。需要注意的是，通过这种途径传递图书，每本图书单次咨询不超过50页，同一图书每周的咨询量不超过全书的20%，传递内容有效期为20天。读秀的图书传递是实时的，传递和阅读没有时间和空间的限制。

（3）读秀其他频道：读秀学术搜索还提供期刊、报纸、学位论文、会议论文、文档等20多个频道，大多数只能提供题录检索，不提供全文试读与全文下载，但可以通过"图书馆文献传递"服务获取全文。

2. 超星电子图书 超星电子图书现已改名为汇雅电子图书（http://www.sslibrary.com/）。汇雅电子图书主界面可通过默认检索（普通检索）、高级检索、图书分类检索获得图书（图2-7）。

在图书检索结果界面，可利用"二次检索"选项进行筛选，可通过点击"阅读器阅读""网页阅读""下载本书"等链接获取图书的内容，还可进行"收藏""纠错""评论"等操作（图2-8）。

"阅读器阅读""下载本书"操作，需要安装超星阅读器。超星阅读器使用时需要注意，如果使用匿名下载，下载的图书只能在当前机器上阅读，如果需要将图书拷贝到其他的机器上阅读，必须注册超星账号，并需要在下载和阅读时登录。如果需要将图书拷贝到无法联网的机器阅读，还需要安装离线证书。

笔记

图 2-7　超星汇雅电子图书主界面

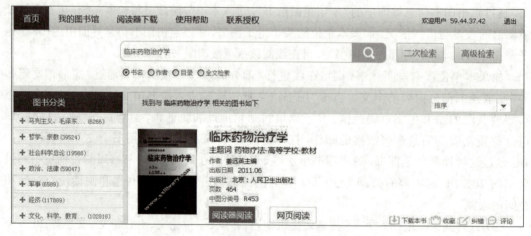

图 2-8　超星汇雅电子图书检索结果界面

二、方正电子图书

方正电子图书数据库由北京方正阿帕比技术有限公司出版,收录了全国 400 多家出版社出版的最新中文电子图书,绝大部分为 2000 年以后出版的新书,并与纸质书同步出版,每年新出版电子书超过 12 万种,累计正版电子书近 70 万册。除提供订购图书馆的在馆阅览外,还提供远程借阅服务。

方正电子图书数据库主界面提供快速检索、高级检索、分类浏览等检索方式,同时还具有新书速递、人文科技图书推荐、编辑精选图书、热门图书周排行及月排行等不同板块(图 2-9)。

笔记

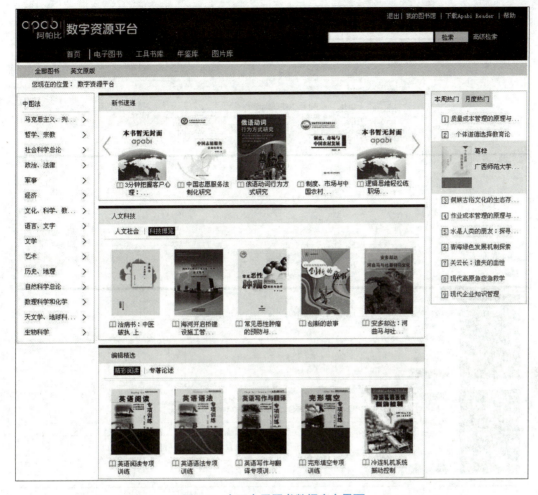

图 2-9 方正电子图书数据库主界面

1. 快速检索 方正电子图书数据库快速检索界面,执行全部字段检索时,直接输入检索词,即可得到检索结果(图 2-10)。

图 2-10 方正电子图书数据库快速检索界面

2. 高级检索 方正电子图书数据库高级检索界面,可选择书名、作者、出版社、ISSN、目录等字段,选择逻辑关系 AND、OR,输入检索词,选择出版时间,进行检索,即可得到检索结果(图 2-11)。

3. 分类浏览 方正电子图书数据库依据《中国图书馆分类法》进行分类,可根据需要,选择分类名,查看所选择类别包含的图书(图 2-12)。

4. 检索结果浏览及全文阅读 检索结果界面中,提供按相关度排序、按出版时间排序等方式浏览图书。对于大部分的图书,都提供封面页、书名页、版权页的浏览,及全书内容的在线阅读。点击图书封面,进入该书详细信息界面,可查看图书摘要,利用目录可浏览并收藏图书的各部分内容,可对图书进行评价,同时可进行书内检索,查看浏览历史等操作。点击"在线阅读",可直接阅读图书的电子全文,安装 Apabi Reader 阅读器后,点击"借阅"可以下载电子图书(图 2-13)。

笔记

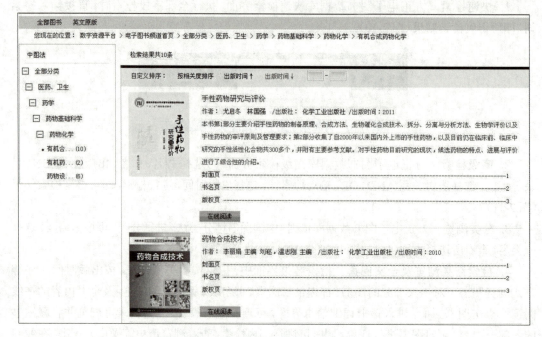

| 高级检索 | 电子图书 | 工具书库 | 年鉴库 | 图片库 |

您现在的位置：数字资源平台 〉高级检索 〉电子图书

电子图书

书名　▼　药学
AND ▼　作者　▼
AND ▼　出版社　▼　人民卫生出版社
AND ▼　ISBN　▼
AND ▼　目录　▼

出版时间

○ □ 之前
○ □ 与 □ 之间
○ □ 之后

检索

检索结果共2条

中国药学年鉴 1985
作者：中国药年鉴编辑委员会 ／出版社：人民卫生出版社 ／出版时间：1987
一、专论 ————————————————————13
二、药学科学研究机构简介 (3) ————————————62
在线阅读

中国药学年鉴 1983~1984
作者：《中国药学年鉴》编辑委员会 ／出版社：人民卫生出版社 ／出版时间：1985
一、专论 ————————————————————14
二、药学科学研究和情报机构简介 (2) —————————120
在线阅读

图 2-11　方正电子图书数据库高级检索界面

| 全部图书 | 英文原版 |

您现在的位置：数字资源平台 〉电子图书频道首页 〉全部分类 〉医药、卫生 〉药学 〉药物基础科学 〉药物化学 〉有机合成药物化学

中图法

全部分类
医药、卫生
药学
药物基础科学
药物化学
有机合...(10)
有机药...(2)
药物设...(6)

检索结果共10条

自定义排序：　按相关度排序　出版时间↑　出版时间↓　□ - □

手性药物研究与评价
作者：尤启冬 林国强 ／出版社：化学工业出版社 ／出版时间：2011
本书第1部分主要介绍手性药物的制备原理、合成方法、生物催化合成技术、拆分、分离与分析方法、生物学评价以及手性药物的审评原则及管理要求；第2部分收集了自2000年以来国内外上市的手性药物，以及目前仍在临床前、临床中研究的手性活性化合物共300多个，并附有主要参考文献。对手性药物目前研究的现状、候选药物的特点、进展与评价进行了综合性的介绍。
封面页 ————————————————————1
书名页 ————————————————————2
版权页 ————————————————————3
在线阅读

药物合成技术
作者：李丽娟 主编 刘崧、温志刚 主编 ／出版社：化学工业出版社 ／出版时间：2010
封面页 ————————————————————1
书名页 ————————————————————2
版权页 ————————————————————3
在线阅读

图 2-12　方正电子图书数据库分类浏览界面

笔记

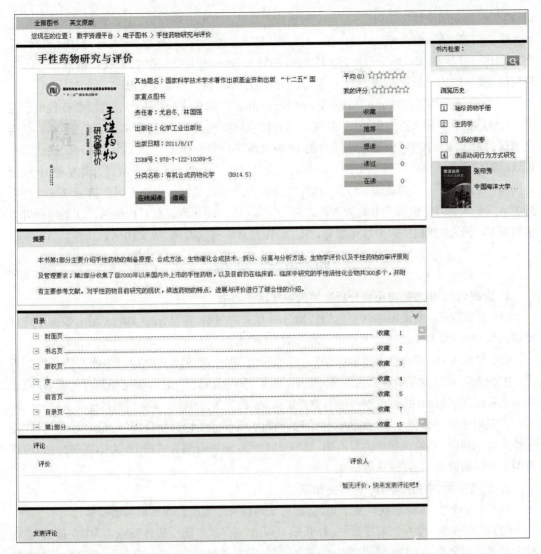

图 2-13　方正电子图书数据库图书详细信息界面

三、其他中文电子图书

1. 书生之家电子图书　书生之家数字图书馆由北京书生科技有限公司开发制作,主要提供 1999 年以来中国内地出版图书的电子版全文,内容覆盖自然科学与社会科学的各个领域,主要分为文学艺术、经济金融与工商管理、计算机技术、社会科学、历史地理、科普知识、知识信息传媒、自然科学和电子、电信与自动化等 31 大类。书生之家数字图书馆可利用分类、书名、作者等多种途径进行检索,查到所需书目后,单击"全文"按钮即可阅读全文。阅读全文需要安装"书生数字信息阅读器"。

2. 中国数字图书馆电子图书　中国数字图书馆是由国家图书馆控股的中国数字图书馆有限责任公司建立和维护的大型电子图书全文数据库,主要依托国家图书馆丰富的馆藏资源,收录了各类电子图书。中国数字图书馆电子图书按《中国图书馆分类法》分类,内容涵盖经济、文学、历史、医药卫生、工业、农业、军事、法律等各个门类。中国数字图书馆提供初级检索、高级检索、分类导航等三种检索方式,可通过书名、作者、出版者、ISBN、主题词、中图分类号、全部检索项等进行检索。

3. CADAL 数字图书馆电子图书　CADAL 是大学数字图书馆国际合作计划(China Academic Digital Associative Library)的简称,由国家投资建设。CADAL 项目建成的数字图书

笔记

馆，提供一站式的个性化知识服务，全文数据库总量达 270 多万册（件），主要来源于国内外研究型大学的馆藏文献，包含理、工、农、医、人文、社科等多种学科，囊括图书（古籍、民国、现代、外文）、期刊（民国、现代）、中文报纸、随书光盘、科技报告、学位论文（民国、现代）、侨批、满铁、图形图像（医学切片、油画、国画、书法、皮影、门神图片）、音视频等重要文献。

CADAL 数字图书馆（http://www.cadal.zju.edu.cn/），提供快速检索和分类检索查找电子图书。CADAL 数字图书馆为保护图书版权，实行图书借阅模式，只支持图书在线浏览，不提供全文下载。对于版权图书，如果来访用户的 IP 地址属于项目合作单位 IP 地址范围内，则该用户可以借阅任何一本书的任何一个章节。但是如果来访用户的 IP 地址不在项目合作单位 IP 地址范围内，则该用户可以浏览该书目录，通过积分扣除的方式借阅。每个人限制借阅章节数目为 50 章，同一本书限定借阅章节数为 3 章。对于无版权图书，允许公众自由访问。注册用户可以借阅图书，享受系统提供的个性化服务，未注册用户只能阅读古籍、英文图书。

四、检 索 实 例

1. 查找 2011 年与生物药物分析有关的中文电子图书

（1）分析课题：本课题欲查与生物药物分析有关的图书，可选用中文电子图书数据库进行检索。以"读秀学术搜索"和"方正电子图书数据库"为例。

（2）检索步骤：读秀学术搜索中，打开读书频道，在全部字段下，输入"生物药物分析"，点击"中文搜索"。在检索结果显示界面，点击左侧年代聚类，选择 2011，即可得到有关图书，点击图书名称或图书封面图标，可查看图书的详细信息，同时进行浏览，下载图书等操作。

方正电子图书数据库中，在快速检索输入框内，输入"生物药物分析"，点击"检索"。在检索结果显示界面，自定义排序的最右侧，选择 2011 年，即可得到有关图书，点击图书封面，可查看图书的详细信息，在线浏览等操作。

2. 查找有关"中药脂质体"的相关知识

（1）分析课题：本课题欲查某个知识点，可选用读秀学术搜索的知识频道检索。

（2）检索步骤：读秀学术搜索中，打开知识频道，输入"中药脂质体"，点击"中文搜索"。在检索结果显示界面，点击标题或"阅读"按钮，浏览图书内容，如果符合要求则可直接点击"PDF下载"按钮，下载图书相关章节。检索结果界面右侧的相关链接中，可查看"中药脂质体"知识点不同相关类型文献的分布。以图书为例，到目前为止，主要有 6 种图书，系统地阐释了"中药脂质体"的相关内容。

五、实 习 题

1. 利用中文电子图书数据库，查找与你专业相关的图书，将检索结果进行对比，了解各数据库的不同点。

2. 利用中文电子图书数据库，查找你感兴趣的图书，查看本馆馆藏纸书有多少种？电子图书有多少种？如何获得本馆没有购买的图书？

3. 利用中文电子图书数据库，查找你关注的药学方面前沿热点问题，找到其相关知识点，查找到出处来源。

第三节　外文电子图书检索

一、Elsevier 电子图书

1. 概述　已有 100 多年历史的荷兰 Elsevier 科学出版公司（http://www.elsevier.com/s

笔记

olutions)是世界著名、全球最大、国际公认的高水平学术文献出版发行商之一。拥有全球超过四分之一的科学、技术、医学和社会科学全文，有超过一万册的世界权威、前沿、高品质核心类科学研究类书籍。ScienceDirect 系统（http://www.sciencedirect.com/）是 Elsevier 公司的核心产品，自 1999 年开始向用户提供电子出版物全文的在线服务，包括 Elsevier 出版集团所属的期刊和 30 000 多种系列丛书、手册、专著及参考书等。涉及四大学科领域：物理学与工程、生命科学、健康科学、社会科学与人文科学。Elsevier 电子图书包括 Comprehensive Coordination Chemistry、Ency. of Analytical Science、xPharm、Ency. of Cancer、Ency. of Toxicology、Methods in Enzymology、Side Effects of Drugs Annual、Advances in Cancer Research、Advances in Genetics、Advances in Heterocyclic Chemistry、Advances in Pharmacology、Methods in Cell Biology、Methods in Microbiology、Comprehensive Analytical Chemistry 等非常著名的医药学参考工具书。

2. **用户注册**　如果经常使用 Elsevier，建议进行用户注册，如图 2-14 所示。在注册并登录之后，右上角会显示登录者的姓名。登录之后，系统可以自动保存你的检索历史，在高级检索和专家检索页面的右侧就可以看到。并且，还可以将自己感兴趣的出版物加入收藏。

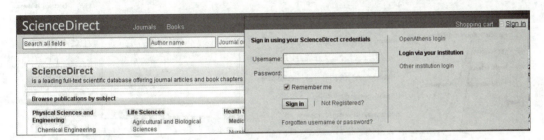

图 2-14　Elsevier sciencedirect 的用户注册

3. **检索方法**　在 Elsevier 的 ScienceDirect 系统中图书和期刊的检索使用同一检索平台，如图 2-15 所示。

（1）基本检索：进入 Elsevier 的 sciencedirect 主页后，显示的界面如图 2-15 所示，在该界面中，检索输入框位于页面最上部，用户可以直接在检索输入框输入检索词，点击检索按钮进行

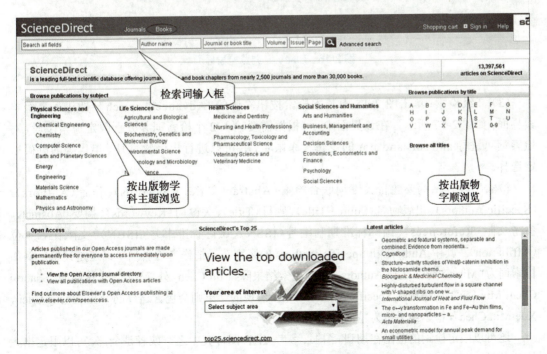

图 2-15　Elsevier sciencedirect 主界面

基本检索。检索输入框包括全文检索（search all fields）、作者检索（author name）、期刊/书籍检索（journal or book title）三个基本字段定位及三个限定项卷（volume）、期（issue）、页（page）。在输入框上方有出版物类型选项期刊（journal）和图书（book）。

（2）浏览检索：在 sciencedirect 主页上部提供了浏览检索，如图 2-15 所示，包括"Browse publications by subject"和"Browse publications by title"，可以通过学科分类或者出版物名称进行浏览检索。四大类学科下还分为若干个小学科，直接点击这些链接可以看到所感兴趣的领域的最新研究。点击浏览即进入如图 2-16 所示界面，显示出版物名称及出版年份，有出版物性质和可获取文献性质的过滤优选，并有"Display series volume titles""Hide series volume titles"选项来对丛书的显示进行限制。左侧的"辅助筛选"可以通过学科来缩小检索范围，精简检索结果。

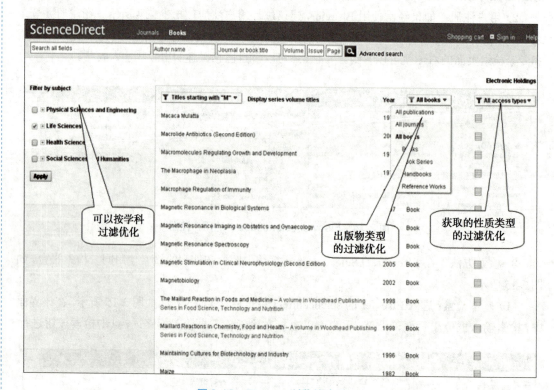

图 2-16　Elsevier 浏览检索界面

（3）高级检索：单击图 2-15 中基本检索按钮右侧的"Advanced search"，即进入高级检索界面，如图 2-17 所示。在该界面中，可根据需要输入 2 个检索词并分别限定检索字段，对检索词可进行 and、or、and not 的逻辑关系限定，并可以进行出版物性质、年代等的准确限定选择。

检索字段包括摘要题目关键词联合检索（Abstract Title，Keywords）、作者（Authors）/（Specific Authors）、出版物名（Source Title）、题目（Title）、关键词（Keywords）、摘要（Absract）、参考文献（References）、国际标准期刊编号（ISSN）、国际标准书号（ISBN）、文献作者单位（Affiliation）。其中 Authors 和 Specific Authors 的区别在于把作者姓名当单词还是词组。例如检索词为"Min Chen"，选择 Authors 字段，检索结果除"Min Chen"外，还会包含这样的"Shaorui Chen, Min Liu"；如果选择 Specific Authors 字段，出现的结果则会包含这样的"Min-Sheng Chen, Xue-Min Chen"，检索结果更为精准。

还可以限定检索的范围在期刊、图书、参考文献、图片其中之一或者是全部，可以限定出版物的种类、出版的年份以及学科。

笔记

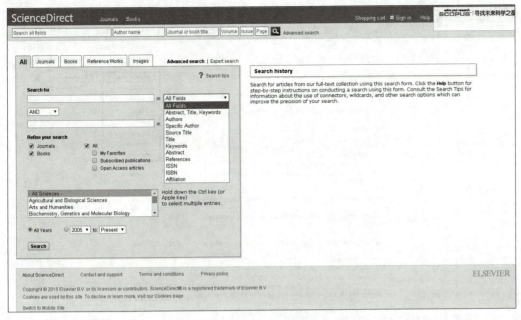

图 2-17　Elsevier 高级检索界面

（4）专家检索：在图 2-17 高级检索界面中，"Advanced search"右侧有"Expert search"选项，单击可进入专家检索界面，如图 2-18 所示。在这里可以进行多个检索词或者词组的布尔逻辑检索，检索词的检索范围限定字段代码及逻辑关系需要自行输入。

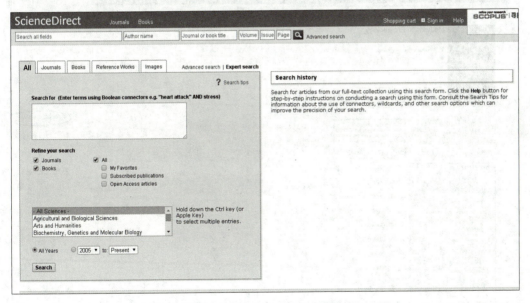

图 2-18　Elsevier 专家检索界面

4. **检索结果处理**　检索结果显示检索出的图书名录及其出版年份，如图 2-19 所示。当标在最右侧的书架标记亮时，说明这个书籍是可以下载或者阅读的（各个图书馆订购的情况不同，所以可以使用的全文情况也是不同的）。点击书名进入后，按章节展示图书的目录内容，如图 2-20 所示。在页面左侧，丛书按照年份排序，最新的显示在最前面。图书的书名包括副书名、出版情况、书号、编者等在页面的中部显示。在其右侧有绿色心形图标"Add Volume to Favorite"，可设该书为最爱。

笔记

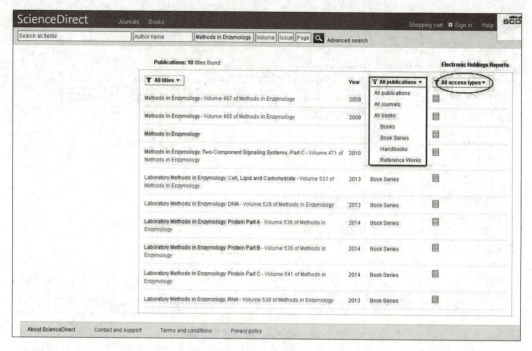

图 2-19　Elsevier 检索结果显示

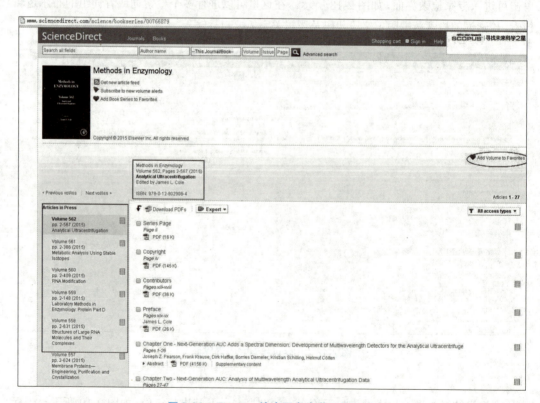

图 2-20　Elsevier 检索图书章节目录显示

点击具体章节可以下载或者在线阅读其 PDF 文档格式的全文，如图 2-21 所示。另外在页面左侧有小节标题的排列，以方便快速阅读。右侧有检索阅读的历史记录。

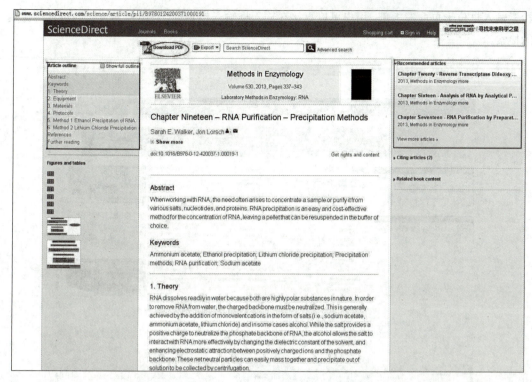

图 2-21　Elsevier 检索结果图书内容显示

二、Wiley 电子图书

1. 概述　John Wiley & Sons Inc.1807 年创立于美国，是全球知名的出版机构，在全球学术出版、高等教育出版和专业及大众图书出版领域建立起了卓越的品牌。作为全球最大、最全面的经同行评审的科学、技术、医学和学术研究的在线多学科资源平台之一，Wiley Online Library 覆盖了生命科学、健康科学、自然科学、社会与人文科学等全面的学科领域。收录了来自期刊、17 000 多册在线图书以及数百种多卷册的参考工具书、丛书系列、手册和辞典、实验室指南和数据库的文献，并提供在线阅读。Wiley 电子书包括在线图书和参考工具书，在专业范围内影响力很大，与电子期刊同在 Wiley Online Library 平台上使用。该在线资源平台具有整洁、易于使用的界面，提供了直观的网页导航，提高了内容的可发现性，增强了各项功能和个性化设置、接收通信的选择。

（1）在线图书：多达 17 000 余种书目，涵盖科学、技术、医学、商业、社会科学等各种学科，包括许多诺贝尔奖得主的著作。目录页面提供每个章节的小结链接，如：作者信息、摘要、关键字等，方便在 Wiley Online Library 平台做快速有效的检索以及 PDF 形式阅读、下载和打印。

（2）在线参考工具书：Wiley Online Library 上有超过 127 种参考工具书，并且在 Blackwell Reference Online 上还有 400 多种参考工具书，覆盖了全部的学科领域。

（3）实验室指南：实验室指南（Lab Protocols）包括 18 种书目：Bioinformatics（生物信息学）、Cell Biology（细胞生物学）、Chemistry Biology（化学生物学）、Cytometry（细胞计数法）、Essential Laboratory Techniques（基本实验技术）、Food Analytical Chemistry（食品分析化学）、Human Genetics（人类遗传学）、Immunology（免疫学）、Magnetic Resonance Imaging（磁共振成像）、Molecular Biology（分子生物学）、Microbiology（微生物学）、Neuroscience（神经科学）、Nucleic Acid Chemistry（核酸化学）、Pharmacology（药理学）、Protein Science（蛋白质科学）、Stem Cell Biology（干细胞生物学）、Toxicology（毒理学）等。

2. 检索方法

（1）快速检索：进入 Wiley Online Library 主页后，显示的界面如图 2-22 所示。在该界面中，检索输入框位于页面左上部,用户可以直接在输入框输入检索词,点击检索按钮即可进行快速的检索。

图 2-22　Wiley Online Library 主界面

(2) 直接浏览:在图 2-22 的界面中,提供了按出版物名称"Publications"和学科分类"Browse by subject""Browse"浏览。可以直接点击相应学科或者出版物进行浏览检索。

点击"Publications"后,可浏览所有出版物,如图 2-23 所示。在页面的右上部有检索框,可以在此进行必要的检索;或者根据列出的出版物类型"Publications type"再次进行筛选,精选结果。

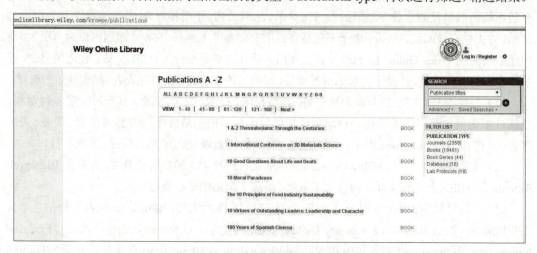

图 2-23　Wiley Online Library 浏览界面

按学科浏览时,将鼠标移至最高一级学科上,下一级学科列表会在右侧显示。点击一个学科,可以浏览该学科下的所有出版物名称。

(3) 高级检索:在图 2-22 中快速检索框下方有"Advanced search"选项,点击即进入高级检索界面,如图 2-24 所示。在该界面中,可根据需要输入多个检索词并分别限定检索字段,对检索词可进行 and、or、not 的逻辑关系限定,并可以进行年代等的准确限定选择。

笔记

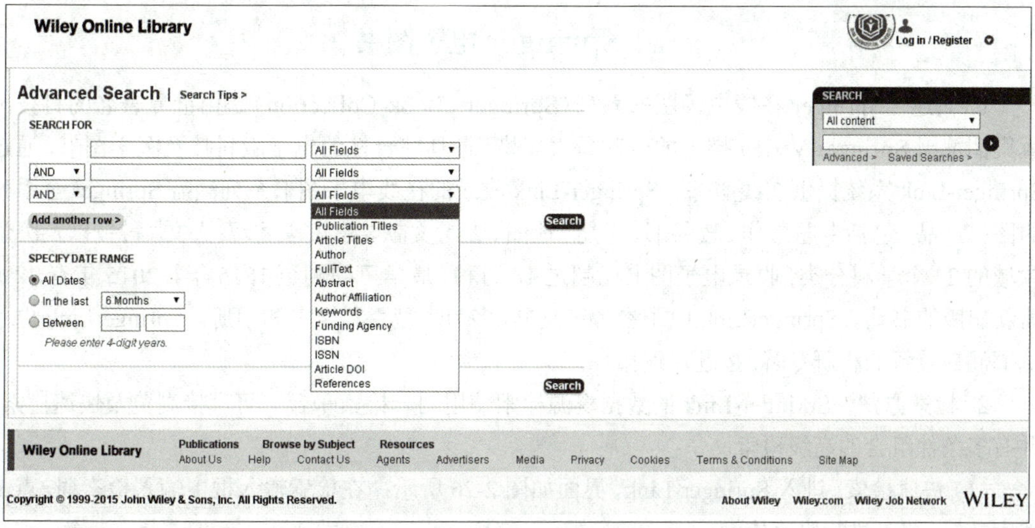

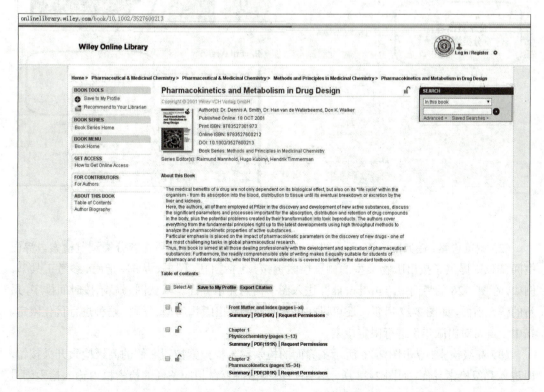

图 2-24　Wiley·Online Library 高级检索界面

检索字段包括出版物名称（Publications Title）、文献题名（Article Title）、摘要（Abstract）、关键词（Keywords）、全文（Full Text）、作者（Authors）、文献作者单位（Authors Affiliation）、基金机构（Funding Agency）、国际标准期刊编号（ISSN）、国际标准书号（ISBN）、文献标识号（Article DOI）、参考文献（References）。

3. **检索结果处理**　显示检索出的图书名录，点击书名或者图书的图片进入后，有图书著录项和内容介绍，按章节提供图书内容的链接。如图 2-25 所示。如果是已经订阅的，则文献前面的锁是打开的，可以下载或者在线阅读其 PDF 文档格式的全文。在右上部有检索框可提供本书内容的二次检索。

图 2-25　Wiley Online Library 检索结果

笔记

三、Springer 电子图书

1. 概述　Springer 在线电子图书系列（Springer eBook Collection）是由世界著名的科技出版集团德国 Springer-Verlag 推出的全球最大规模、最具综合性的电子版科技及医学图书，通过 Springer-Link 系统提供在线服务。Springer-Link 收录的在线电子图书系列涵盖 Springer 全系列的图书产品，包括专题著作、教科书、手册、地图、参考文献、丛书等，涉及人文、科技以及医学领域的 24 个学科分类；收录电子图书已超过 18 万种，最早可回溯至 1815 年。2015 年有 7290 册新出版的书籍。SpringerLink 电子参考工具书，多为大型百科全书和手册。SpringerLink 电子丛书涵盖最新的科研专著，按题目编排。

2. 检索方法　Springer-Link 的数据资源检索使用同一检索平台。可直接浏览及快速检索，并有多条件组合的高级检索。

（1）快速检索：进入 Springer-Link，界面如图 2-26 所示。在检索输入框中输入检索词，点击搜索按钮，即可进行快速检索。

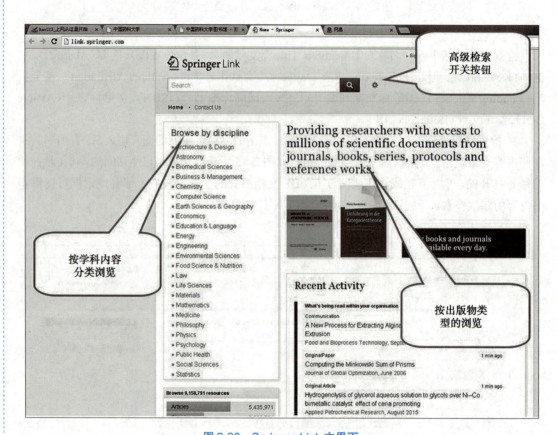

图 2-26　Springer-Link 主界面

（2）浏览检索：在如图 2-26 所示的主界面中，左侧提供了按学科内容分类浏览检索。界面中间部位则提供了按出版物类型的浏览检索链接，包括期刊、图书、丛书、指南、参考工具书。例如，在图 2-26 的界面中点击"books"，进入图书信息显示界面。默认图书显示按时间排序，最新的排在前面，如图 2-27 所示。还可以在该界面左侧对出版物类型、学科、语种进行优化限定，在中上部可对出版年份进行限定检索。

（3）高级检索：点击图 2-26 所示主界面的检索输入框检索按钮右侧的高级检索开关按钮，即进入高级检索界面，如图 2-28 所示。用户可根据需要在相应条件的检索框内输入检索词进行检索，默认各检索框为 and 的逻辑关系。

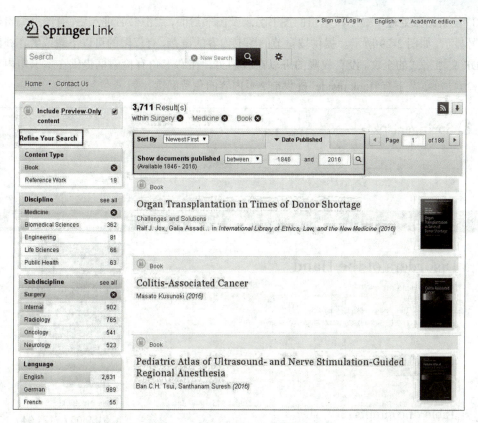

图 2-27 Springer-Link 浏览检索

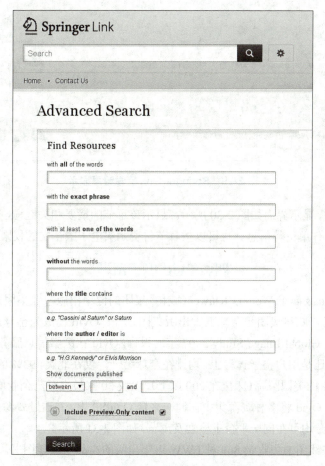

图 2-28 Springer-Link 高级检索界面

3. 检索结果处理　显示检索出的图书名录及图书封面,点击书名进入后,有图书编辑姓名和书号显示,如图 2-29 所示。提供按章节的图书内容的链接,有权限的可以下载或者在线阅读其 PDF 文档格式的全文,没有权限的可以在线购买。在右上角有检索框提供在本书中内容的二次检索,每章节下有"look inside"提供前 2 页内容的免费阅读。

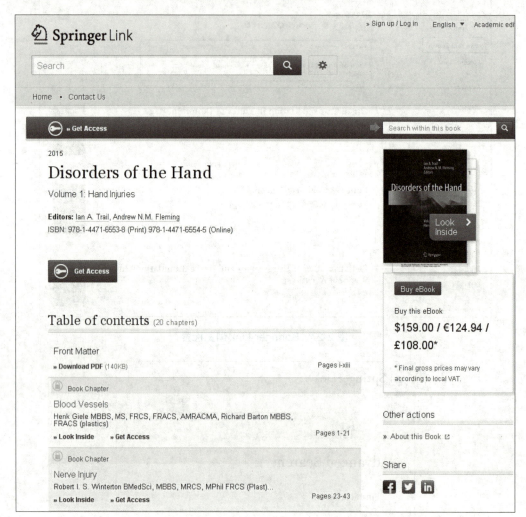

图 2-29　Springer-Link 检索结果显示

点击章节标题,显示界面如图 2-30 所示。显示该章节的摘要和关键词、参考文献、主题词、编者和作者及其工作单位等信息。也可以按章节付费购买电子版全文的权限。

四、Ovid 电子图书

1. 概述　Ovid 隶属于 Wolters Kluwer(威科)集团的健康出版事业集团,与 LWW、Adis 等公司属于姊妹公司。威科集团是全球五大出版集团之一。Ovid 已成为全球最受欢迎的医学信息平台,根据 TNS Global Image Study 2007 年的报告,Ovid 在医学信息服务领域,无论在技术领先性、数据质量还是用户检索体验上,均排在全球第一。仅在北美,93% 的医学图书馆、97%的教学医院和 87% 的美国医院(床位在 200 以上),以及 30 家最大医药企业均使用 Ovid 平台和医学数据库产品。Ovid 将多种资源集中在同一平台 OvidSP 上,并透过资源间的链接实现数据库、期刊及其他资源均可在同一平台上检索及浏览,如图 2-31 所示。

Ovid LWW 在线图书集收录 869 种 LWW 近年出版的高品质医学图书。其中,很多图书经 Doody 评级,并获得很高的星级。

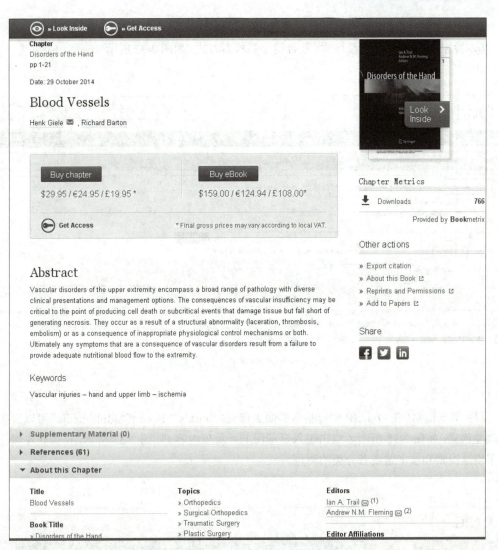

图 2-30 Springer-Link 检索结果章节显示

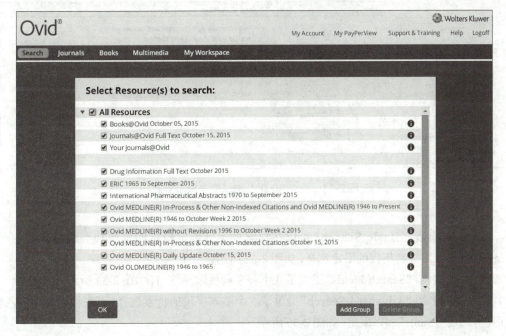

图 2-31 OvidSP 平台数据资源选择界面

笔记

2. **检索方法**　OvidSP 检索平台系统（http://ovidsp.ovid.com/autologin.html）提供了浏览检索、基本检索、字段检索、高级检索、复合检索等检索方式，如图 2-32 所示。

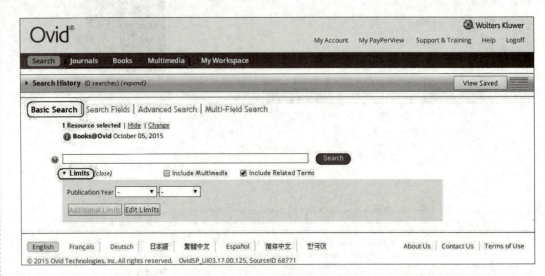

图 2-32　OvidSP 平台基本检索界面

（1）浏览检索：在 OvidSP 平台基本界面上部有"Jourals""Books""Multimedia"可以链接进行浏览检索，如图 2-32 所示。点击进入显示图书著录项内容，如图 2-33 所示，在页面左侧还提供了快速检索和按主题或者分类的浏览。

图 2-33　OvidSP 平台浏览检索显示界面

（2）基本检索："**Basic Search**"可以在检索框上方锁定检索的资源种类或者其中之一。"Limits"提供了出版物年代的限定选择，如图 2-32 所示。

（3）字段检索："**Search Fields**"提供了几十种字段供选择使用，如图 2-34 所示。

（4）高级检索："**Advanced Search**"提供了 5 个基本字段的检索选择，可在检索框中输入检索词，并可用"Limits"加以限定，如图 2-35 所示。

（5）复合检索：**Multi-Field Search** 可以提供多个检索词的布尔逻辑检索，如图 2-36 所示。

笔记

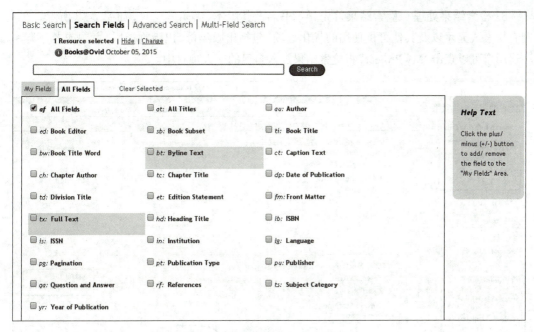

图 2-34 OvidSP 平台字段检索界面

图 2-35 OvidSP 平台高级检索界面

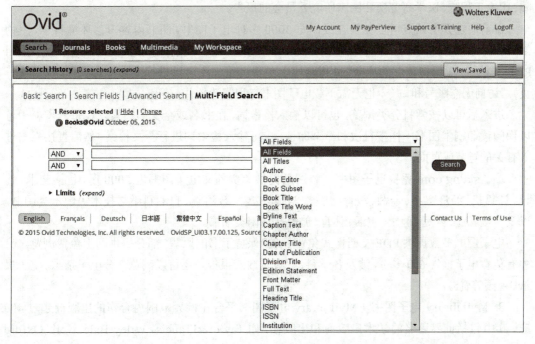

图 2-36 OvidSP 平台复合检索界面

3. 检索结果处理 检索结果首先显示书名及其版本、编辑等信息，如图 2-37 所示。在左侧有检索式显示以及其他可供使用的优化选项，包括出版年份、出版物类型、主题或者分类等。注册用户可以点击"My Project"将检索结果加入自己的个人项目中。

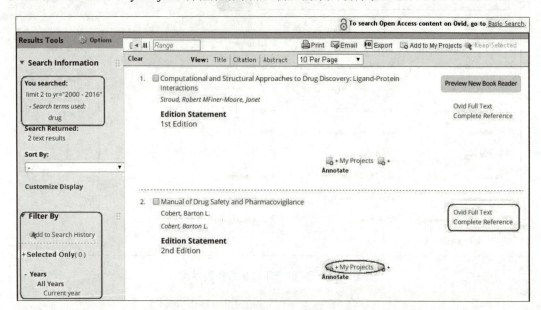

图 2-37 OvidSP 检索结果显示

点击书名或者书名右侧"Full Text"可以进入章节阅读或者下载、打印，为 Text 格式。在正文中会将检索词以红色重点显示，在页面上部可以进行当前图书内容的二次检索。"Complete Reference"提供图书著录项的完整信息。

五、其他外文电子图书

1. The National Academies Press（NAP）免费电子图书 The National Academies Press（NAP, http://www.nap.edu/）是美国国家科学院下属的学术出版机构，主要出版美国国家科学院、国家工程院、医学研究所和国家研究委员会的报告。

目前通过其主站点可以免费在线浏览 3000 多种电子图书，图书内容覆盖环境科学、生物学、医学、计算机科学、地球科学，数学、统计学、物理、化学、教育等诸多领域。电子图书采用 PDF 文档格式，保持了书的原貌，并提供网上免费浏览。还可以进行全文检索和打印（一次一页）。访问无需账号和口令，也无需下载电子图书专用阅读软件。

进入后可以按学科分类浏览，也可以输入检索词，在书名或全文中检索。在每一本书中可以像阅读印刷本图书一样按目次和章节阅读，也可输入检索词进行全文检索，然后直接点击进入有关的章节或页面。

2. Asiaing.com 免费电子图书 该网站提供免费外文电子图书近 5000 册，包括艺术、传记、计算机、经济贸易、金融、教育、历史、法律、文学、政治学、自然科学与技术等学术类图书，以及一些就业、家庭、健康、生活、体育、旅游等休闲类图书。

电子图书多数提供 PDF 文档格式免费下载，保持了书的原貌，部分提供网上免费浏览。另外有免费电子报告 600 多份，涉及各学科、行业及政府报告。还可以浏览部分电子杂志、电子报纸、视频等资源。

3. MyiLibrary 电子图书 MyiLibrary 电子图书平台在世界范围内合作的出版商超过 400 家，其中包括世界著名的学术出版商和出版社，如 Taylor&Francis，Wiley Balckwell，Oxford University Press，Cambridge University Press 等。

笔记

该平台目前包含有电子书 12 000 多种,涉及教育、艺术、法律、文学、医学、哲学、心理学、政治学、工程技术、自然科学、图书馆学等领域。

该平台上还包括培生教育出版集团(Pearson Education Group)出版的 982 种电子教材全文(内容涉及数学、物理、化学、工程、计算机科学、信息技术、生物学、心理学、社会学、法律、商业管理、经济、市场营销、金融、教育、就业指导、英语、艺术等学科)。培生教育出版集团是目前全球最大的教育出版集团,这些电子教材是该集团为教育部外国教材中心特别提供的。

平台上所有的电子书可进行全文检索,还可按关键词、作者、ISBN、出版年、学科、语种等对检索结果进行限定。

4. InfoSci-Books **在线全文电子书**　IGI Global(IGI)是科学出版领域内的一支新生力量,旨在为所有卫生保健和生命科学机构提供权威性的研究和分析信息、最新动态、评论和争论性信息。IGI 专长于出版信息技术(IT)应用和管理领域各个方面的高质量、创新型出版物(图书、期刊、教学案例和学报),并一直在努力成为一家国际认可的出版公司。

IGI Global 的 InfoSci-Books(http://www.igi-global.com/books/)收录 2009 年之后出版的1400 多本尖端参考书籍,内容涉及商业、政府、工程、教育、医疗及社会科学等。InfoSci-Books于 2009 年被美国著名的图书馆学兼书评杂志——Library Journal(《图书馆学刊》)评为"最佳参考资源"(Best Reference)。

5. World eBook Library **电子图书**　World eBook Library(http://community.ebooklibrary.org/)秉承保存和传播古典文学作品、期刊、书籍、字典、百科全书等类型的参考资料的使命,早在 1987 年,就开始投身于图书馆信息提供与促进公共文化传播,是目前世界上最大的电子图书与电子文档提供商。拥有当今互联网最热门的 125 个出版专题,超过 2 000 000 种图书,23 000多种有声电子读物,包括人文、自然科学、工业技术等领域的经典文学作品,以及书籍、期刊、百科全书、字典、手册等参考资源。资源内容覆盖了 32 个学科大类,共计 152 个学科种类。包括经济、教育、心理学、医药、生物学、化学等。

6. Ebrary **电子图书**　Ebrary 电子图书数据库(http://site.ebrary.com/)整合了来自 400 多家学术、商业和专业出版商的权威图书和文献,覆盖了商业经济、计算机、技术工程、语言文学、社会学、医学、历史人文和法律等主要科目的书籍种类,多为 1990 年以后的出版物。Ebrary 按学科分为 16 个子库,总计近 69 000 册图书。

7. Oxford Scholarship Online(OSO)**牛津在线学术专著数据库**　Oxford Scholarship Online(http://www.oxfordscholarship.com/)牛津在线学术专著数据库(OSO)是牛津大学出版社(OUP)唯一的学术专著在线平台,汇集了 OUP 的学术出版精华,可交叉式搜索牛津大学出版社在人文、社会科学、科学、医学和法律等各个领域的最佳学术专著的全文。OSO 中收录的多数图书为 2003 年以后出版,最早收录的图书出版时间可追溯到 20 世纪 60 年代;涵盖 20 多个学科领域,涉及社会科学、人文科学、科技以及医学等各个学科。

通过 OSO 可查阅牛津大学出版社的来自世界各地作者发表的高水平学术专著,作者中包括多位诺贝尔奖得主。OSO 中每个书目均由 12 位牛津大学的代表组成的委员会认可,以确保学术的高品质;它为学者及专业人士提供了最为全面、权威的一站式学术信息,提供最先进的科研功能,结合作者撰写的书籍与章节摘要,确保迅速定位相关材料;数据库中内容以 XML 格式提供,可实现强大的交叉式搜索和链接功能,为方便用户使用,同时提供有单个章节 PDF 下载功能。

8. PubMed **免费电子图书**　PubMed 免费电子图书(http://www.ncbi.nlm.nih.gov/books/),PubMed 包含的超过 24 000 000 篇文献除了来自 MEDLINE 和期刊外,还来自众多的在线免费电子图书。系统提供了 Browse Titles、Limits、Advanced 三种检索方式。可以在线阅读、打印和PDF 格式下载,并提供 PubReader 阅读软件。图 2-38 和图 2-39 分别显示了 PubMed 图书检索界面和 PubMed 检索结果显示界面。

笔记

图 2-38　PubMed 图书检索界面

图 2-39　PubMed 检索结果显示

六、检 索 实 例

查找最新版"COMPREHENSIVE HETEROCYCLIC CHEMISTRY"(综合杂环化学)电子图书中有关化合物 Penicillins 的内容。

（1）分析课题：这是书名明确的电子书，但是在哪个外文电子书平台能找到该书却不是那么清楚。以中国药科大学图书馆为例，可先在"百链"中试检索，看看该书的出版情况，再决定具体的外文电子书数据库平台。

笔 记

（2）检索步骤

1）在"百链"检索框中输入书名"COMPREHENSIVE HETEROCYCLIC CHEMISTRY"，选择书名字段，点击"外文搜索"。得到 91 种检索结果，相关性最高的检索结果在界面前列显示，为 2008 年由 Elsevier 出版，如图 2-40 所示。在左侧年代聚类中，还有 2011 年的提示，点击进入，显示为包含检索词的由 wiley 出版的书名为"Comprehensive Name Reactions，Volume 6：Name Reactions in Heterocyclic Chemistry"的其他书籍。

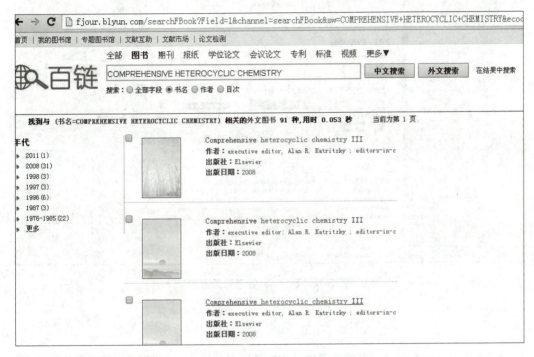

图 2-40　百链检索结果界面

2）进入 Elsevier 数据库检索平台 sciencedirect，在快速检索页面的相应检索框内输入检索词"COMPREHENSIVE HETEROCYCLIC CHEMISTRY""Penicillins"进行检索。检索结果见图 2-41。

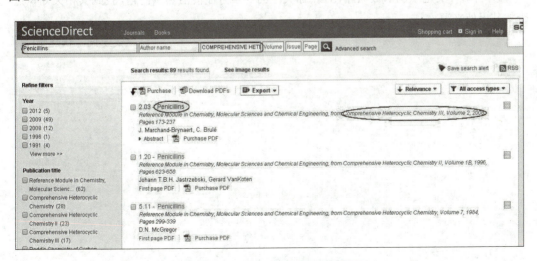

图 2-41　Elsevier 检索书目显示界面

该书有 2008 年、1996 年、1984 年的三个版本，选择该书 2008 年最新版的章节题目（图 2-41），点击进入。如有全文使用权限，可获得化合物 Penicillins 在 2008 版"COMPREHENSIVE

笔 记

HETEROCYCLIC CHEMISTRY"中的文献。如没有全文使用权限，则可以看到该章节内容介绍，如图2-42所示。可通过图书馆提供的原文传递服务来获取文献。

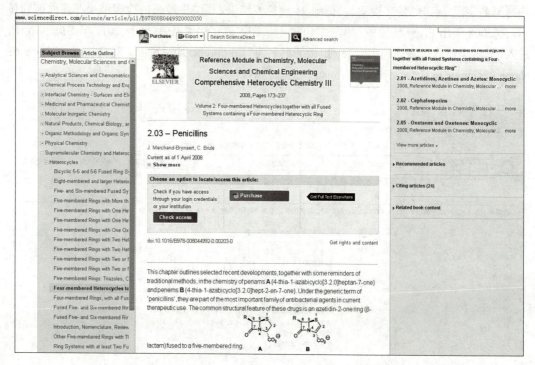

图2-42 Elsevier检索结果显示

七、实 习 题

1. 熟悉自己所在学校图书馆购买的外文电子图书数据库，找到收录自己专业内容最多的库，下载最新图书的一章。

2. 在外文电子图书数据库找到图书"LC/MS Applications in Drug Development"，记录下该书的图书著录项。

3. 利用外文电子图书数据库，查找你关注的药学方面前沿热点问题，找到其相关知识点，查找其出处来源。

（钱爱民　杜晓峰）

事实数据型文献（Fact and Data Literature）是经过集成加工的知识，是一种存放某种具体事实、知识数据的信息集合。

事实数据型文献按照知识单元，可分为事实型文献（Fact Literature）和数据型文献（Data Literature）。事实型文献承载的是特定的事实，如：某一药界泰斗的生平简况，某一事件（如仿制药专利挑战等）发生的时间、地点及过程，某种药物品种的申报审批，某药企或医药研发机构的基本情况，某一类型化合物的反应（化合物参与的反应），某类化合物及其特性（有关反应的动力学和机制）等。事实型文献检索（Fact Retrieval）的结果为客观事实或为说明事实而提供的相关文献。其"事实"可以是纯文字的知识资料或信息资料，也可以是既有文字又有数字的统计资料，还可以是叙述性文献。数据型文献承载的是特定的数值数据，如：某一数学公式，某一数据图表，某一种材料的成分、性能，以及某一物质的化学分子式，化合物的图谱等。数据型文献检索（Data Retrieval）的结果分为数值型数据与非数值型数据，除提供各类数值如科学技术数据、社会资源数据、商业经济数据、地理环境数据外，还提供运算公式、图谱、表格等。数值型数据是可以进行数值运算的离散或是连续的数字，如分子量、温度、湿度、药物的半数致死量/半数有效量（LD_{50}/ED_{50}）等；非数值型数据是数字化的文本数据（药物代码等）和图形图像数据（分子式，图谱数据等）。

事实数据型文献按照载体可分为手工检索工具书和数据库（Fact and Data Databases），手工检索工具书为字典、辞典、百科全书、年鉴、手册、人名录和机构名录等；数据库分为数值数据库（Numeric Databases）、图像数据库（Graphic Databases）、术语数据库（Terminological Databases）、指南数据库等，包括电子化字（词）典、辞典、数值、公式、数表与表册数据库、图像、图录数据库、电子百科全书、电子手册及专业手册数据库、组织机构指南、传记资料、年鉴、统计资料数据库等。常见的事实型数据库有人物传记数据库、百科知识数据库、自然及社会资源统计数据库、社会调查数据库、公共信息数据库等。常见的数值型数据库有金融、证券系统数据库中的统计数据库、化学物质结构数据库、生物蛋白质序列数据库等。

第一节　药物信息检索

本节的药物信息检索主要是药物品种的信息检索，以药物品种的审批信息为主，包括药品注册过程中的各种事实数据。

一、药物信息全文数据库

药物信息全文（Drug Information Fulltext，DIFT）（http://www.ahfsdruginfor mation.com/product-dif.aspx）是一个收录广泛，客观评价的药物信息数据库。该数据库收录目前美国所有可用的分子药物的信息。

Drug Information Fulltext 收录来自逾 2000 本药物学专著的约 110 000 种目前在美国市场上通行的药物的信息。DIFT 由 2 个独立的子库组成，AHFS 药物信息数据库和静脉注射药物手册。

（一）AHFS 药物信息数据库（AHFS Drug Information）

AHFS 药物信息数据库（AHFS Drug Information）首次出版于 1959 年，被人们称作"大红书"而广为人知，致力于为药剂师和卫生保健专业人员提供最详细的问题答案。迄今为止，AHFS

笔记

药物信息数据库是全球收录循证信息最多的药学数据库。该数据库完全避免药物生产商，保险公司，管理者以及其他商业影响，为读者提供客观公正，经过严格测试和证实的药物信息。

AHFS 涵盖以下主题：

1. 美国食品及药物管理局（FDA）批准使用或者禁用的药物之最新评论。

2. 针对药物的相互作用，用法和毒性的全面分析。

3. 有关药物剂量和管理办法的详细信息。

4. 知名实验室对于药物的调查报告和检测结论。

5. 药物化学性和稳定性的调查报告。

6. 药理学和药物代谢动力学。

7. 常见处方药，OTC 药物，眼科和皮肤科药物的清单列表，甚至包括维生素药物和肠外营养药物。

8. 逾 70 000 例被引用的参考信息。

除了多功能性之外，AHFS 数据库还是目前最获普遍承认的顶尖药物参考资源。有全球顶尖药剂师撰写的信息并通过逾 500 位药学界专家的评审，AHFS 所收录的信息为药学研究人员提供不可或缺的珍贵学术资源。凡例如图 3-1 所示。

Ceritinib

10:00 • Antineoplastic Agents (AHFS primary)

■ Ceritinib, an inhibitor of several receptor tyrosine kinases including anaplastic lymphoma kinase (ALK), is an antineoplastic agent.

Uses

■ **Non-small Cell Lung Cancer**

Ceritinib is used for the treatment of adults with anaplastic lymphoma kinase (ALK)-positive metastatic non-small cell lung cancer (NSCLC) following failure (secondary to resistance or intolerance) of prior crizotinib therapy. The drug has been designated an orphan drug by the FDA for use in this condition. The accelerated approval of ceritinib for this indication is based on tumor response rate and duration of response; there currently are no clinical data demonstrating an improvement in survival or disease-related symptoms with the drug. Continued approval for this indication may be contingent on verification and description of clinical benefit of ceritinib in confirmatory studies.

The results of several studies indicate that a relatively small subset of patients with NSCLC (approximately 1–7%) have ALK-positive disease, which indicates potential responsiveness to ALK inhibitor therapy (e.g., ceritinib, crizotinib). Patients with this form of lung cancer typically are nonsmokers or have a history of light smoking and often have adenocarcinoma. Patients with ALK-positive NSCLC usually are initially

750 mg (five 150-mg capsules) once daily. Ceritinib therapy should be continued until disease progression or unacceptable toxicity occurs.

Dosage Modification for Toxicity

In the principal efficacy study, at least one dosage reduction from the recommended initial ceritinib dosage (750 mg once daily) was necessary in approximately 60% of patients (most commonly for GI toxicity); the median time to the first dosage reduction was 7 weeks.

When dosage modification is necessary, the daily dosage of ceritinib should be reduced in decrements of 150 mg; however, if a dosage of 300 mg daily requires further reduction, ceritinib should be discontinued.

Hepatic Toxicity.

If an elevation in serum alanine aminotransferase (ALT) or aspartate aminotransferase (AST) concentrations exceeding 5 times the upper limit of normal (ULN) occurs with an elevation in total bilirubin concentrations no more than 2 times the ULN, ceritinib therapy should be withheld until the liver function test results return to baseline values or decrease to no more than 3 times the ULN. Ceritinib therapy may then be resumed with a 150-mg dosage reduction.

If an elevation in ALT or AST concentrations exceeding 3 times the ULN occurs with an elevation in total bilirubin concentrations exceeding 2 times the ULN in the absence of cholestasis or hemolysis, therapy with ceritinib should be permanently discontinued. (See Hepatic Toxicity under Cautions: Warnings/Precautions.)

Interstitial Lung Disease/Pneumonitis.

If treatment-related interstitial lung disease/pneumonitis of any grade occurs, ceritinib therapy should be permanently discontinued. (See Interstitial Lung Disease/Pneumonitis under Cautions: Warnings/Precautions.)

Cardiovascular Toxicity.

图 3-1 AHFS Drug Information 凡例

（二）静脉注射药物手册（Handbook on Injectable Drugs，HID）

静脉注射药物手册所提供的具有稳定性、准确性和兼容性的药物信息确保卫生保健专业人员精准地、恰当地使用治疗药物。通过把这些关键的静脉注射药物信息整合到一个简单易用的数据库平台上，该手册可以帮助医疗人员为病患提供更为安全有效的药物治疗。

静脉注射药物手册收录的内容：

(1) 逾 360 部药物专著，包括 47 本非美国药物专著。

(2) 在第 13 版中，新添加了 29 种药物，其中 6 种非美国本土的药物。

(3) 药物名称按照字母排序以方便检索；药商的商标名称同样一并列出。

(4) AHFS 分类号码在该手册中兼容。

(5) 收录有这些静脉注射药物与其他药物的兼容性的研究结果。每种药物提供四个兼容性表格：溶液，添加剂，注射器，Y-site。

(6) 记录如何贮藏这些药物所必需的条件，包括 pH、温度、曝光程度、吸附作用和过滤特性。

(7) 提供关键的产品信息：包括使用这些药物的型号、优势、容量和形态。以及 pH 值、渗透值和其他重要的药物信息。

凡例如图 3-2 所示。

笔 记

Compatibility Information

Solution Compatibility

Levetiracetam

Solution	Mfr	Mfr	Conc/L	Remarks	Ref	C/I
Dextrose 5%	a	UCB	5 and 40 g	Physically compatible and chemically stable for 24 hours at controlled room temperature	2833; 2835	C
Ringer's injection lactated	a	UCB	1 and 8 g	Physically compatible and chemically stable for 24 hours at controlled room temperature	2833; 2835	C
Sodium chloride 0.9%	a	UCB	5 and 40 g	Physically compatible and chemically stable for 24 hours at controlled room temperature	2833; 2835	C

[a]Tested in PVC containers.

Additive Compatibility

Levetiracetam

Drug	Mfr	Conc/L	Mfr	Conc/L	Test Soln	Remarks	Ref	C/I
Diazepam		200 mg	UCB	5 and 40 g	D5W, NS[a]	Physically compatible and chemically stable for 24 hr at controlled room temperature	2833; 2835	C
		40 mg	UCB	1 and 8 g	LR[a]	Physically compatible and chemically stable for 24 hr at controlled room temperature	2833; 2835	C

图 3-2　Handbook on Injectable Drugs 凡例

（三）Drug Information Fulltext 的检索字段

1. AF（AHFS Description） 包含 AHFS（AN）号的文字描述，antihistamine drugs in af。

2. AN（AHFS Number） AHFS 号。

3. AR（Abbreviated Name） 药物化学名称的首字母缩写。

4. BK（Book Name） 指示有关一种药物的记录是来自 AHFS Drug Infomation 还是来自 HID。

5. CN（Chemical Name） 药物的化学名。

6. FT（Full Text） 药物信息的完整记录，分为两个部分：正文和附加文献。在该字段可以检索任意一个单词、短语或概念代码（311 in ft、lithium toxicity in ft）。

7. FN（Footnote） 脚注。

8. GN（Generic Name） 普通名称，一类治疗药物的非专有名称。

9. IN（Investigational Drug ID） 调查药物 ID，是在药物的考察期间药物的指定名称，常出现在早期出版的文献中，它常是字母数字格式的。有这种名称并不意味着该药仍在实验阶段。如：fk 749 in in。

10. MN（Monograph Number） 专论号，每一专论都有唯一的 MN 号。

11. MT（Monograph Title） 专论名称，专论中描述的单一药物的名称。

12. RN（Registry Number） 登记号。

13. SY（Synonym） 同义词，包含了药品的各种普通名称（非商品名），有早期的名称、英国采用的名称（BAN）、国际非专有名称（INN）以及其他俗名。

14. TM（Tradename/Manufacturer） 商业名 / 厂商，包含了由厂商命名的药物专利商品名或厂商名。

15. UN（Universal Names） 所有名称，复合字段，包含了普通名称（GN）、化学名（CN）、缩写名（AR）、同义词（SY）、调查药物 ID（IN），可以从药物的任何名称进行检索。

二、国家食品药品监督管理总局查询系统

（一）数据查询系统

国家食品药品监督管理总局（China Food and Drug Administration，CFDA）建立了全面的数

笔 记

据查询系统(http://app1.sfda.gov.cn/datasearch/face3/dir.html),包括公众查询和专业查询。公众查询包括查询和组合查询,专业查询各模块如表3-1。

表 3-1　CFDA 数据查询系统专业查询各模块

数据资源	记录数	数据资源	记录数
食品		**化妆品**	
食品生产许可获证企业	196 231	国产化妆品	23 149
食品添加剂生产许可获证企业	3453	进口化妆品	114 484
食品添加剂生产许可检验机构承检产品及相关标准	7706	国产非特殊用途化妆品备案检验机构	164
保健食品		化妆品生产许可获证企业	3880
国产保健食品	14 794	化妆品行政许可检验机构	27
进口保健食品	735	**医疗器械**	
药品		国产器械	102 855
国产药品	169 207	国产器械(历史数据)	40 838
药品注册补充申请备案情况公示	156 226	医疗器械标准目录	700
国家基本药物(2012 年版)	520	进口器械	36 301
国产药品商品名	7090	进口器械(历史数据)	12 487
药品注册相关专利信息公开公示	1932	体外诊断试剂分类子目录(2013 版)	766
申请人申报受理情况	144 603	医疗器械检测中心受检目录	32 933
药物临床试验机构名单	823	医疗器械分类目录	306
进口药品	4695	第一类医疗器械(含第一类体外诊断试剂)备案信息	3666
药品生产企业	7157	**广告**	
进口药品商品名	3889	药品广告	40 735
GMP 认证	24 114	医疗器械广告	12 144
药品经营企业	141 809	保健食品广告	17 001
批准的药包材	5365	可发布处方药广告的医学药学专业刊物名单	557
药品注册批件发送信息	112 377	**其他**	
GSP 认证	143 322	互联网药品信息服务	5936
中药保护品种	376	互联网药品交易服务	400
OTC 化学药品说明书范本	1188	网上药店	296
OTC 中药说明书范本	4621	执业药师资格人员名单	281 797
基本药物生产企业入网目录	3919	相关链接	
进口药品电子监管工作代理机构	317	食品安全国家标准	
麻醉药品和精神药品品种目录	270		

注:记录数截止日期:2015.05.07

(二)公众服务系统

CFDA 建立了友好的公众服务界面(http://www.sfda.gov.cn/WS01/CL0101/),该界面主要有如下模块:曝光台、动态信息、抽检公告(食品抽检公告)、质量公告(药品质量公告和医疗器械质量公告)、产品召回(药品召回和医疗器械召回)、警示信息(药品安全警示、医疗器械警戒和网上购药安全警示)、相关知识等。

三、FDA 药品数据库

美国 FDA 网站中 Drug Approvals and Databases(http://www.fda.gov/Drugs/ InformationOnDrugs/default.htm)列举了如下数据库:

Acronyms and Abbreviations Search

Approved Drug Products with Therapeutic Equivalence Evaluations（Orange Book）Search

Approved Risk Evaluation and Mitigation Strategies（REMS）

Bioresearch Monitoring Information System（BMIS）Search

Clinical Investigator Inspection List（CLIIL）Search

Dissolution Methods Database Search

Drug Establishments Current Registration Site Search

Drug Shortages

Drugs@FDA Search 药物批准信息库

FDA Adverse Event Reporting System（FAERS）Quarterly Data Files

Inactive Ingredient Search for Approved Drug Products Search

National Drug Code Directory Search

Orange Book（Approved Drug Products with Therapeutic Equivalence Evaluations）Search 橙皮书

Postmarket Requirements and Commitments Search

两个较为常用的数据库：

Search Orphan Drug Designations and Approvals（http://www.accessdata.fda. gov/ scripts/ opdlisting/oopd/）罕用药信息库

Medical Product Safety Information（http://www.fda.gov/Safety/MedWatch/ SafetyInformation/ default.htm）医药品安全信息库

四、药物信息门户

The NLM Drug Information Portal（http://druginfo.nlm.nih.gov/drugportal/）提供了一条快速搜索美国 U.S. National Library of Medicine 及其他官方机构的药物信息的引擎，其资源包括 NLM 检索系统数据，NLM 研究资源数据，由不同专业人员（医生等）整合的数据，包括了不同类别（处方药等）的数据。这些数据来源均在网页上方导航栏中列举，如图 3-3 所示。

图 3-3　Drug Information Portal 界面

五、检 索 实 例

1. 排毒养颜胶囊在中国的批准信息

（1）分析课题：该例要求查询的是中国的批准信息，故此以 CFDA 网站进行检索。

（2）检索步骤：CFDA 网站——数据查询——公众查询——下图（图 3-4）。

图 3-4   CFDA 公众查询界面

2. FDA 对 AZITHROMYCIN OPHTHALMIC SOLUTION，1%（AZASITE）的批准等信息

（1）分析课题：美国 FDA 检索其批准信息

（2）检索步骤：①进入 http://www.fda.gov/default.htm，点击"Drugs"，点击"Search Drugs @ FDA"，输入"AZASITE"得到其批准信息如图 3-5 所示：

图 3-5   Search Drugs @FDA "AZASITE" 的检索结果

笔记

该药剂 2007 年 4 月 27 日原研药获批，获批厂商：OAK PHARMS INC，NDA:050810，活性成分为：AZITHROMYCIN。

② 点击"Approval History，Letters，Reviews，and Related Documents"得到该药剂批准的历史文件。

③ 退至主页，点击"Drugs"，点击"Orange Book Search"，如图3-6所示。

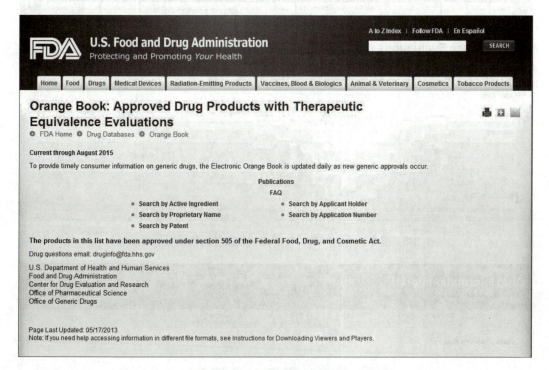

图3-6　橙皮书检索界面

④ 点击"Search by Proprietary Name"，输入"AZASITE"得到下图（图3-7）。

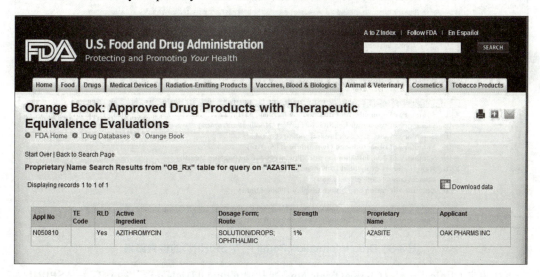

图3-7　橙皮书中的"AZASITE"检索结果

⑤ 点击"N050810"，再点击"View"得到专利权及独占权数据如图3-8所示。

由图示结果可知，橙皮书中的"AZASITE"无独占权。

3. 以Drug Information Portal检索ASPIRIN的相关信息

（1）分析课题：以Drug Information Portal进行检索。

（2）检索步骤：① 进入Drug Information Portal，在"By Name"选项下输入"ASPIRIN"得到该品种来源于不同数据库中的信息列举，如图3-9显示。

笔记

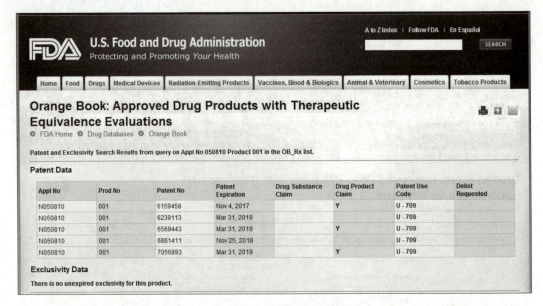

图 3-8   橙皮书中的"AZASITE"专利权及独占权数据检索结果

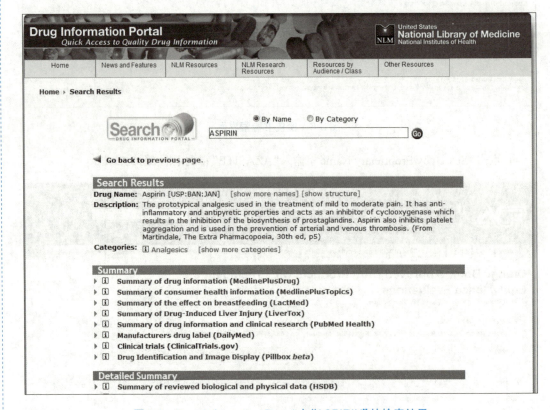

图 3-9   Drug Information Portal 中"ASPIRIN"的检索结果

② 点击 Clinical trials(ClinicalTrials.gov),进入"ClinicalTrials.gov",得到有关 ASPIRIN 临床试验的信息列表。

4. FDA 首仿药信息检索

(1)分析课题:美国 FDA 专门有首仿药信息报道,以此进行检索。

(2)检索步骤:按照下述路径:FDA Home → Drugs → Development & Approval Process (Drugs)→ How Drugs are Developed and Approved → Drug and Biologic Approval and IND Activity Reports → ANDA Approval Reports 得到图 3-10 所示结果,从此页面链接进入,便可以获得美国首仿药的信息。

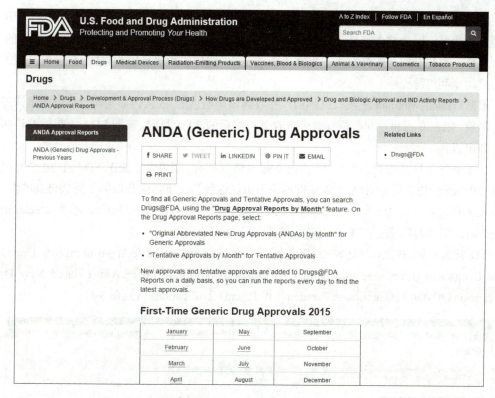

图 3-10　FDA 首仿药检索界面

5. 美国 Piv 挑战（Paragraph Ⅳ）信息检索

（1）分析课题：美国 FDA ParagraphⅣ 仿制药专利挑战

简化新药申请（Abbreviated New Drug Application，ANDA）

ANDA 是"拷贝型"仿制药的主要上市途径。ANDA 需要准备的申请材料，除了前述的证明其生物等效性和药学等效性的资料以外，还有关于其所参考的原研药的专利的声明。ANDA 赋予了仿制药企业利用原研药临床试验数据的权利，理应从制度上保障原研药的专利权。因此，仿制药 ANDA 中的一个重要材料，便是对专利的声明。需要注意的是，一个原研药物可能涉及的专利有许多，ANDA 只要求仿制药申请者对橙皮书中列在该原研药名下的专利进行声明。《Hatch-Waxman 法案》修订了《联邦食品，药品和化妆品法案》的 505（j）部分中的第 vii 节和第 viii 节，从而规定了 ANDA 申请材料需要作出的专利声明：

（Ⅰ）还没有这样的专利信息登记在案（称为'第一段声明'，PⅠ）

（Ⅱ）这样的专利已经过期（称为'第二段声明'，PⅡ）

（Ⅲ）这样的专利将在某个日期过期（称为'第三段声明'，PⅢ）

（Ⅳ）这样的专利是无效的，或者其专利权不会被本申请提交的新药的生产、使用或销售所侵犯（称为'第四段声明'PⅣ）

从定义看来，仅采用第一段（PⅠ）或第二段（PⅡ）声明的 ANDA，不构成仿制药专利挑战，因为相关专利不存在或已经过期了。当然，品牌药企业可能通过补充未列入橙皮书但与该药相关的新专利从而提起侵权诉讼，包括上述条款中未涉及的"生产方法专利"，因而使这类 ANDA 也变成专利挑战的情况，但是这些诉讼不会在《Hatch-Waxman 法案》的框架内影响仿制药审批，所以仍然不构成仿制药专利挑战。

第三段（PⅢ）声明对品牌药厂商的专利权益也有一定的侵占，在 Bolar 案例之前，品牌药厂商估计其专利到期后仿制药还要经过一定时间的临床试验和审批（通常数年）才能上市，而现在 PⅢ声明的 ANDA 令仿制药得以在专利过期后立即上市。

笔记

第四段（PⅣ）声明的 ANDA（本文称为第四类 ANDA）则是典型的仿制药专利挑战，PⅣ 声明即为挑战书。因为这个声明不仅要提交给 FDA，还要在 FDA 书面受理该 ANDA 之后的 20 天内发给专利和专利药的持有人。根据美国的法律，这样的声明足以构成"故意侵犯专利的行为"，启动专利纠纷程序。

根据《Hatch-Waxman 法案》，品牌药厂在收到该声明后的 45 天内如果起诉仿制药申请侵犯其专利权，则在专利和专利药持有者一方收到声明后的 30 个月内，美国 FDA 不得批准该仿制药上市申请。

如果品牌药厂在收到声明后 45 天内不起诉仿制药商，则失去让美国 FDA 在 30 个月内暂缓批准的权利，仿制药 ANDA 可能获批尽快上市。这种情况下仿制药商为了降低自身风险，避免侵权销售被认定后带来的巨额赔偿，可以选择提出专利无效或不侵权确认之诉（Declaratory Judgement，简称 DJ），法院可根据宪法原则决定是否受理。

（2）检索步骤：按照以下述路径：Home → Drugs → Development & Approval Process（Drugs）→ How Drugs are Developed and Approved Types of Applications → Abbreviated New Drug Application（ANDA）：Generics → Paragraph Ⅳ Patent Certifications 得到图 3-11：

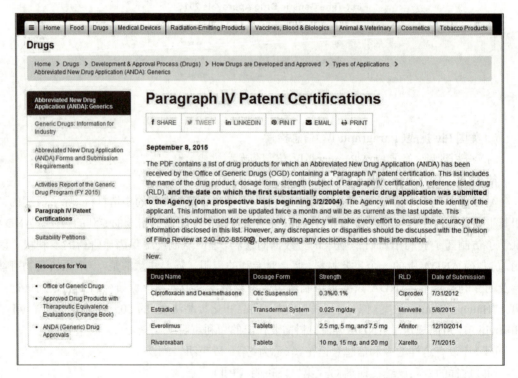

图 3-11　Paragraph Ⅳ 挑战检索界面

该界面显示了最新的 Piv 挑战品种，也可以 PDF 格式下载以往的 Piv 挑战品种，该数据两个月更新一次。

6. FDA 的 DMF 药物主文件

（1）分析课题

Drug Master File（药物主文件）：

美国的原料药管理同中国不同，不进行文号管理。原料药厂家只需提供 DMF（drug master file——生产及控制方面的资料）给 FDA 备案，当药品生产商采用该原料药生产制剂产品时再进行审查。

美国的 DMF 文件库是全世界制剂厂家广泛参照的一个供应商资源库，所以几乎所有想让产品推向国际的原料药厂都进行 DMF 备案。

原料药若以合法的身份进入美国市场,必须获得FDA认可。一般首先取得DMF登记号,这样,在制剂生产商向FDA提交注册申请资料时,原料药部分的资料可直接引用该原料药的DMF文件登记号,并且在现场检查时进行检查。在FDA批准制剂申请之前,原料药生产企业必须通过FDA官员的现场检查。现场检查的目的是确认原料药生产现场是否符合ICH Q7 GMP(同时也必须符合FDA技术上的一些特殊要求),并确认原料药生产现场是否与提交的DMF文件内容一致。

FDA并不强制要求企业递交DMF文件。相应内容也可以在制剂申请时进行提交。

DMF状态:

"A"=Active有效的。这意味着,DMF是可用于备案,管理,并且是最新的;

"I"=Inactive无效;

"N"=未分配的号码;

"P"=DMF待定的,备案审查。

DMF类型:

Ⅰ型,制造场地、设施、工作程序、人员(不再适用);

Ⅱ型,原料药,原料药中间体,材料及其制备方法,或药物产品;

Ⅲ型,包装材料;

Ⅳ型,辅料,着色剂,香料,或使用的材料及其制备方法;

Ⅴ型,FDA认可的参考信息。

(2)检索步骤

按照下述路径:Home → Drugs Development & Approval Process(Drugs)→ Forms & Submission Requirements → Drug Master Files(DMFs)即可以excel或者txt格式下载及时更新的药物主文件登记信息。

六、实 习 题

1. 查询江苏奥赛康药业股份有限公司的注射用兰索拉唑(商品名:奥维加)在中国的批准信息及有效期限内其广告批准信息(含广告内容截图)。

2. 查询网上药店南京医药百信药房有限责任公司在中国的注册批准信息。

3. 查询MOXIFLOXACIN HYDROCHLORIDE TABLETS, 400 MG(BASE)在美国的批准等信息。

4. 查询AMOXICILLIN在美国的研制信息(Drug Information Portal)。

第二节 药物理化数据检索

一、默 克 索 引

默克索引(The Merck Index)是美国Merck公司出版的一本在国际上享有盛名的化学药品大全。第1版在1889年出版,该书最初只是Merck公司化学品、药品的目录,只有170页,现已发展成为一本2000多页的化学药品、药物和生理性物质的综合性百科全书。它介绍了一万多种化合物的性质、制法以及用途,注重对物质药理、临床、毒理与毒性研究情报的收集,并汇总了这些物质的俗名、商品名、化学名、结构式,以及商标和生产厂家名称等资料。

该索引目前有印刷版、光盘版和网络版三种出版形式。

网络版《默克索引》(https://www.rsc.org/Merck-Index/)可作文本检索(text search)和结构式检索(structure search)。结构式检索可用物质的全结构(structures)或者亚结构(sub structures)检索。文本检索提供了快速检索(quick search)、菜单检索(menu search)、指令检索(command search)等

三种检索方式。还可以进行逻辑组配（AND、OR、NOT）和截词（*、?）检索。文本检索条目包括化合物的各种名称、商品代号、CA登记号、来源、各种物理常数、性质、用途、毒性及参考文献等。

命名反应库（Name reactions），收集了400多个有机化学反应。在"Tables"下面提供了5个数据表：Amino acid abbreviations（氨基酸缩写表）、Cancer Chemotherapy Regimens（癌症化学疗法）、Company Code letters（公司代码字母）、Company register（公司注册号）和Glossary（术语表）。

网络版可提供小部分数据的免费检索，全部数据必须授权才能够得到。默克索引的主页和检索界面分别可见图3-12、图3-13。

图 3-12　默克索引主页

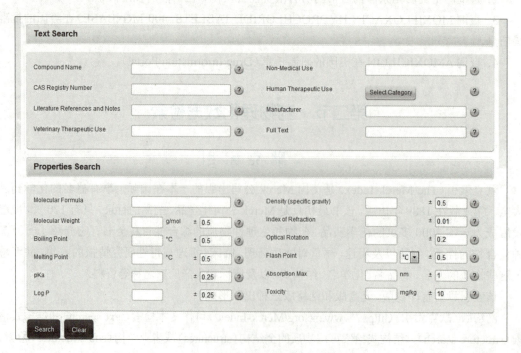

图 3-13　默克索引检索界面

笔记

二、有机化合物辞典

有机化合物辞典（Dictionary of Organic Compounds）由纽约 Chapman & Hall 出版公司出版，现已有网络版，网址为 http://doc.chemnetbase.com/intro/index.jsp。

网络版可浏览界面，但是具体检索需要授权。

检索字段有化学名称（Chemical Name）、分子式（Molecular Formula）、Hill 分子式（Molecular Formula by Element）、CAS 登记号（CAS Registry Nos.）、全文（All Text）、熔点（Melting Point）以及沸点（Boiling Point），如图 3-14 所示。

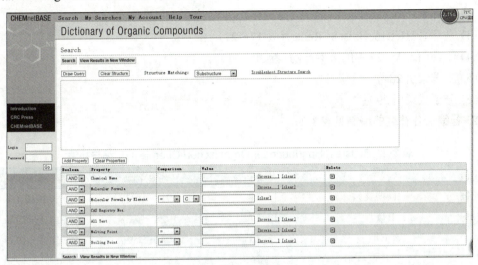

图 3-14　有机化合物辞典检索界面

三、天然产物辞典

天然产物辞典（Dictionary of Natural Products）由纽约 Chapman & Hall 出版公司出版，现已有网络版，网址为：http://dnp.chemnetbase.com/intro/index.jsp。

网络版可浏览界面，但是具体检索需要授权。

检索字段有化学名称（Chemical Name）、分子式（Molecular Formula）、Hill 分子式（Molecular Formula by Element）、CAS 登记号（CAS Registry Nos.）、全文（All Text）、熔点（Melting Point）以及沸点（Boiling Point），如图 3-15 所示。

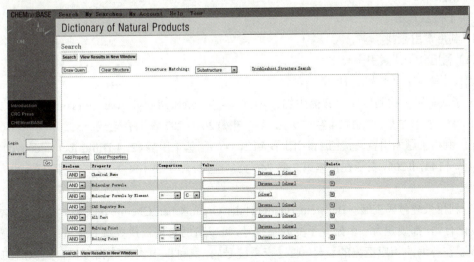

图 3-15　天然产物辞典检索界面

笔记

四、拜耳斯坦有机化学手册

（一）简介

拜耳斯坦有机化学手册（Beilsteins Handbuch der Organischen Chemie）是一本关于有机化合物的被称为最完备的手册。该手册第4版中将所包括的有机化合物分为4部，每部又分为若干卷。各化合物按其结构或取代基分别给一系统编号，全书共有4877个系统编号。

1. 正编（Hauptwerk） 分4部：

（1）链状系（Acyklische Reihe）（卷1～4）

（2）碳环系（Isocyklische Reihe）（卷5～16）

（3）杂环系（Heterocyklische Reihe）（卷17～27）

（4）不便归入1～27卷的天然产物（卷30～31）

（5）主题索引28卷

（6）分子式索引29卷

2. 补编 各补编的编制见表3-2。

表3-2　Beilstein Handbuchder Organischen Chemie 的正编与补编

编号	代号	卷数	出版年份	著录文献期限
正编	H（德文）	1～31	1918—1937	—1910.1.1
补编	E（EI）	1～27	1928—1938	1910.1.1—1920.1.1
	EⅡ	1～29	1941—1957	1920.1.1—1930.1.1
	EⅢ	1～16	1958—1976	1930.1.1—1950.1.1
	EⅣ	1～16	1972—	1950.1.1—1960.1.1
	EⅢ/Ⅳ	17～27	1974—	1930.1.1—1960.1.1
	EⅤ（英文）			

每一有机化合物的著录项目有：化合物名称、分子式、结构式、历史概况、在自然界的存在、生成、制备、物理性质、化学性质、生理作用、工业用途、分析方法和数据、分子化合物和盐类、结构未定的反应产物、衍生物、文献。

索引分为主题索引和分子式索引两种。分子式索引在正编中采用里希特体系，即主要按C、H、O、N、Cl、Br、I、F、S、P顺序，其余按字顺排列。自第2补编起改用希尔体系，即除C、H外均按字顺排列。

（二）检索方法

1. 利用索引查找

（1）利用分子式索引

巴比土酸，分子式为 $C_{11}H_{18}N_2O_3$。

分子式索引上找到巴比土酸衍生物 5-Äthyl-5-[-2-methylbutyl]-barbitursäure 对应于 24 Ⅰ 419，Ⅱ 287，表示在第一补编24卷419页，第二补编24卷287页上有记载。

（2）利用主题索引查阅：主题索引上找到2,4-二硝基苯甲醛（2,4-Dinitrobenzaldehyd）对应于7246，Ⅰ144，Ⅱ205，表示在正编第7卷246页，第一补编7卷144页，第二补编7卷205页上有记载。

2. 利用系统号码查阅 Beilstein Handbuchder Organischen Chemie 编写时，将每一基本（或小类）化合物，都规定为一个始终不变的系统号，可以借助它来查找更新的资料：根据正编的系统号码，在补编的相应正编的卷号，通过查系统号码，就可以很快查阅相应化合物以后的相关资料；相反，如果在某补编中查到某化合物的系统号码，可利用补编的卷号，根据其系统号码，查阅相应化合物在以前正编（H）和以后补编相应的卷号查阅的相关资料。

例如查阅三氟乙酸（Trifluoressigäure）的光谱数据，查到了EⅡ2186，其系统号码是160，这是三氟乙酸的系统号码，其中有其相关性质的资料，但光谱技术是在1940年后才使用的新技术，根据其系统号码，可以查阅到第二补编以后第2卷中系统号码为160的相关资料，这样就在第四补编459页找到了三氟乙酸的红外光谱、拉曼光谱和核磁共振谱的数据的原始文献。

3. 根据化合物的结构式，按该书的编制规律查找　根据化合物的结构式，直接找出相应化合物的卷数或系统号码。首先根据最终位置原则确定部，然后进一步根据部的决定确定类及分类。

五、检 索 实 例

1. 检索分子式为 C_6H_6 的化合物的理化常数

（1）分析课题：以有机化合物辞典进行检索。

（2）检索步骤：进入 http://doc.chemnetbase.com/intro/index.jsp，输入 C6H6，Search 得到下列化合物（图3-16）：

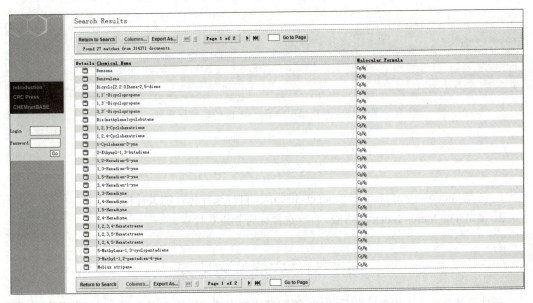

图 3-16　有机化合物辞典 C_6H_6 的检索结果列表

每一个化合物点开授权链接即可得到各自的理化常数。

2. 检索 aspirin 的默克索引收录数据（部分数据）

（1）分析课题：以默克索引进行检索。

（2）检索结果：进入 https://www.rsc.org/Merck-Index/ 的检索界面，输入 aspirin（图3-17）。

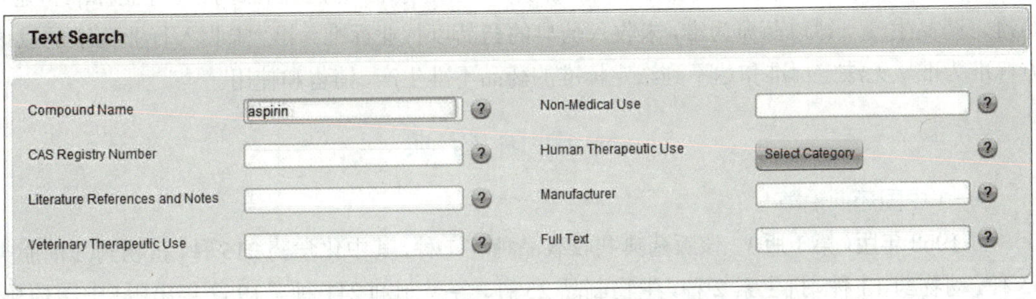

图 3-17　默克索引中 aspirin 的输入界面

检索得到(图 3-18):

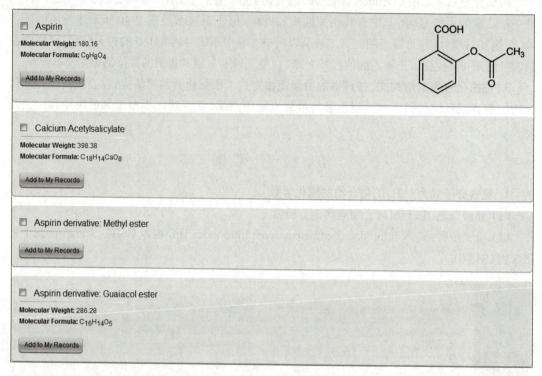

图 3-18　默克索引中 aspirin 的检索结果界面

六、实 习 题

1. 浏览 Dictionary of Natural Products 网络版,自行选择化合物进行检索。
2. 浏览 The Merck Index 网络版,自行选择化合物进行检索。

第三节　药典信息检索

药品质量是广大人民群众防病治病、维护健康的重要前提。具有良好质量的药品可以解除患者病痛、促进身体健康,而劣质的药品不仅不能帮助患者,相反却有可能成为人类健康和生命的"杀手"。为保证药品质量,我们必须从药品原料的来源、生产的过程、贮藏与运输的各个环节严格控制,以实现药品的安全有效与防病治病之目标。药品质量标准正是根据药物自身的理化与生物特性,结合药物的来源、生产工艺以及贮藏运输过程中的各个环节所制定的,用以检测药品质量是否达到用药要求,并衡量其质量是否稳定均一的技术规定。

药品质量标准分为法定标准和企业标准两种。法定标准又分为国家药典、行业标准和地方标准。药品生产一律以药典为准,未收入药典的药品以行业标准为准,未收入行业标准的以地方标准为准。无法定标准和达不到法定标准的药品不准生产、销售和使用。

一、中 国 药 典

(一)中国药典沿革

1. 1953 年版(第 1 版)　该版药典共收载品种 531 种,其中化学药 215 种,植物药与油脂类 65 种,动物药 13 种,抗生素 2 种,生物制品 25 种,各类制剂 211 种。1957 年出版《中国药典》1953 年版第一增补本。

2. 1963 年版(第 2 版) 该版药典共收载品种 1310 种,分一、二两部,各有凡例和有关的附录。一部收载中药材 446 种和中药成方制剂 197 种;二部收载化学药品 667 种。此外,一部记载药品的"功能与主治",二部增加了药品的"作用与用途"。

3. 1977 年版(第 3 版) 该版药典共收载品种 1925 种。一部收载中草药(包括少数民族药材)、中草药提取物、植物油脂以及一些单味药制剂等 882 种,成方制剂(包括少数民族药成方)270 种,共 1152 种;二部收载化学药品、生物制品等 773 种。

4. 1985 年版(第 4 版) 该版药典共收载品种 1489 种。一部收载中药材、植物油脂及单味制剂 506 种,成方制剂 207 种,共 713 种;二部收载化学药品、生物制品等 776 种。1987 年 11 月出版《中国药典》1985 年版增补本,新增品种 23 种,修订品种 172 种、附录 21 项。1988 年 10 月,第一部英文版《中国药典》1985 年版正式出版,同年还出版了二部注释选编。

5. 1990 年版(第 5 版) 该版药典收载品种共计 1751 种。一部收载 784 种,其中中药材、植物油脂等 509 种,中药成方及单味制剂 275 种;二部收载化学药品、生物制品等 967 种。与 1985 年版药典收载品种相比,一部新增 80 种,二部新增 213 种(含 1985 年版药典一部移入 5 种);删去 25 种(一部 3 种,二部 22 种);根据实际情况对药品名称作了适当修订。把药典二部品种项下规定的"作用与用途"和"用法与用量",分别改为"类别"和"剂量",另组织编著《临床用药须知》一书,以指导临床用药。有关品种的红外光吸收图谱,收入《药品红外光谱集》另行出版,该版药典附录内不再刊印。

《中国药典》1990 年版的第一、第二增补本先后于 1992 年、1993 年出版,英文版于 1993 年 7 月出版。

6. 1995 年版(第 6 版) 该版药典收载品种共计 2375 种。一部收载 920 种,其中中药材、植物油脂等 522 种,中药成方及单味制剂 398 种;二部收载 1455 种,包括化学药、抗生素、生化药、放射性药品、生物制品及辅料等。一部新增品种 142 种,二部新增品种 499 种。二部药品外文名称改用英文名,取消拉丁名;中文名称只收载药品法定通用名称,不再列副名。

《中国药典》1995 年版的第一、第二增补本先后于 1997 年、1998 年出版,英文版于 1997 年出版。

7. 2000 年版(第 7 版) 该版药典共收载品种 2691 种,其中新增品种 399 种,修订品种 562 种。一部收载 992 种,二部收载 1699 种。附录作了较大幅度的改进和提高,一部新增 10 个,修订 31 个;二部新增 27 个,修订 32 个。二部附录中首次收载了药品标准分析方法验证要求等六项指导原则,现代分析技术在这版药典中得到进一步扩大应用。为了严谨起见,将"剂量""注意"项内容移至《临床用药须知》。

《中国药典》2000 年版的第一、第二增补本先后于 2002 年、2004 年出版,英文版于 2002 年出版。

8. 2005 年版(第 8 版) 该版药典共收载品种 3217 种,其中新增 525 种,修订 1032 种。一部收载 1146 种,其中新增 154 种、修订 453 种;二部收载 1970 种,其中新增 327 种、修订 522 种;三部收载 101 种,其中新增 44 种、修订 57 种。

该版药典附录亦有较大幅度调整。一部收载附录 98 个,其中新增 12 个、修订 48 个、删除 1 个;二部收载附录 137 个,其中新增 13 个、修订 65 个、删除 1 个;三部收载附录 134 个。一、二、三部共同采用的附录分别在各部中予以收载,并进行了协调统一。

该版药典对药品的安全性问题更加重视。药典一部增加了有害元素测定法和中药注射剂安全性检查法应用指导原则。药典二部增加了药品杂质分析指导原则、正电子类和锝[99mTc]放射性药品质量控制指导原则;126 个静脉注射剂增订了不溶性微粒检查,增修订细菌内毒素检查的品种达 112 种;残留溶剂测定法中引入国际间已协调统一的有关残留溶剂的限度要求,并有 24 种原料药增订了残留溶剂检查。药典三部增订了逆转录酶活性检查法血、人白蛋白铝残留量测定法等。该版药典结合我国医药工业的现状和临床用药的实际情况，将原《澄明度检查细则和判断标准》修订为"可见异物检查法"，以加强注射剂等药品的用药安全。

该版药典根据中医药理论，对收载的中成药标准项下的〔功能与主治〕进行了科学规范。

该版药典三部源于《中国生物制品规程》。自1951年以来，该规程已有六版颁布执行，分别为1951年及1952年修订版、1959年版、1979年版、1990年版及1993年版（诊断制品类）、1995年版、2000年版及2002年版增补本。2002年翻译出版了第一部英文版《中国生物制品规程》（2000年版）。

《中国药典》2005年版的增补本于2009年年初出版，英文版于2005年9月出版。

9. **2010年版（第9版）** 该版药典与历版药典比较，收载品种明显增加。共收载品种4597种，其中新增1386种，修订2237种。药典一部收载品种2165种，其中新增1019种、修订634种；药典二部收载品种2271种，其中新增330种、修订1500种；药典三部收载品种131种，其中新增37种、修订94种。

该版药典附录一部收载附录112个，其中新增14个、修订47个；二部收载附录152个，其中新增15个、修订69个；三部收载附录149个，其中新增18个、修订39个。一、二、三部共同采用的附录分别在各部中予以收载，并尽可能做到统一协调、求同存异、体现特色。

该版药典中现代分析技术得到进一步扩大应用，除在附录中扩大收载成熟的新技术方法外，品种正文中进一步扩大了对新技术的应用；药品的安全性保障得到进一步加强，除在凡例和附录中加强安全性检查总体要求外，在品种正文标准中增加或完善安全性检查项目；对药品质量可控性、有效性的技术保障得到进一步提升，除在附录中新增和修订相关的检查方法和指导原则外，在品种正文标准中增加或完善有效性检查项目；为适应药品监督管理的需要，制剂通则中新增了药用辅料总体要求；积极引入了国际协调组织在药品杂质控制、无菌检查法等方面的要求和限度。此外，该版药典也体现了对野生资源保护与中药可持续发展的理念，不再收载濒危野生药材。

10. **2015年版（第10版）** 本版药典进一步扩大药品品种的收载和修订，共收载品种5608种。一部收载药材和饮片、植物油脂和提取物、成方制剂和单味制剂等，品种2598种，其中新增品种440种、修订品种517种、不收载品种7种。二部收载化学药品、抗生素、生化药品以及放射性药品等，品种2603种，其中新增品种492种、修订品种415种、不收载品种28种。三部收载生物制品，品种137种，其中新增品种13种、修订品种105种、新增生物制品通则1个、新增生物制品总论3个、不收载品种6种。本版药典首次将上版药典附录整合为通则，并与药用辅料单独成卷作为《中国药典》四部。四部收载通则总数317个，其中制剂通则38个、检测方法240个（新增27个）、指导原则30个（新增15个）、标准品、标准物质及试液试药相关通则9个。药用辅料收载270种，其中新增137种、修订97种、不收载2种。

本版药典完善了药典标准体系的建设，整体提升质量控制的要求，进一步扩大了先进、成熟检测技术的应用，药用辅料的收载品种大幅增加，质量要求和安全性控制更加严格，使《中国药典》的引领作用和技术导向作用进一步体现。

在编制本版药典的过程中，还完成了《中国药典》2010年版第一、二、三部增补本，《红外光谱集》（第五卷），《中国药品通用名称》，《国家药品标准工作手册》（第4版），《中国药典注释》的编制和修订工作，组织开展了《中国药典》2015年版英文版、《临床用药须知》2015年版的编制工作。

（二）中国药典2015年版（第10版）索引

中国药典2015年版（第10版）第一部至第三部都附有索引。第一部附有中文索引，汉语拼音索引，拉丁名索引以及拉丁学名索引；第二部至第三部附有中文索引和英文索引（见图3-19～图3-24）。

笔记

中 文 索 引

（按汉语拼音顺序排列）

A

阿魏 …… 190
阿魏化痞膏 …… 1013
矮地茶 …… 361
艾附暖宫丸 …… 758
艾片（左旋龙脑） …… 88
艾叶 …… 89
安儿宁颗粒 …… 874
巴豆霜 …… 81
巴戟天 …… 81
拔毒膏 …… 1040
菝葜 …… 308
白扁豆 …… 110
白带丸 …… 796
白癜风胶囊 …… 798
白矾 …… 107
白附子 …… 106
板蓝根茶 …… 1032
板蓝根颗粒 …… 1033
半边莲 …… 117
半夏 …… 119
半夏天麻丸 …… 811
半枝莲 …… 118
宝咳宁颗粒 …… 1119
保赤散 …… 1255
保妇康栓 …… 1254

图 3-19 《中国药典》第一部中文索引

汉语拼音索引

A

Awei 阿魏 …… 190
Awei Huapi Gao 阿魏化痞膏 …… 1013
Aidicha 矮地茶 …… 361
Aifu Nuangong Wan 艾附暖宫丸 …… 758
Aipian 艾片（左旋龙脑） …… 88
Aiye 艾叶 …… 89
An'erning Keli 安儿宁颗粒 …… 874
Bazhen Yimu Jiaonang 八珍益母胶囊 …… 464
Bazhen Yimu Wan 八珍益母丸 …… 464
Bazheng Heji 八正合剂 …… 459
Baibiandou 白扁豆 …… 110
Baibu 百部 …… 132
Baidai Wan 白带丸 …… 796
Baidianfeng Jiaonang 白癜风胶囊 …… 798
Baidu San 败毒散 …… 1066
Baifan 白矾 …… 107

图 3-20 《中国药典》第一部汉语拼音索引

中 文 索 引

（按汉语拼音顺序排列）

A

阿苯达唑 …… 556
阿苯达唑胶囊 …… 557
阿苯达唑颗粒 …… 558
阿苯达唑片 …… 557
阿德福韦酯 …… 574
阿普唑仑片 …… 573
阿奇霉素 …… 558
阿奇霉素干混悬剂 …… 561
阿奇霉素胶囊 …… 561
阿奇霉素颗粒 …… 562
阿奇霉素片 …… 561
阿司匹林 …… 544
氨苄西林丙磺舒颗粒 …… 1149
氨苄西林钠 …… 1150
氨茶碱 …… 1153
氨茶碱缓释片 …… 1155
氨茶碱氯化钠注射液 …… 1154
氨茶碱片 …… 1153
氨茶碱注射液 …… 1154

图 3-21 《中国药典》第二部中文索引

英 文 索 引

A

Absorbable Gelatin Sponge 吸收性明胶海绵 …… 649
Acarbose 阿卡波糖 …… 538
Acarbose Capsules 阿卡波糖胶囊 …… 540
Acarbose Tablets 阿卡波糖片 …… 540
Aceclofenac 醋氯芬酸 …… 1516
Aceclofenac Capsules 醋氯芬酸胶囊 …… 1518
Aceclofenac Tablets 醋氯芬酸片 …… 1517
Adenosine Disodium Triphosphate 三磷酸腺苷二钠 …… 37
Adipiodone 胆影酸 …… 834
Alanine 丙氨酸 …… 141
Alanyl Glutamine 丙氨酰谷氨酰胺 …… 138
Alanyl Glutamine for Injection
注射用丙氨酰谷氨酰胺 …… 140
Alanyl Glutamine Injection 丙氨酰谷氨酰胺注射液 …… 139
Alarelin Acetate 醋酸丙氨瑞林 …… 1522
Alarelin Acetate for Injection

图 3-22 《中国药典》第二部英文索引

笔记

中 文 索 引

（按汉语拼音顺序排列）

A

ACYW135 群脑膜炎球菌多糖疫苗 …………………… 77
A 群 C 群脑膜炎球菌多糖结合疫苗 ……………… 74
A 群 C 群脑膜炎球菌多糖疫苗 …………………… 71
A 群脑膜炎球菌多糖分子大小测定法 ………… 通则 115
A 群脑膜炎球菌多糖疫苗 ………………………… 68
A 型肉毒毒素效价测定法 ……………………… 通则 140

重组人促红素注射液(CHO 细胞) ………………… 288
重组人干扰素 α1b 滴眼液 ………………………… 295
重组人干扰素 α1b 注射液 ………………………… 293
重组人干扰素 α2a 栓 ……………………………… 301
重组人干扰素 α2a 注射液 ………………………… 299
重组人干扰素 α2b 滴眼液 ………………………… 309
重组人干扰素 α2b 凝胶 …………………………… 315
重组人干扰素 α2b 喷雾剂(假单胞菌) …………… 323
重组人干扰素 α2b 乳膏 …………………………… 313
重组人干扰素 α2b 软膏(假单胞菌) ……………… 325

图 3-23 《中国药典》第三部中文索引

英 文 索 引

A

Agkistrodon acutus Antivenin 抗五步蛇毒血清 ……………… 228
Agkistrodon acutus Antivenin, Freeze-dried 冻干抗五步蛇毒血清 ……………… 230
Agkistrodon halys Antivenin 抗蝮蛇毒血清 ……………… 224
Agkistrodon halys Antivenin, Freeze-dried 冻干抗蝮蛇毒血清 ……………… 226
Anthrax Antiserum 抗炭疽血清 ……………… 240
Anthrax Vaccine (Live) for Percutaneous Scarification 皮上划痕人用炭疽活疫苗 ……………… 109
Anti-A and Anti-B Blood Grouping Reagents (Monoclonal Antibody) 抗 A 抗 B 血型定型试剂(单克隆抗体) ……………… 389
Anti-human T Lymphocyte Porcine Immunoglobulin 抗人 T 细胞猪免疫球蛋白 ……………… 281
Anti-human T Lymphocyte Rabbit Immunoglobulin 抗人 T 细胞兔免疫球蛋白 ……………… 283

图 3-24 《中国药典》第三部英文索引

二、美 国 药 典

美国药典 38- 国家处方集 33（USP 38–NF 33）于 2014 年 12 月份出版，2015 年 5 月 1 日生效，是由美国政府所属的美国药典委员会编辑出版的关于药典标准的公开出版物。它包含关于药物、剂型、原料药、辅料、医疗器械和食物补充剂的标准。美国药典 - 国家处方集每年出版一次。2015 版《美国药典》包含 4 卷及 2 个增补版。美国药典除了印刷版外，还提供 U 盘版和互联网在线版。

美国药典 38- 国家处方集 33 修订的内容在美国药典委员会（http://www.usp.org/）主页上报道。该网站设有简体中文网页。

美国药典 38- 国家处方集 33 的凡例如图 3-25 所示，索引如图 3-26 所示。

三、欧 洲 药 典

《欧洲药典》由欧洲药品质量委员会（EDQM）编辑出版，有英文和法文两种法定文本。其全称为 European Pharmacopoeia，缩写为 Ph. Eur.。

《欧洲药典》的基本组成有凡例、通用分析方法（包括一般鉴别试验，一般检查方法，常用物理、化学测定法，常用含量测定方法，生物检查和生物分析，生药学方法）、容器和材料、试剂、正文和索引等。

笔记

Calcium Citrate

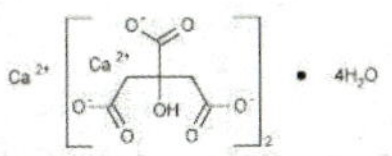

$C_{12}H_{10}Ca_3O_{14} \cdot 4H_2O$ 570.49

1,2,3-Propanetricarboxylic acid, 2-hydroxy-, calcium salt (2:3), tetrahydrate;

Calcium citrate (3:2), tetrahydrate [5785-44-4].

DEFINITION

Calcium Citrate contains four molecules of water of hydration. When dried at 150° to constant weight, it contains NLT 97.5% and NMT 100.5% of $Ca_3(C_6H_5O_7)_2$.

IDENTIFICATION

• **A.**

Analysis: Dissolve 0.5 g in a mixture of 10 mL of water and 2.5 mL of 2 N nitric acid. Add 1 mL of mercuric sulfate TS, heat to boiling, and add 1 mL of potassium permanganate TS.

Acceptance criteria: A white precipitate is formed.

• **B.**

Sample: 0.5 g of Calcium Citrate

Analysis: Ignite completely the *Sample* at as low a temperature as possible, cool, and dissolve the residue in dilute glacial acetic acid (1:10). Filter, and add 10 mL of ammonium oxalate TS to the filtrate.

Acceptance criteria: A voluminous white precipitate that is soluble in hydrochloric acid is formed.

ASSAY

• **PROCEDURE**

Sample solution: Dissolve 350 mg of Calcium Citrate, previously dried at 150° to constant weight, in 12 mL of 0.5 M hydrochloric acid, and dilute with water to about 100 mL.

Analysis: While stirring the *Sample solution*, add 30 mL of 0.05 M edetate disodium VS from a 50-mL buret. Add 15 mL of 1 N sodium hydroxide and 300 mg of hydroxy naphthol blue, and continue the titration to a blue endpoint. Each mL of 0.05 M edetate disodium is equivalent to 8.307 mg of calcium citrate ($Ca_3(C_6H_5O_7)_2$).

Acceptance criteria: 97.5%–100.5% on the dried basis

IMPURITIES

• **ARSENIC,** *Method I* ⟨211⟩

Test preparation: Dissolve 1 g of Calcium Citrate in 5 mL of 3 N hydrochloric acid, and dilute with water to 35 mL.

Acceptance criteria: NMT 3 ppm

• **HEAVY METALS,** *Method I* ⟨231⟩

Test preparation: Dissolve 1 g of Calcium Citrate in a mixture of hydrochloric acid and water (2:20). Add 1.5 mL of ammonium hydroxide, and dilute with water to 25 mL.

Acceptance criteria: NMT 20 ppm

• **LEAD** ⟨251⟩

Test preparation: Dissolve 0.5 g of Calcium Citrate in 20 mL of 3 N hydrochloric acid. Evaporate this solution on a steam bath to 10 mL, dilute with water to 20 mL, and cool. Use 5 mL of *Diluted Standard Lead Solution* (5 μg of Pb) for the test.

Acceptance criteria: NMT 10 ppm

• **LIMIT OF FLUORIDE**

[NOTE—Prepare and store all solutions in plastic containers.]

Standard stock solution: 1000 μg/mL of fluoride ion from USP Sodium Fluoride RS in water

Standard solution: 5 μg/mL of fluoride ion from *Standard stock solution.* [NOTE—Prepare on the day of use.]

Linearity solution A: Transfer 1.0 mL of the *Standard solution* to a 250-mL plastic beaker. Add 50 mL of water, 5 mL of 1 N hydrochloric acid, 10 mL of 1.0 M sodium citrate, and 10 mL of 0.2 M edetate disodium. If necessary, adjust with 1 N sodium hydroxide or 1 N hydrochloric acid to a pH of 5.5. Transfer to a 100-mL volumetric flask, and dilute with water to volume. This solution contains 0.05 μg/mL of fluoride.

Linearity solution B: Transfer 5.0 mL of the *Standard solution* to a 250-mL plastic beaker, and proceed as directed for *Linearity solution A* beginning with "Add 50 mL of water,". This solution contains 0.25 μg/mL of fluoride.

Linearity solution C: Transfer 10.0 mL of the *Standard solution* to a 250-mL plastic beaker, and proceed as directed for *Linearity solution A* beginning with "Add 50 mL of water,". This solution contains 0.50 μg/mL of fluoride.

Sample solution: Transfer 1.0 g of Calcium Citrate to a 100-mL beaker. Add 10 mL of water and, while stirring, 10 mL of 1 N hydrochloric acid. When dissolved, boil rapidly for 1 min, transfer the solution to a 250-mL plastic beaker, and cool in ice water. Add 15 mL of 1.0 M sodium citrate and 10 mL of 0.2 M edetate disodium, and adjust with 1 N sodium hydroxide or 1 N hydrochloric acid to a pH of 5.5. Transfer this solution to a 100-mL volumetric flask, and dilute with water to volume.

Electrode system: Use a fluoride-specific, ion-indicating electrode and a silver–silver chloride reference electrode connected to a pH meter capable of measuring potentials with a minimum reproducibility of ±0.2 mV (see *pH* ⟨791⟩).

Analysis

Samples: *Linearity solution A, Linearity solution B, Linearity solution C,* and *Sample solution*

Transfer 50 mL of each *Linearity solution A, Linearity solution B,* and *Linearity solution C* to separate 250-mL plastic beakers, and measure the potential of each solution with the *Electrode system.* Between each reading wash the electrodes with water, and absorb any residual water by blotting the electrodes dry. Plot the logarithms of the fluoride concentrations (0.05, 0.25, and 0.50 μg/mL, respectively) versus potential to obtain a Standard response line.

Transfer 50 mL of the *Sample solution* to a 250-mL plastic beaker, and measure the potential with the *Electrode system.* From the measured potential and the Standard response line determine the concentration, *C,* in μg/mL, of fluoride ion in the *Sample solution.* Calculate the percentage of fluoride in the specimen taken by multiplying *C* by 0.01.

Acceptance criteria: NMT 0.003%

• **LIMIT OF ACID-INSOLUBLE SUBSTANCES**

Sample solution: Dissolve 5 g of Calcium Citrate by heating with a mixture of hydrochloric acid and water (10:50) for 30 min.

Analysis: Filter, wash, and dry at 105° for 2 h the residue so obtained.

Acceptance criteria: The weight of the residue is NMT 10 mg (0.2%).

SPECIFIC TESTS

• **LOSS ON DRYING** ⟨731⟩: Dry a sample at 150° for 4 h: it loses from 10.0% to 13.3% of its weight.

ADDITIONAL REQUIREMENTS

• **PACKAGING AND STORAGE:** Preserve in well-closed containers.

• **USP REFERENCE STANDARDS** ⟨11⟩

USP Sodium Fluoride RS

图 3-25　美国药典 38- 国家处方集 33 的凡例

Combined Index to USP 38 and NF 33, Volumes 1–4

Page citations refer to the pages of Volumes 1, 2, 3, and 4 of USP 38–NF 33. This index is repeated in its entirety in each volume.

1–1994	Volume 1
1995–3998	Volume 2
3999–5864	Volume 3
5865–6956	Volume 4

Numbers in angle brackets such as ⟨421⟩ refer to chapter numbers in the General Chapters section.

A

Abacavir
  oral solution, 1995
  sulfate, 1996
  tablets, 1997
Absolute
  alcohol, 1815
  ether, 1814

and (salts of) chlorpheniramine, dextromethorphan, and phenylpropanolamine, oral solution containing at least three of the following, 2016
and (salts of) chlorpheniramine, dextromethorphan, and phenylpropanolamine, tablets containing at least three of the following, 2018
and (salts of) chlorpheniramine,

and oxycodone tablets, 4712
and pentazocine tablets, 4803
and propoxyphene hydrochloride tablets, 5051
and propoxyphene napsylate tablets, 5056
and pseudoephedrine hydrochloride tablets, 2037
oral solution, 2007
for effervescent oral solution, 2007
suppositories, 2008

图 3-26　美国药典 38- 国家处方集 33 的索引

《欧洲药典》正文品种的内容包括：品名（英文名称，拉丁名）、分子结构式、分子式与分子量、含量限度及化学名称、性状、鉴别、检查、含量测定、贮藏、可能的杂质结构等。

1977 年出版第 1 版《欧洲药典》。从 1980 年到 1996 年期间，每年将增修订的项目与新增品种出一本活页本，汇集为第 2 版《欧洲药典》各分册，未经修订的仍按照第 1 版执行。1997 年出版第 3 版《欧洲药典》合订本，并在随后的每一年出版一部增补本，由于欧洲一体化及国际间药品标准协调工作不断发展，增修订的内容显著增多。2001 年 7 月，第 4 版《欧洲药典》出版，并于 2002 年 1 月生效。第 4 版《欧洲药典》除了主册之外，还出版了 8 个增补版。2004 年 7 月，第 5 版《欧洲药典》出版，即 EP5.0，EP5.0 于 2005 年 1 月生效。2007 年 6 月，第 6 版《欧洲药典》出版，即 EP6.0，EP6.0 于 2008 年 1 月生效。2010 年 6 月，第 7 版《欧洲药典》出版，即 EP7.0，EP7.0 于 2011 年 1 月生效。2013 年 6 月，第 8 版《欧洲药典》出版，即 EP8.0，EP8.0 于 2014 年 1 月生效。第 8 版《欧洲药典》的补编计划如下：

表 3-3　第 8 版《欧洲药典》的补编计划

版本	出版时间	执行时间
8.0	2013.07.15	2014.01.01
8.1	2013.10.01	2014.04.01
8.2	2014.01.01	2014.07.01
8.3	2014.07.01	2015.01.01
8.4	2014.10.01	2015.04.01
8.5	2015.01.01	2015.07.01
8.6	2015.07.01	2016.01.01
8.7	2015.10.01	2016.04.01
8.8	2016.01.01	2016.07.01
9.0	2016.07.15	2017.01.01

网站 http://online.edqm.eu 提供了网络版授权检索。

笔记

四、日本药局方

日本国药典的名称是《日本药局方》(Japanese Pharmacopoeia，JP)，由一部和二部组成，共一册。一部收载有凡例、制剂总则(即制剂通则)、一般试验方法、医药品各论(主要为化学药品、抗生素、放射性药品以及制剂)；二部收载通则、生药总则、制剂总则、一般实验方法、医药品各论(主要为生药、生物制品、调剂用附加剂等)、药品红外光谱集、一般信息等。索引置于最后。《日本药局方》的索引有药物的日本名索引、英文名索引和拉丁名索引三种。其中拉丁名索引用于生药品种。

《日本药局方》"医药品各论"中药品的质量标准，按顺序分别列有：品名(日本名、英文名、拉丁名和日本别名)、有机药物的结构式、分子式与分子量、来源或有机药物的化学名、CA 登录号、含量和效价规定、性状和物理常数、鉴别、检查、含量或效价测定、容器和贮藏、有效期等。

医药品医疗器械综合机构(Pharmaceuticals and Medical Devices Agency，PMDA)是日本的一个独立行政机构，主要职责是协助日本厚生劳动省(卫生局)保证医药品和医疗设备的安全性、有效性以及质量，以此来保障国民的健康。在其网站(日文 http://www.pmda.go.jp/index.html，英文 http://www.pmda.go.jp/english /index.html)上均有完整的 15th 和 16th 的日本药局方及其相应补编的 PDF 格式下载。

五、检 索 实 例

1. 2015 年版《中国药典》通则编码与 2010 版附录编码对照表的获取

(1)分析课题：国家药典委员会网站下载。

(2)检索步骤：进入国家药典委员会网站 http://www.chp.org.cn/index.html 下载获取 2015 年版通则编码与 2010 版附录编码对照表。

2. Calcium Citrate 最新的美国药典收载信息

(1)分析课题：美国药典 38- 国家处方集 33 中检索。

(2)检索步骤：取美国药典 38- 国家处方集 33，索引中找到如下信息(图 3-27)：

得到 Calcium citrate 的相应页码 1826，2545，翻至该页，得到如图 3-25 所示的信息。

```
Calcium
    acetate, 1826, 2532
    acetate and aluminum sulfate tablets for
        topical solution, 2143
    acetate tablets, 2534
    ascorbate, 2535
    carbonate, 1826, 2536
    carbonate, alumina, and magnesia
        chewable tablets, 2118
    carbonate, alumina, magnesia, and
        simethicone chewable tablets, 2119
    carbonate, alumina, and magnesia oral
        suspension, 2117
    carbonate, chelometric standard, 1826
    carbonate lozenges, 2537
    carbonate, magnesia, and simethicone
        chewable tablets, 2541
    carbonate and magnesia chewable tablets,
        2540
    carbonate oral suspension, 2538
    carbonate tablets, 2539
    caseinate, 1826
    chloride, 1826, 2544
    chloride, anhydrous, 1826
    chloride injection, 2545
    chloride TS, 1887
    citrate, 1826, 2545
    citrate tablets, 5929
```

图 3-27　美国药典 38- 国家处方集 33 中 Calcium Citrate 所在索引

笔记

六、实　习　题

1．实践耳用制剂《中国药典》2015年版通则编码与2010年版附录编码的对照。

2．查询Oxycodone Hydrochloride Hydrate最新的日本药局方收载信息。

第四节　其他事实数据型信息检索

一、其他事实数据型文献检索工具

（一）词典

词典是用来解释词语的意义、概念、用法的工具书。广义的词典包括语文词典及各种以词语为收录单位的工具书；狭义词典仅指语文词典。其整体结构一般由前言、凡例、正文、附录、索引等部分组成。正文以词条的形式解释词目，词条实现有序化编排。从不同的标准或特征出发，词典可分多种类型。汉语词典从内容上着眼区分为语文词典、学科（百科）词典、专名词典三类。中国古代包括词典在内的以解字释词为主要内容的专书统称为字书。《尔雅》《方言》《说文解字》是中国出现最早的有代表性的字书。《汉语大词典》是中国当代规模最大的词典。世界上现存最古老的词典是公元前7世纪亚述帝国时编的苏美尔-阿卡德语双语难词表。1612年意大利出版的《词集》是第一部欧洲民族语词典。牛津大学出版社出版的《牛津英语词典》12卷，又补编1卷（1884—1928）是近代西方最大的词典。

词典是按一定的次序编列语词，分别加以解释的工具书。信息论兴起以后，词典的概念有所扩大。凡是学科就有信息，有信息就有必要编出词典以便检索，于是词典就和知识的储存和编排同义了。和"词典"同属词典学的有"难词汇""词汇""名著或名家用词索引""分类词汇"；中国古时有"字源""字通""字鉴"等书名，而"字书"是通称。

《新编全医药学大词典》是北京金叶天翔科技有限公司开发的系列医学专业软件之一。是国内第一款医药学专业电子词典。

1. 功能

（1）鼠标指译和划词取词：多种屏幕取词模式，协助无障碍阅读英文资料。

（2）多功能检索平台：集词典检索、例句检索、全文翻译和医脉通网站浏览于一身。

（3）词罗盘：用放射状图形立体展现医学术语间错综复杂、千丝万缕的关联关系。

（4）词汇每日升级：社会变化、科技发展使得新词锐词频出，联网状态下系统会自动提示今日更新的词条，积少成多，扩充词汇量。

2. 内容

（1）总词汇量高达400万条，医学词汇260万，通用词汇140万。

（2）新添10万条医学双语例句。

（3）内含国家名词委员会50本数据以及三本权威医学术语词表。术语词表包括：MeSH主题词、中医药主题词和SNOMED术语集。

（4）新增人名地名词典，涉及各国人名、地名及其简介。

（5）新增缩略语词典，涉及医学、分子生物、地区机构、商务等领域的缩略语。

（6）更新2000余份英文药品说明书，目前词典小药箱内包含5000份中文说明书和2000份英文说明书（图3-28，图3-29，图3-30）。

（二）手册

手册是汇集一般资料或专业知识的参考书，是一种便于浏览、翻检的记事的小册子，是介绍一般性的或某种专业知识的简明摘要书。手册主要为人们提供某一学科或某一方面的基本

笔记

图 3-28　新编全医药学大词典检索平台

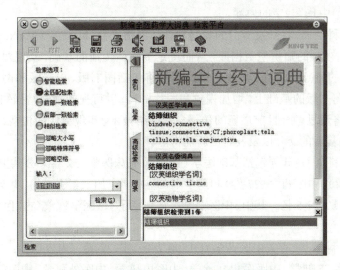

图 3-29 新编全医药学大词典检索导航

知识，方便日常生活或学习。其作用是：手册中所收的知识偏重于介绍基本情况和提供基本材料，如各种事实、数据、图表等。通常按类进行编排，便于查找。常常分为数据性手册、条目性手册、图表性手册和综合性手册。

PDR 对药品评价的数据更新不是很快，同时因为盈利为目的，很多数据是直接来自药品商，因此一些副作用数据不是很全面。目前已经在线（http://www.pdr.net/）提供检索，与此相雷同的还有网上处方药物手册 http://www.rxlist.com/。

（三）百科全书

百科全书是概要记述人类一切知识门类或某一知识门类的工具书。百科全书在规模和内容上均超过其他类型的工具书。百科全书的主要作用是供人们查检必要的知识和事实资料，其完备性在于它几乎包容了各种工具书的成分，囊括了各方面的知识。被誉为"没

图 3-30　新编全医药学大词典检索项目

笔记

有围墙的大学"。百科全书是知识的总汇,是一切知识门类广泛的概述性著作。是否有一部优秀的综合性的百科全书,成为衡量一个国家科学、文化发展水平的标志之一。

1.《**中华医学百科全书**》 《中华医学百科全书》由吴阶平、巴德年、刘德培、侯云德、陈可冀、强伯勤、甄永苏、梁晓天、王世真、高守一等四十多位院士发起,并获得了国家领导人的批示与支持,被列为国家重点出版工程。在国务院及国家新闻出版总署、卫生部、财政部的指导和协调下,中国医学科学院作为牵头单位,组织国内各大高等医药院校和国家级医疗科研单位,集合医药卫生领域各学科著名学者,共同实施这项宏伟工程。

《中华医学百科全书》通过全面总结医药卫生领域基本理论、基本知识与最新进展,为医药卫生专业人员和其他相关专业人员提供医学知识的综合平台,即可以作为通用医学参考工具书。此外,《中华医学百科全书》还兼具向具有高中以上文化程度的读者普及医学知识的功能,即还可以作为医学高级科普书。

《中华医学百科全书》将汇集医药卫生领域各学科最优秀的学者,以保证其学术水平和权威性。因此其编者还包括我国香港、澳门、台湾地区的著名医学学者以及国外杰出的华人医学科学家,这也突出了"中华"二字的内涵。

《中华医学百科全书》将开发专门的编写软件和网络平台(http://www.yixuebaike.cn/),建立包含文字、图片和视频的知识型数据库,从而奠定多媒体传播的基础,实现对知识的多途径利用。其"多媒体"的特点体现为:最终完成的工程将包括图书版、电子版和网络版三种出版形态。电子版将在图书版的基础上,增加视频和图片资料,以可视的画面增强知识的直观性和易接受性。网络版将通过融合目前最新的传播学和网络技术,实现更快的传播速度、更便捷的查询功能、读者与编纂者的交互以及及时更新的特点。

《中华医学百科全书》计划包括基础医学(19卷)、临床医学(52卷)、公共卫生(16卷)、军事与特种医学(14卷)、中医药学(27卷)和药学(10卷)6类,加上索引6卷,共计144卷,预计词条约5.7万,总字数约1.5亿。其中,中医药学类还包括了《藏医学》《蒙(古)医学》和《维(吾尔)医学》3个分卷。

《中华医学百科全书》有关中医药学有1500万字,共27卷。内容包括:中医基础理论、中医诊断学、中药学、方剂学、中医医史文献学、中医内科学、中医外科学、中医妇科学、中医儿科学、中医骨伤科学、中医耳鼻咽喉科学、中医眼科学、针灸学、按摩推拿学、中医养生学、中医康复学、中医护理学、中药化学、中药药理学、中药资源学、中药鉴定学、中药炮制学、中药制剂学、中西结合医学、藏医学、蒙(古)医学、维(吾尔)医学。

有关药学有1000万字,共10卷。内容包括:药理学、药物化学、微生物药物学、药剂学、药事管理学、临床药学、天然药物化学、药物分析学、生物药物学、药用植物学。

《中华医学百科全书》各分卷由下列内容组成:封面、扉页、总序言、分卷序言、前言、凡例、目录、正文、附录、附表、索引。其中,封面、目录、正文、索引四部分每书必有,其他部分则视篇幅长短及内容需要设置。

2.《**马丁代尔药物大典**》(Martindale:The Extra pharmacopoeia) 英文版 Martindale: The Complete Drug Reference 一书原名为 Martindale:The Extra pharmacopoeia(http://www. martindalepharma.co.uk/),1883年首次由英国皇家药学会出版,因其编者 William Martindale 而得名,至今已125年历史,是世界公认最权威药学巨著。

《马丁代尔药物大典》为2007年第35版的中译本,其中信息非常丰富,包含有约5500篇药物专论、制剂12 800种,引用40 700篇文献、667种疾病治疗资料。是全球临床医生、药师的案头必备工具书被誉为全球用药"圣经"。

《马丁代尔药物大典》涵盖了全世界重要药品,其中也包括了绝大多数中国药典的品种。既有现有的药物,也有曾经用过的重要药物的信息。药学信息包括 CAS 登记号,分子式和化

笔记

学结构式，INN，各国药典收载状况，麻醉品的俗名，运动员禁用药品等。临床内容侧重应用性资料，详尽简明，而且提供关键参考文献以利于进一步拓展查询。

英国皇家药学会有专门机构长期专职修订和再版工作，具有公正严谨的编审工作程序。近几年利用电子出版技术和网络信息技术，每季更新在线信息，再版间隔缩小至两年。药智网（www.yaozh.com）提供部分信息的在线检索，同时，该数据库还提供每一个药的中英文版本PDF免费下载（图3-31，图3-32）。

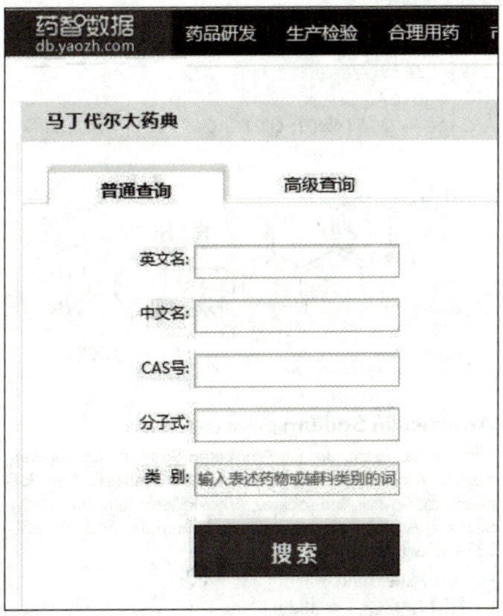

图3-31 《马丁代尔药物大典》中文检索页面

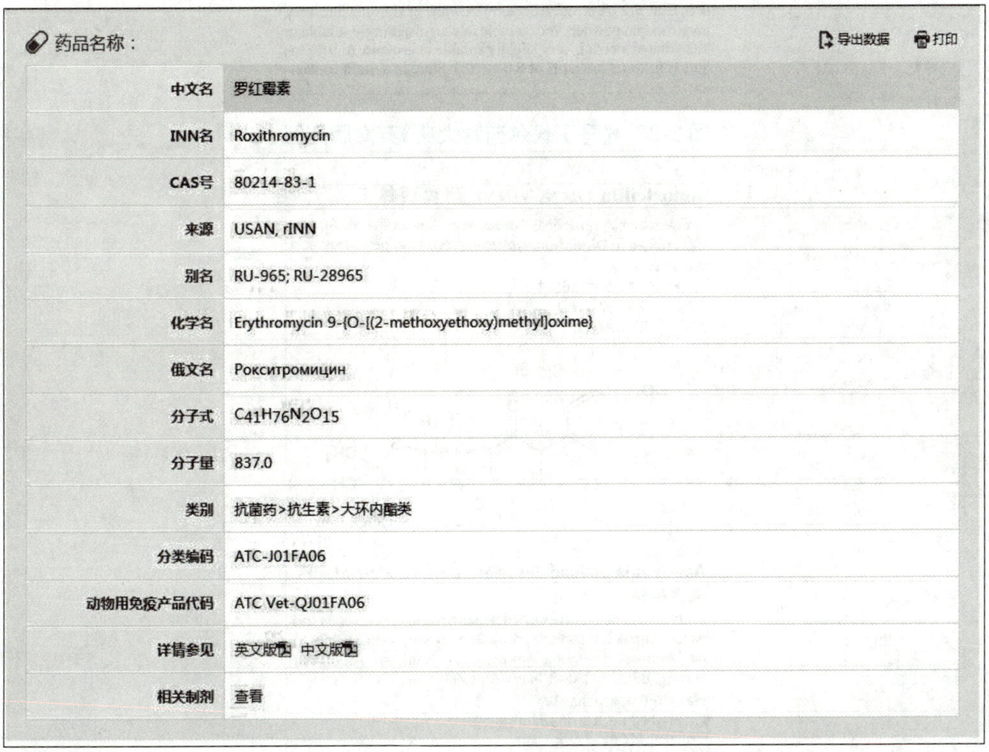

中文名	罗红霉素
INN名	Roxithromycin
CAS号	80214-83-1
来源	USAN, rINN
别名	RU-965; RU-28965
化学名	Erythromycin 9-{O-[(2-methoxyethoxy)methyl]oxime}
俄文名	Рокситромицин
分子式	$C_{41}H_{76}N_2O_{15}$
分子量	837.0
类别	抗菌药>抗生素>大环内酯类
分类编码	ATC-J01FA06
动物用免疫产品代码	ATC Vet-QJ01FA06
详情参见	英文版 中文版
相关制剂	查看

图3-32 《马丁代尔药物大典》中文检索结果页面

《马丁代尔药物大典》具有最新的药学资讯及完备的索引，包括厂商索引，制品索引、总索引（含药物名称和药物临床用途），同时在正文中提供药物的交叉检索的指引。

《马丁代尔药物大典》全书基本结构由总论和各论构成。按照疾病分类，共53大类。每一

笔记

类可分为总论和各论两部分:

总论:包括对药物的综述(如药物的分类、品种,疾病治疗的综述,疾病的药物治疗方案)。

各论:针对单个药物的信息展开论述。

阿莫西林中英文版凡例见图3-33,图3-34。

Amoxicillin *(BAN, rINN)*

Amoksisilin; Amoksisilliini; Amoxicilina; Amoxicilline; Amoxicillinum; Amoxycillin. (6R)-6-[α-D-(4-Hydroxyphenyl)glycylamino]penicillanic acid.

Амоксициллин
$C_{16}H_{19}N_3O_5S = 365.4$.
CAS — 26787-78-0.
ATC — J01CA04.
ATC Vet — QG51AX01; QJ01CA04.

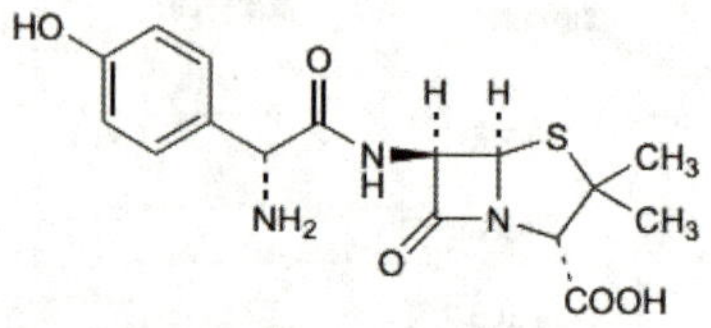

Amoxicillin Sodium *(BANM, USAN, rINNM)*

Amoxicilino natrio druska; Amoksisilin Sodyum; Amoksisilliini-natrium; Amoksycylina sodowa; Amoxicilin sodná súl; Amoxicilina sódica; Amoxicilline sodique; Amoxicillinnatrium; Amoxicillin-nátrium; Amoxicillinum natricum; Amoxycillin Sodium; BRL-2333AB-B; Natrii Amoxicillinum.

Натрий Амоксициллин
$C_{16}H_{18}N_3NaO_5S = 387.4$.
CAS — 34642-77-8.
ATC — J01CA04.
ATC Vet — QJ01CA04.

Pharmacopoeias. In *Chin.* and *Eur.* (see p.vii).
Ph. Eur. 6.2 (Amoxicillin Sodium). A white or almost white, very hygroscopic powder. Very soluble in water; sparingly soluble in dehydrated alcohol; very slightly soluble in acetone. A 10% solution in water has a pH of 8.0 to 10.0. Store in airtight containers.

图3-33 《马丁代尔药物大典》英文版凡例

Amoxicillin *(BAN, rINN)* 阿莫西林

Amoksisilliini; Amoxicilina; Amoxicilline; Amoxicillinum; Amoxycillin. (6R)-6-[α-D-(4-Hydroxyphenyl)glycylamino]penicillanic acid.

Амоксициллин
$C_{16}H_{19}N_3O_5S = 365.4$.
CAS — 26787-78-0.
ATC — J01CA04.

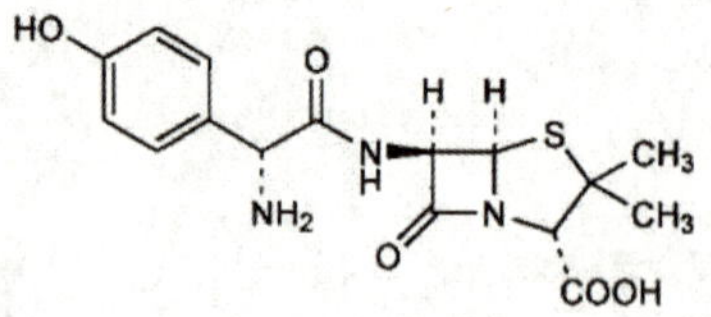

Amoxicillin Sodium *(BANM, USAN, rINNM)* 阿莫西林钠

Amoxicilino natrio druska; Amoksisilliininatrium; Amoxicilin sodná súl; Amoxicilina sódica; Amoxicilline Sodique; Amoxicillinnatrium; Amoxicillin-nátrium; Amoxicillinum Natricum; Amoxycillin Sodium; BRL-2333AB-B; Natrii Amoxicillinum.

Натрий Амоксициллин
$C_{16}H_{18}N_3NaO_5S = 387.4$.
CAS — 34642-77-8.
ATC — J01CA04.
Pharmacopoeias. In *Chin., Eur.* (see p.vii), and *Pol.*
Ph. Eur. 5.5 (Amoxicillin Sodium) 白色或类白色吸湿性粉末。易溶于水,微溶于无水乙醇,难溶于丙酮,10%的水溶液的 pH 值为 8.0～10.0。贮存于密封容器。

图3-34 《马丁代尔药物大典》中文版凡例

（四）年鉴

年鉴是以全面、系统、准确地记述上年度事物运动、发展状况为主要内容的资料性工具书。汇辑一年内的重要时事、文献和统计资料，按年度连续出版的工具书。它博采众长，集辞典、手册、年表、图录、书目、索引、文摘、表谱、统计资料、指南、便览于一身，具有资料权威、反应及时、连续出版、功能齐全的特点。可分为综合性年鉴、专门性年鉴、地方性年鉴和统计性年鉴。

《中国药学年鉴》(http://qk.cpu.edu.cn/nianjian/web/index.asp)是我国唯一的一部药学学科年鉴。它是由原卫生部，原国家医药管理局（现国家食药监总局）组织全国药学专家、教授组成的编委会编纂，由中国工程院院士、中国药科大学博士生导师彭司勋教授主编，并由第二军医大学出版社出版。

《中国药学年鉴》概括、系统、全面地反映了我国药学领域各方面的发展概貌和主要成就，是逐年连续出版的综合性、资料性药学类工具书。全书共分十一大栏目，内容涉及我国药学研究、新药研究与开发、药学教育、药物生产与流通、医院药学、药品监督管理、药学人物、药学书刊、学会与学术活动、重要药学记事、附录等药学领域各个方面。

《中国药学年鉴》自第 1 卷（1980—1982）问世至今已出版至第 29 卷（2013）。29 卷的主要内容为：

1. 专论
（1）药物作用靶点研究进展
（2）药物分析研究进展
（3）药物新剂型研究进展
（4）生药学研究进展
（5）神经退行性疾病治疗药物研究进展
（6）抗真菌药物研究进展
（7）抗血栓药物研究进展
（8）生化药物研究进展
（9）单克隆抗体药物研究进展

2. 药学研究
（1）科研成果获奖项目
（2）国家自然科学基金资助项目
（3）药品专利
（4）科研机构简介

3. 药学教育
（1）高等药学教育
（2）中等药学教育
（3）药学职业与继续教育

（五）表谱及图谱

表谱是以表格、谱系、编年等形式反映历史人物、事件、年代的工具书。它主要用于查考时间对照、人物、史实基本情况、地理等资料，具有将表列事件化繁为简，便于说明与事件之纵横相关问题，使人能够一目了然。按事物类别或系统编制的反映时间和历史概念的表册工具书，是年表、历表和其他历史表谱的总称。表谱，将纷繁复杂的历史人物、事件、年代用简明的表格、谱系等形式表现出来，具有精要、便览、易查等特点。

图谱又称为图录，是用绘画、摄影等方式反映事物或人物形象的工具书。主要有历史图录、人物图录、艺术图录、文物图录、科技图录、地图等，并提供文字以外的形象、直观的信息。

中国科学院大连化学物理研究所建设的"色谱数据库"。积累了大量的数据，全部数据将实

笔记

现数据共享网络服务功能。该数据库收录不同来源、不同种类的样品采用气相色谱分析的实验条件、柱系统模式和检测方法的实验数据和实验结果,合并气相色谱数据库和液相色谱数据库模块,建立统一的开放式色谱数据库系统,结合计算机辅助的样品的色谱分离模式推荐及其分离分析方法的推荐系统,可以为实际样品的预处理、色谱分析分离及检测方法的建立提供基础信息。

《萨德勒标准光谱图集》(Sadtler Standard Spectra Collection)是由美国费城萨德勒研究实验室连续出版的活页光谱谱图集。该图集收集有标准红外光谱、标准紫外光谱、核磁共振谱、标准碳 -13 核磁共振谱、标准荧光光谱、标准拉曼光谱等。其中包括 48 000 幅标准红外光栅光谱,59 000 幅标准红外棱镜光谱及 32 000 幅核磁共振谱。

Sadtler 的红外光谱检索软件 IR Search Master 可进行全光谱检索、峰表检索、化合物名称、分子量、分子式、CAS 登记号、熔点、沸点等物性检索。

二、其他事实数据型信息检索网站

(一)药智网

药智网(www.yaozh.com)为国内较先进的医药大数据服务平台。它提供医药价值链全方位的技术信息服务,并致力于促进医药行业生产力的发展与技术进步。

药智网由药智数据、药智汇(医药技术、服务交易平台)、药智商城、药智新闻、药智论坛、药智俱乐部、药智大讲堂、在线会展八大板块构成,以医药大数据为核心,全面覆盖医药产业的"产、学、研、销、用、管"六个环节,为从业人员提供多角度、全方位综合信息服务。

药智数据(图 3-35)是国内较先进的开放型医药数据库,拥有丰富的原创数据库,同时整合国内外权威机构数据,形成较为全面的医药信息资源,同时具有一站式检索功能,是医药从业人员常用工具之一。同时还提供药智数据 APP 供手机查询。

图 3-35　药智数据首页(db.yaozh.com)

1. **药智数据内容**　药智数据提供药品研发、生产检验、合理用药、市场信息等各个环节的药品信息,同时还拥有包括中药材、医疗器械、食品、化妆品等众多健康领域数据库。由 100 多个数据库构成,共分为 9 个数据库群:

(1)药品研发数据库群:药品研发数据库群包括药品注册与受理进度数据等 13 个数据库。

(2)生产检验数据库群:生产检验数据库群包括中国药品标准等 11 个数据库。

(3)合理用药数据库群:合理用药数据库群包括药品说明书等 10 个数据库。

(4)市场信息数据库群:市场信息数据库群包括美国 FDA 药品数据库等 15 个数据库。

(5)CHEMPHARM 数据库群:CHEMPHARM 数据库群包括辅料数据库等 8 个数据库。

(6)中药材数据库群:中药材数据库群包括中成药处方数据库等 8 个数据库。

(7)医疗器械数据库群:医疗器械数据库群包括国产器械等 6 个数据库。

(8)保健食品数据库群:保健食品数据库群包括保健食品处方数据库等 4 个数据库。

(9)化妆品数据库群:化妆品数据库群包括国产化妆品等 3 个数据库。

2. **药智数据检索**　在上述数据库群中,每一数据库有其自身的多功能检索方式,可供用户

笔记

根据自己的需要进行单库检索。此外,《药智网》提供每个领域的综合检索系统,可以供用户对以上数据库群中药品、中药材、医疗器械等国内外信息进行一站式的综合检索。其检索方式有药品综合检索、数据库之间的关联和对外扩展、中药材综合检索和医疗器械综合检索。

(二)国研网

国务院发展研究中心信息网(简称"国研网")http://www.drcnet.com.cn/ www/integrated/,是由国务院发展研究中心主管、北京国研网信息有限公司承办,创建于1998年3月,并于2002年7月31日正式通过ISO9001:2000质量管理体系认证,2011年10月顺利通过ISO9001:2000质量管理体系换证年检,是中国著名的专业性经济信息服务平台。

国研网以国务院发展研究中心丰富的信息资源和强大的专家阵容为依托,与海内外众多著名的经济研究机构和经济资讯提供商紧密合作,以"专业性、权威性、前瞻性、指导性和包容性"为原则,全面汇集、整合国内外经济金融领域的经济信息和研究成果,本着建设"精品数据库"的理念,以先进的网络技术和独到的专业视角,全力打造中国权威的经济研究、决策支持平台,为中国各级政府部门、研究机构和企业准确把握国内外宏观环境、经济金融运行特征、发展趋势及政策走向,从而进行管理决策、理论研究、微观操作提供有价值的参考。

国研网已建成了内容丰富、检索便捷、功能齐全的大型经济信息数据库集群,包括:对国务院发展研究中心1985年以来的研究成果、国研网自主研发报告、与国内知名期刊、媒体、专家合作取得的信息资源进行数字化管理和开发而形成的"国研视点""宏观经济""金融中国""行业经济""区域经济""企业胜经""高校参考""基础教育"等六十几个文献类数据库;以及全面整合国内外权威机构提供的统计数据,采取先进的数据挖掘分析工具,加工形成的"宏观经济""对外贸易""工业统计""金融统计""财政税收""固定资产投资""国有资产管理"等五十多个统计类数据库。同时针对党政用户、高校用户、金融机构、企业用户的需求特点开发了"党政版""教育版""金融版""企业版"四个专版产品,并应市场需求变化推出了"世经版"以及"经济·管理案例库""战略性新兴产业数据库""文化产业数据库""国务院发展研究中心行业景气监测平台""中国电子商务数据库"几款专业化产品。上述数据库及信息产品已经赢得了政府、高校、金融机构、企业等社会各界的广泛赞誉,成为他们在经济研究、管理决策过程中的重要辅助工具。

此外,国研网组建了一支高效率、专业化的研究咨询团队,在宏观经济、行业分析、战略规划等领域积累了丰富的经验,结合多年积累的丰富而系统的数据库资源,为中国各级政府部门、广大企事业单位和众多海内外机构提供深度的市场研究与决策咨询服务。目前国研网的业务领域已拓展到个性化信息服务、专项课题研究、经济类综合性高层论坛、职业化培训和网络广告等领域,以满足不断增长的用户需求。

(三)万方知识服务平台

万方知识服务平台 http://www.wanfangdata.com.cn/ 中的机构和专家检索,以及国家经济统计数据库。

(四)高校财经数据库

高校财经数据库 http://www.bjinfobank.com 由中国资讯行(国际)有限公司建设上线,数据涵盖14个数据库,1000多种主流媒体,2000多万篇专业报道。所涉及数据库包括中国经济新闻库、中国商业报告库、中国法律法规数据库、中国统计数据库、中文媒体库、中国医疗健康库、English Publications、INFOBANK环球商讯库、中国上市公司文献库、香港上市公司文献库、中国企业产品库、中国人物库、中国中央及地方政府机构库、中国拟建在建项目数据库和名词解释库。

三、检索实例

1. 检索《马丁代尔大药典》收载罗红霉素的相关信息

(1)分析课题:以《马丁代尔大药典》检索。

笔记

（2）检索步骤：中英文版的索引，分别以药名"罗红霉素"和"Roxithromycin"在中英文版的索引中查找，其正文中的页码分别为257和331（图3-36，图3-37）。

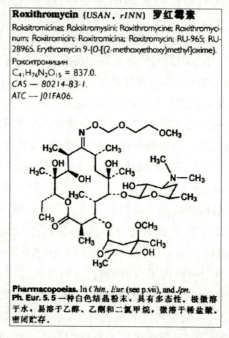

图 3-36 《马丁代尔大药典》中罗红霉素检索结果

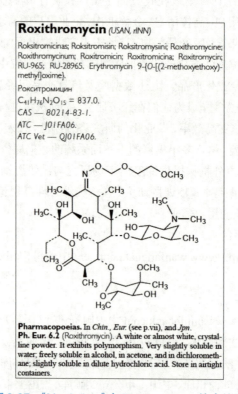

图 3-37 《Martindale》中 Roxithromycin 检索结果

2. 检索网上处方药物手册 Relist（图3-38）

（1）分析课题：Relist 网站检索。

（2）检索步骤：进入 http://www.rxlist.com/。

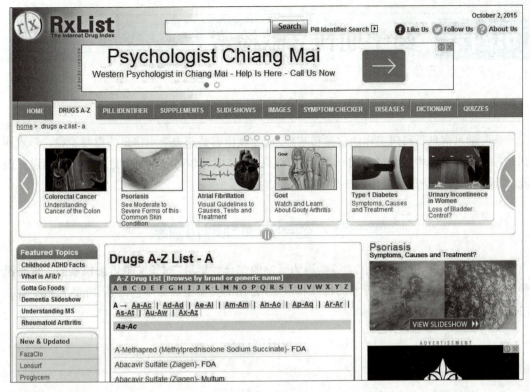

图 3-38　Relist 界面

点击 DRUGS A-Z 得到 DRUGS A-Z List-A，然后选择目标药物即可。

四、实　习　题

1. 以药智网查询药物氧氟沙星的相关信息。
2. 检索 PDR 网站。

（顾东蕾）

第四章 药学期刊文献检索

获取学术信息是科研工作的前提和基础,而文献检索是获取学术信息的重要途径。学术期刊是各种文献资源中数量最大的一类,专业性强,是获取各学科领域研究进展的重要渠道。因此,期刊文献检索是科研工作者必须具备的基本技能。

第一节 药学文摘型期刊检索

药学是以医学、生物学、化学等学科为基础的综合性学科,对于文献信息检索的需求与医学专业有相似之处又具备本专业的特点和需求,常用的文摘型数据库包括 SciFinder、PubMed、EMBASE 等。

一、SciFinder

(一) 概述

SciFinder 是美国化学会(American Chemical Society,ACS)下属的化学文摘服务社(Chemical Abstract Service,CAS)出版的网络数据库,它是全世界最大、最全面的化学和科学信息数据库。其访问地址为 https://scifinder.cas.org/。

1. **SciFinder 与化学文摘** SciFinder 的前身是美国《化学文摘》(Chemical Abstracts,简称CA)。CA 创刊于 1907 年,由 CAS 编辑出版,是历史悠久、收集文献类型最全、提供检索途径最多、部卷也最为庞大的一部著名的世界性检索工具,被誉为"打开世界化学化工文献的钥匙"。CA 涵盖的学科包括应用化学、化学工程、普通化学、物理、生物学、生命科学、医学、聚合物学、材料学、地质学、食品科学和农业等诸多领域。CA 报道了世界上 150 多个国家、56 种文字出版的 10 000 多种科技期刊、科技报告、会议论文、学位论文、资料汇编、技术报告、专利、新书及视听资料,摘录了世界范围约 98% 的化学化工文献,所报道的内容几乎涉及化学家感兴趣的所有领域。

2. **SciFinder 可检索数据库** SciFinder 数据库内容不仅涵盖了 CA 从 1907 年至今的所有内容,更整合了 MEDLINE 医学数据库等其他 5 个数据库,能通过主题、分子式、结构式和反应式等多种方式进行检索。

SciFinder Web 中的内容如图 4-1 所示。

SciFinder Web 可检索数据库包括:

(1) CAplus(文献信息数据库):收录超过 10 000 种期刊及 63 个专利发行机构的文献,包括1907 年以来的文献记录约 3000 万条(以及 4 万多条 1907 年之前的记录)。

数据每日更新,每日约增加 3000 条记录。对于 9 个主要专利机构发行的专利说明书,保证在 2 天之内收入数据库。可以用研究主题、著者姓名、机构名称、文献标识号进行检索。

(2) CAS REGISTRYSM(化合物信息数据库):1 亿条以上的物质记录,包括有机、无机物质和生物序列,回溯到 1802 年。物质信息还包含了大量的实验数据、预测数据,以及物质标签和谱图,是查找结构图示、CAS 化学物质登记号和特定化学物质名称的工具。

数据每日更新,每日约新增 1.2 万个新物质记录。可以用化学名称、CAS 化学物质登记号或结构式检索。

笔记

80

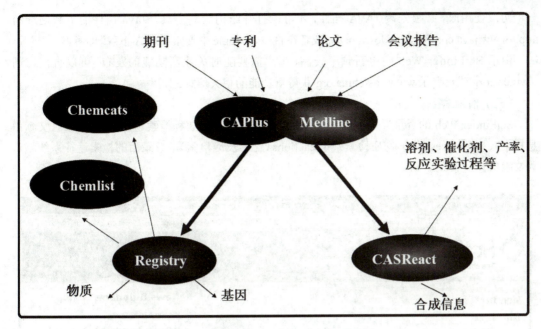

图 4-1　SciFinder Web 可检索数据库

（3）CASREACT（化学反应数据库）：目前收录了 1840 年以来的源自专利和期刊文献的约 1400 万个物质的合成制备信息，包括超过 3870 万个的单步和多步反应。记录内容包括反应物和产物的结构图，反应物、产物、试剂、溶剂、催化剂的化学物质登记号，反应产率，反应说明。

每周更新 3 万～5 万条新反应。可以用结构式、CAS 化学物质登记号、化学名称（包括商品名、俗名等同义词）和分子式进行检索。

（4）CHEMCATS（商业来源数据库）：来自 1000 多家供应商的化学产品目录的超过 6100 万条商业购买信息，包括化学品提供商的联系信息、价格情况、运送方式及物质的安全和操作注意事项等信息，记录内容还包括目录名称、订购号、化学名称和商品名、化学物质登记号、结构式、质量等级等。

可以用结构式、CAS 化学物质登记号、化学名称（包括商品名、俗名等同义词）和分子式进行检索。

（5）CHEMLIST（管控化学品数据库）：收录了来自 19 个国家和国际性组织的约 25 万种备案或者被管控物质，包括物质的特征、详细目录、来源以及许可信息等。每周更新大约 50 条新记录，是查询全球重要市场被管控化学品信息（化学名称、别名、库存状态等）的工具。

（6）MEDLINE（生命科学医学信息数据库）：由美国国立医学图书馆出品，主要收录 1950 年以来与生物医学相关的 5600 种期刊文献，目前有超过 1700 万的参考书目记录。数据库每周更新 4 次。

（二）用户注册

SciFinder Web 必须先注册才可以使用，注册用的网址及注册要求请参考各校图书馆或者网络中心的说明文件。

可用电子邮箱注册个人账号及密码，建议使用学校的邮箱注册或 gmail、sina、163 等常见邮箱（请勿使用 QQ 邮箱）。注册时需要注意密码和用户名的构成，用户名必须是唯一的，且包含 5～15 个字符；密码必须包含 7～15 个字符，并且必须含字母、数字、特殊字符中的 3 种。

注册成功后，可在校园网 IP 范围内用个人账号及密码登录使用 SciFinder Web（https://scifinder.cas.org/）。由于并发用户数的控制，使用完成后请点击网页右上角的"Sign Out"及时退出登录。

笔记

初次使用时，必须先装 JAVA 插件，才可以打开结构绘制工具。Java 插件的下载地址为 http://www.java.com/zh_CN/download/，或者在百度、Google 中搜索"JAVA 下载"即可。

由于 SciFinder Web 的更新频率较高，用户需要随时关注新功能的发布，可以直接访问 www.cas.org 或是登录 www.cas-china.org 获得新功能的相关信息。

（三）检索途径

SciFinder Web 的登录界面如图 4-2 所示。系统主要提供 3 种检索途径：references（文献信息检索）、substances（化学物质检索）和 reactions（化学反应检索）。登录后的检索途径系统默认为文献信息检索。

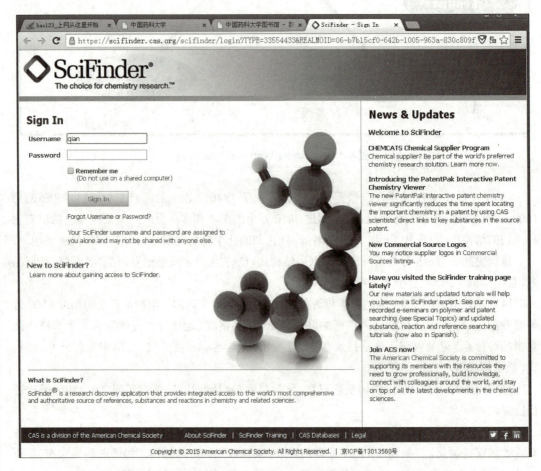

图 4-2　SciFinder Web 的登录界面

1. 文献信息检索（references）

（1）research topic（研究主题检索）：可以在检索框中输入检索词进行检索，还可以在高级检索中对出版年份、文献类型、语种、著者姓名、公司或组织名等进行限定，点击 Search 即可进行检索。如图 4-3 所示。

在主题检索候选项中勾选所需选项，点击 Get References 即可获得检索结果。如图 4-4 所示和图 4-5 所示。

SciFinder 检索不适用布尔逻辑算符，主题词之间通过介词如 of、with 和 in 等连接。主题检索各候选项的含义："Concepts"表示对主题词做了同义词的扩展；"Closely associated with one another"表示同时出现在一个句子中或同时作为索引词；"were present anywhere in the reference"表示同时出现在一篇文献中。一般优先选择 Concepts 和 Closely associated with one another 选项作为候选项。如图 4-5 所示。

笔记

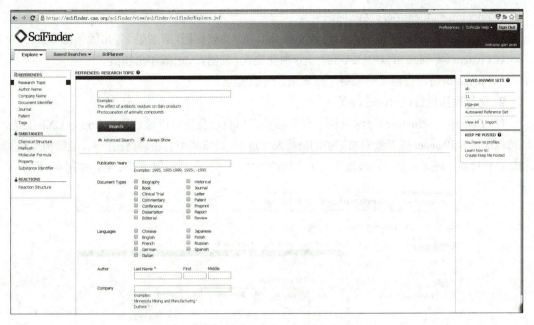

图 4-3 SciFinder Web 登录后的检索主界面

图 4-4 主题检索

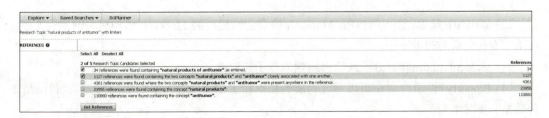

图 4-5 主题检索候选页面

（2）author name（著者检索）：通过输入著者姓名进行检索。

（3）company name（公司或组织名）。

（4）document identifier（文献标识号）。

（5）journal（期刊）：可以输入期刊名及卷、期、页，文献标题，著者姓名，出版年份检索。

（6）patent（专利）：可以输入专利号、专利受让人、发明人、出版年份检索。

（7）tags：是用户自定义的关键字或术语的文献检索。

2. 化学物质检索（substance）

（1）Chemical Structure（化学结构）：化学结构可以自己画也可以通过点击 Import CXF 上传，还可以通过 SciPlanner 或者检索结果中的链接发送过来，检索类型有精确结构检索、亚结构检索和相似结构检索。还可以展开高级检索对化合物的特性、类型、研究主题加以限定。如图 4-6 所示。

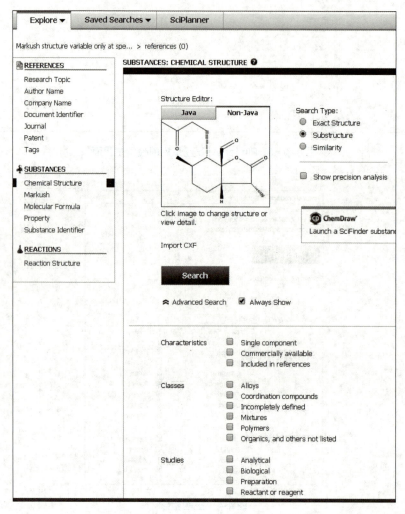

图 4-6   物质结构检索界面

（2）Markush 检索：输入结构图，Markush 检索会给出一类 Markush 结构相关的专利文献，可用于专利全景的初步评估。

（3）Molecular Formula（分子式检索）：输入分子式检索。

（4）Property（性质检索）：可以通过物质的靶点和生物活性等检索物质，分为实验和预测 2 种数据。如图 4-7 所示。

（5）Substance Identifier（物质标识符检索）：物质标识符检索可以输入物质的名称、CA 号、俗名、商品名来进行检索。

3. 化学反应检索（reactions）   可检索反应的一方和整个反应，包括反应物、产物、催化剂、溶剂等中的化学结构式或官能团。如图 4-8 所示。

笔记

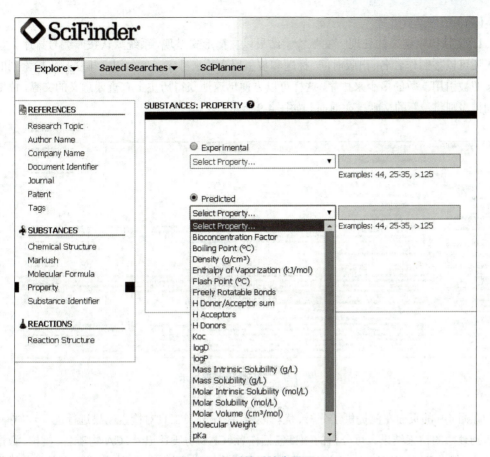

图 4-7 物质性质检索界面

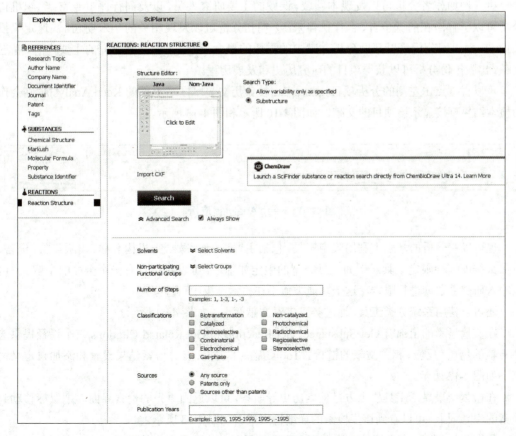

图 4-8 反应检索界面

笔记

（四）检索结果处理

1. 文献检索结果的处理　文献检索结果以文摘形式呈现，系统默认按照编号排序。检索结果还可以按照作者名、出版时间、标题和被引用次数来排序。例如引文排序是将检索到的文章按照被引用次数的多少来排序，这样可以方便迅速地获得历史上有重要意义的文献，按出版时间排序则将最新的文献排在前面。如图4-9所示。

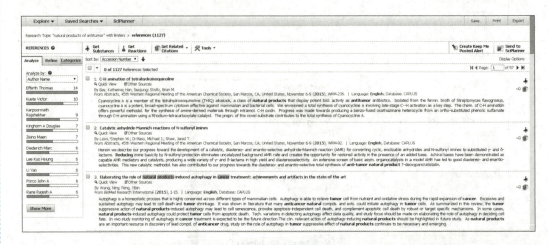

图4-9　文献检索结果显示

在图4-9的页面左侧提供了分析、优化限定、系统分类工具对检索结果进行进一步的操作，以达到理想的检索结果。可分析的项目包括作者、CAS物质登记号、CA物质名、机构、数据库来源、文献类型、索引词、CA主题词、期刊名、语言、年份、附加文献等，提供了多种方式进行分类分析。例如作者分析可以发现本领域、课题的主要研究人员，以及同行评审专家；组织机构分析可以了解潜在的竞争者、合作伙伴来源；期刊分析可以发现相关的学术期刊，快速定位投稿期刊；索引词分析可以帮助分析文献中的重要的概念，快速了解文献研究的主要内容，精选文献；出版年份分析可以获得项目的研究历史和发展历程。

可以直接点击左侧的分析项目，然后点击检索历史显示区右上部的Keep Analysis，则会作为检索结果直接显示该项目的文献。如图4-10所示和图4-13所示。

图4-10　Keep Analysis应用

也可以在分析的基础上利用限定工具，包括主题词、作者姓名、机构名称、出版年份、语言、所属数据库6种限定工具。例如文献类型的限定如综述，可以对项目有一个全面的了解；也可以输入研究主题词进行限定。这个功能类似于在检索结果中再检索。

还可以使用系统分类工具，通过类目来对文献筛选。如图4-11所示。

在文摘显示的上部有Get Substance、Get Reaction和Get Related Citations三个途径提供选中文献的物质、反应、相关文献的链接。Tools提供了去重、合并检索结果设置和添加自定义词汇。如图4-12所示。

在检索结果显示工具栏上方是检索历史导航条，可以返回原先的检索界面。把鼠标移动到检索的主题词上，可以看到该步检索的详细检索式。如图4-13所示。

如图4-13所示，在文摘的右边有引文次数的显示及物质和引文的链接。

笔记

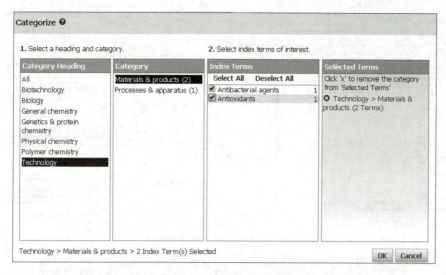

图 4-11　系统分类工具

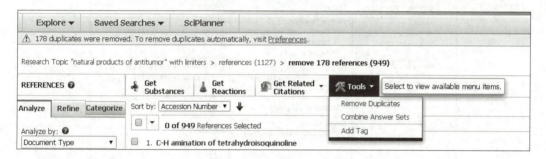

图 4-12　工具栏应用

图 4-13　分析优化后的检索结果显示

在文献标题下提供了 Quick View，可以快速浏览该篇文摘及物质的结构信息，如图 4-14 所示；也可以点击标题进入该文摘的详细信息页面，包括摘要、结构图、主题词、参考文献等。

在文摘显示区右上部提供了检索结果的保存、打印和输出。使用 Export 将结果输出，Citation Manager 是保存成 RIS 格式，用于导入 EndNote 等文献管理工具；Offline Review 是保存成 PDF、RTF 格式，用于脱机浏览。如图 4-15 所示。

2. 物质检索时，对检索结果的后处理同样有分析功能和限定功能。Substance Role 是获得担任特定功能物质的报道，比如性质、反应、分析研究、生物研究等。物质限定中有 Atom Attachment，可以帮助了解结构中各个位点的可修饰性，获得特定位点上的衍生物、预测数据与实验数据、实验图谱。还可以进行相似结构检索，根据相似度分值控制检索结果。如图 4-16 所示。

笔记

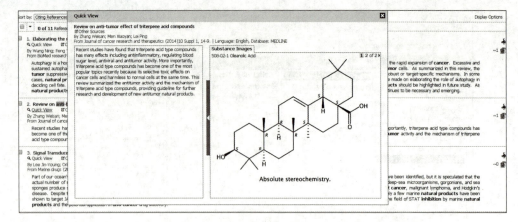

图 4-14 Quick View 快速浏览

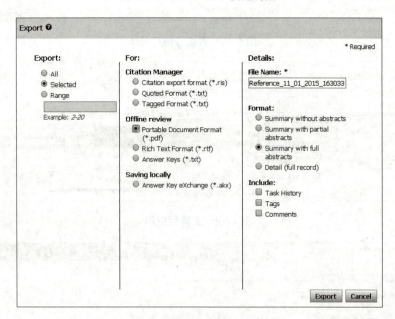

图 4-15 检索结果输出

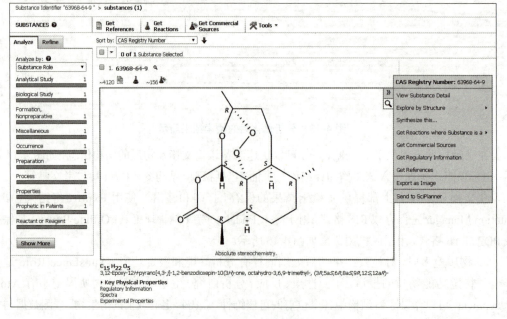

图 4-16 物质检索结果显示

　　点击登记号可以看到物质的详细信息，在登记号下给出了该物质的文献、反应、商品信息的链接，通过结构图右上角的"》"标记提供的途径可以对该物质进行后续的检索与处理，例如可以进行该结构的 Markush 检索或者将该结构输送到 SciPlanner 等。

　　3. 反应检索时可以自定义一些反应溶剂以及不参与反应的官能团，检索后可以使用工具对催化剂、溶剂、反应过程等进行处理。还可以通过亚结构检索反应和相似物的检索扩大检索范围。如图 4-17 所示。

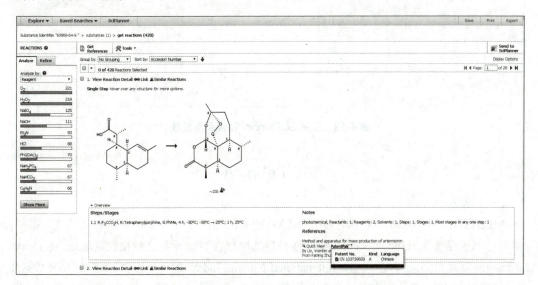

图 4-17　反应检索结果显示

　　分析功能包括文献信息、结构式、催化剂、溶剂、反应步骤、收率等。限定的工具包括反应结构、收率、反应步骤、反应类型、不参与反应的功能团等。还可以通过 Similar Reactions 获得相似反应。

（五）特色功能

　　1. SciPlanner　SciPlanner 是一个特定的工作区域，可以让用户用一种更加直接的方式去组织、管理检索结果。文献、物质、反应信息都可以传送到 SciPlanner，并在其中进行自由组织，增强可视化效果。还可以辅助进行逆合成路线的制订。如图 4-18 所示和图 4-19 所示。

　　2. KEEP ME POSTED 即时通报　可对关心的主题设定 Email 提醒，一旦有新的记录，会发邮件通知。

　　3. PantentPak 专利链接　PantentPak 是关于专利的一个快速引导。

　　4. PREFERENCES 参数选择　可以修改系统默认设置自行设定自己的偏好设置。

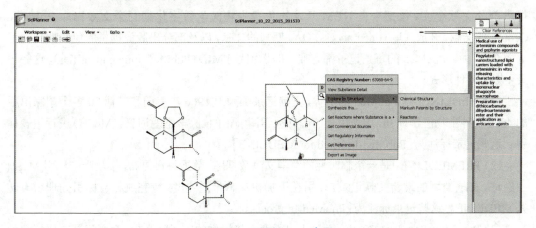

图 4-18　SciPlanner 应用

笔记

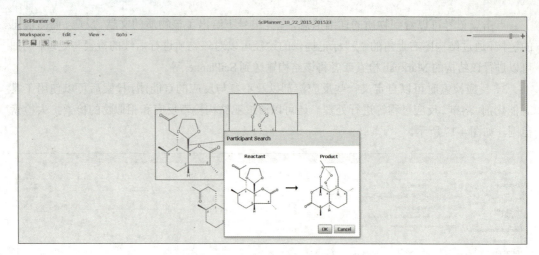

图 4-19　应用 SciPlanner 设置反应路线

二、Pubmed

（一）概述

MEDLINE 是美国国立医学图书馆（NLM）建立的国际性综合生物医学信息书目数据库，内容包括《医学索引》（Index Medicus，简称 IM）的全部内容、《牙科文献检索》（Index to Dental Literature）以及《国际护理学索引》（International Nursing Index）的部分内容。MEDLINE 数据库收录了世界上 4800 多种生物医学杂志上发表的文献，内容涉及基础医学、临床医学、环境医学、营养卫生、职业病学、卫生管理、医疗保健、药学、护理学、社会医学等领域。

20 世纪 60 年代，NLM 编辑出版医学检索工具 Index Medicus 的自动化编辑检索体系 MEDLARS，于 1971 年改进为联机检索系统 MEDLINE（MEDLARS Online），1983 年发行了 MEDLINE 光盘版。NLM 允许从多种途径使用 MEDLINE 数据，但在各种产品中，只有 PubMed 在网上提供免费检索服务。PubMed 是由美国国立医学图书馆（NLM）下属国家生物技术信息中心（NCBI）开发和维护的一个基于 Web 的生物医学文献检索系统，是 Entres 集成检索系统的重要组成部分。1997 年 6 月，以 MEDLINE 数据库为核心内容的 PubMed 检索系统免费向全球用户开放。PubMed 因其界面简洁友好、收录文献广泛、检索功能完备、数据更新速度快、外部链接丰富、免费访问等特点，成为目前国际上权威、使用频率最高和影响力最大的生物医学文献检索网站。

PubMed 收录了 1950 年至今，世界上 80 多个国家 5600 多种生物医学期刊的 2400 多万条文献题录和文摘。其中绝大部分可回溯到 1948 年，部分早期文献可回溯至 1865 年。PubMed 提供部分文献全文，包括来自 NLM 开发的免费生物医学数字化期刊全文数据库 PubMed Central 的文献、开放获取（open access，OA）期刊的文献，以及部分出版商提供的免费期刊文献等 2000 多种。PubMed 的每条记录都有唯一的识别号 PMID（PubMed unique identifier），这些记录主要有 4 种形式。

（1）MEDLINE：是 PubMed 的主体，文献记录来源于 1966 年美国和其他 70 多个国家出版的 4800 余种生物医学期刊，均使用美国国立医学图书馆的《医学主题词表》（MeSH）进行主题标引。这些记录标注为[PubMed-Indexed for MEDLINE]。

（2）PREMEDLINE：是一个临时性的医学文献数据库，数据每日更新，接收尚未标引 MeSH 主题词、文献类型的最新文献记录，作用在于加快文献报道速度，待完成相应标引处理后再转入 MEDLINE。这些记录标注为[PubMed-In Process]。

（3）Publisher Supplied Citations：是由出版商直接提供的电子版文献，数据记录末尾标注为

笔记

[PubMed-as Supplied by Publisher]。PubMed 与很多生物医学文献出版商建立合作关系,有些出版商在期刊正式出版的同时或出版前将期刊论文的题录提供给 PubMed,这样标记的文献大部分进入"In-Process",经过 MeSH 标引后再转入"Indexed for MEDLINE"。由于 MEDLINE 不收录非生物医学文献,其中有些不属于 MEDLINE 收录范围的文献就停留在 PubMed 临时库中,标记为[PubMed-as Supplied by Publisher]或[PubMed]。

（4）OLDMEDLINE：收录发表于 1950—1965 年的生物医学期刊中的约 200 万篇文献,标注为[PubMed-OLDMEDLINE]。

（二）检索方法

PubMed 的网址为 http://www.ncbi.nlm.nih.gov/pubmed/。PubMed 的主界面上方为检索区,包括基本检索、高级检索和帮助功能,页面中部为使用指南、PubMed 检索工具以及更多资源,页面下方为 NCBI 资源等。如图 4-20 所示。

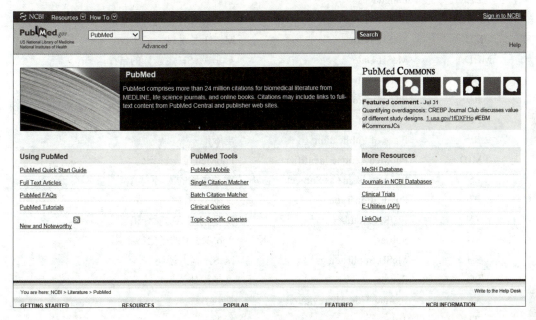

图 4-20　PubMed 主页界面

1. **基本检索**　在 PubMed 主界面的检索框中输入一个或多个检索词,然后按回车键或 Search 按钮进行检索。也可以输入包含逻辑运算符的检索表达式进行检索,逻辑运算符 AND、OR、NOT 需要大写,前后要加空格。

（1）自动词语匹配检索：自动词语匹配（automatic terms mapping）检索是 PubMed 最具特点的功能,能够实现检索词在不同字段的自动匹配,使查检者以最简单的方式获得最大的查全率。PubMed 会对输入的检索词进行分析,自动将检索词转换对应在一个或几个字段（主题词、著者、刊名等）中进行检索。如果找不到可匹配的检索词,再将检索词在所有字段（all fields）中检索。如果输入多个检索词,系统会自动将其拆分为单词后分别在所有字段中检索,单词之间的逻辑关系是 AND。

完成检索后,在检索结果界面右侧的 Search Details 框中显示出系统执行自动词语匹配的检索式。

（2）字段限定检索：字段限定检索的格式是检索词[字段标识],限定在某一字段中对检索词进行检索,例如 Chinese[LA]、Zhao M[AU]、Parkinson's disease[TI]等。PubMed 数据库字段较多,表 4-1 为 PubMed 常用的可检索字段的字段标识、名称和中文说明。

笔记

表 4-1　PubMed 常用的可检索字段一览表

字段标识	字段名称	说明
AD	Affiliation	第一著者的单位、地址与 Email 地址等
AU	Author Name	著者
CN	Corporate Author	合著者
CY	Country	期刊出版所在国家
DP	Publication Date	出版日期
EA	English Abstract Indicator	有英文文摘的非英语语种出版的文献
EDAT	Entrez Date	进入 PubMed 数据库的日期
GR	Grant Number	资金资助号、合同号等
IP	Issue	期刊期号
IS	ISSN	国际标准连续出版物编号
LA	Languages	语种
MAJR	MeSH Major Topic	主要 MeSH 主题词
MH	MeSH Terms	MeSH 主题词
MHDA	MeSH Date	标引 MeSH 主题词的日期
OT	Other Term	非 MeSH 主题词、其他关键词
PA	Pharmacological Action	药理作用
PG	Pagination	在期刊中的页码
PL	Place of Publication	出版地
PMID	PubMed Unique Identifier	PubMed 唯一标识码
PS	Personal Name as Subject	文章主题的人名
PT	Publication Type	文献类型
RN	EC/RN Number	酶号或化学物质登记号
SB	Subset	PubMed 中的子集数据库
SH	MeSH Subheadings	MeSH 副主题词
SO	Source	文献出处
TA	Journal Title Abbreviation	期刊名称
TI	Title	标题
VI	Volume	期刊卷号

（3）精确检索：又称为强制检索。为了避免自动词语匹配功能对短语进行拆分而导致误检，通过对短语加双引号，将短语作为一个整体在所有字段中检索。例如在检索框中输入 metoprolol tartrate 进行检索，在 Search details 中显示的检索式为 "metoprolol"［MeSH Terms］OR "metoprolol"［All Fields］OR（"metoprolol"［All Fields］AND "tartrate"［All Fields］）OR "metoprolol tartrate"［All Fields］；如果在检索框中输入"metoprolol tartrate"进行检索（检索词两侧包括双引号），在 Search details 中显示的检索式为 "metoprolol tartrate"［All Fields］，不会对该短语进行拆分。

（4）截词检索：在检索词中使用通配符"*"可以实现截词检索，提高查全率。如输入"therap*"，可同时检索 therapy、therapeutic 等。截词检索时 PubMed 将关闭自动词语匹配功能。

（5）著者检索：又称作者检索。在检索框中输入著者姓名，PubMed 会自动执行著者检索。输入规则为姓在前名在后，姓用全称，名用首字母。也可以使用字段限定检索，输入规则为著者姓名［AU］，如 Shi xm［AU］。

（6）期刊检索：在检索框中输入期刊全名、标准的 MEDLINE 刊名缩写或期刊的 ISSN 号，自动词语匹配可以自动检索出该期刊被 PubMed 收录的所有文献。查找时需要避免期刊名与 MeSH 词相同的情况，因为检索 MeSH 词有更高的优先级别。因此，当要检索的期刊名与 MeSH 主题词相同时，也需要使用字段限定检索，即输入刊名[TA]。

（7）布尔逻辑检查：可在检索框中直接输入用逻辑运算符 AND、OR、NOT 和几个检索词组成的检索式进行布尔逻辑检索。逻辑运算符要求大写，检索词不区分大小写。如几个检索词中间没有逻辑运算符，系统默认为 AND 的逻辑组配关系。

2. **高级检索**　除了提供基本检索功能之外，PubMed 还提供了高级检索功能，用于编辑较为复杂的检索式，或设定多个检索词之间的逻辑关系。在 PubMed 界面的检索区点击 Advanced 链接，可以进入高级检索界面，高级检索界面主要由三部分组成：Search Builder、Builder、History。

（1）Search Builder：点击 Edit 链接，用户可以在 Search Builder 输入框中直接输入检索表达式，然后通过 Search 按钮进行检索。

（2）Builder：用来较为便利地构建检索式。首先在左边的字段下拉列表中选择检索字段，然后在检索框中输入检索词，可以从右侧的"Show index list"中获得系统提供的与检索词相关的索引。若有多个检索词，可以在新的检索框重复上述步骤，并在最左侧下拉列表中选择逻辑运算符。构建的检索表达式会自动显示在 Search Builder 输入框中，点击下方的 Search 按钮进行检索。

（3）History：高级检索下方的检索历史显示最近的检索操作结果，包括检索式序号、检索式、检索结果数量和检索时间。单击检索式序号，弹出对检索历史的操作，可以执行布尔逻辑运算、从检索历史删除（Delete）、显示检索结果（Show Search Results）、显示检索表达式细节（Show Search Details）、把检索式保存在个性化的 My NCBI 中等不同的操作。

3. **主题词数据库检索（MeSH Database）**　主题词检索是指通过医学主题词表（MeSH）进行的检索。MeSH Database 提供基于 MeSH 词表的主题检索，有利于提高检索的准确性，是 PubMed 数据库中有特色的检索功能。可以从 PubMed 界面的 More Resources 栏目下点击 MeSH Database，进入主题词数据库检索界面。

MeSH Database 提供：

（1）主题词与副主题词组配检索：在选定的主题词下会列出可以与该主题词组配的副主题词。MeSH 目前共 83 个副主题词。

（2）根据需要选择是否对主题词进行加权检索或扩展检索：点选 Restrict to MeSH Major Topic，即可限定检索主要主题词；点选 Do Not include MeSH terms found below this term in the MeSH hierarchy 对树形结构表中的下位主题词不进行扩展检索（系统默认对下位主题词进行扩展检索）。

主题词检索只能检索经过主题词标引的 Indexed for MEDLINE 的文献，不支持没有经过主题词标引的 in-Process Citations、Supplied by Publisher 等文献，也就是说主题词检索有可能漏掉尚未进行主题词标引的最新文献。

4. **期刊数据库检索（Journals in NCBI Database）**　从 PubMed 界面的 More Resources 下点击"Journals in NCBI Database"，进入期刊数据库检索页面，可查询 NCBI 数据库所收录的期刊信息，可以按照期刊名称、缩写、期刊 ISSN 等进行检索。

5. **临床查询（Clinical Queries）**　为临床医师和临床试验工作者设计的服务。可以在 PubMed 界面的 More Resources 中点击 Clinical Queries 进入临床查询页面。临床查询提供了临床医师常用的 3 种检索服务：Clinical Study Category（临床研究分类检索）用于查询临床研究方面的文献；Systematic Reviews（系统评价）用于查询系统评价、循证医学、临床试验评价等方面的文献；Medical Genetics（医学遗传学检索）用于查询医学遗传学方面的文献。

笔记

（三）检索结果

1. 检索结果显示　PubMed 进行检索后，检索结果页面提供了丰富的内容，主要包括：

（1）检索结果的显示格式：系统默认为 abstract 格式，即题录格式，包含每篇文献的标题、著者、著者信息、摘要期刊名称缩写、出版年月、卷期、页码、PMID 号、记录状态、相关文献链接。如果该篇文献可以免费获取全文，则有 Free PMC Article 链接。① summary：显示该篇文献的题目、著者、期刊名称缩写、出版年月、卷期、页码、PMID 号、免费文献的 Free PMC Article 链接；② summary（text）：以纯文本形式显示 summary 格式的信息，便于进行复制、粘贴；③ abstracts（text）：以纯文本形式显示 abstracts 格式的所有信息；④ MEDLINE：显示 MEDLINE 记录中的全部字段信息，包括字段标识符；⑤ XML：显示 XML（可扩展标记语言）格式的记录信息，便于将检索结果在 Web 上进行转换和描述；⑥ PMID list：仅显示每条记录的 PMID 号。

（2）检索结果每页显示数量：默认每页显示 20 条记录，可以根据需要设置每页显示 5 条、10 条、20 条、50 条、100 条或 200 条记录。

（3）检索结果排序：默认排序方式按最近新增排序。可以选择按照出版日期、第一著者、期刊名称、标题等顺序排序。

（4）其他信息：在检索结果页面的右侧提供了其他多种信息和功能，如 Find related data（检索 NCBI 其他数据库中的相关信息）、Search details（显示检索表达式）、Recent activity（最近操作记录）等。

2. 检索结果保存与输出　PubMed 检索结果页面上通过 send to 按钮，提供 7 种保存及输出的方式，在保存检索结果前，可以先选中需要保存的记录，即勾选文献记录左边的复选框；如果没有勾选，默认为全选。File（文件）：将选中的文献记录以文件形式保存，格式可选 Summary（text）、Abstracts（text）、MEDLINE、XML、PMID 或 CSV；Clipboard（剪贴板）：将选中文献记录保存到剪贴板中，最多可以保存 500 条记录；Collections（集合）：MY NCBI 用户可以选择 Collections 把检索结果保存到 MY NCBI 中；Email（电子邮件）：将选中的检索结果发送到指定的电子邮箱中，1 次最多可以发送 200 条文献记录；Order（订购）：向 NLM 订购文献全文；My Bibliography（我的参考文献）：将检索结果保存到 My NCBI 用户的"我的参考文献"中；Citation manager（文献管理器）：用于转入外部的文献管理软件。

三、International Pharmaceutical Abstracts

国际药学文摘（International Pharmaceutical Abstracts，简称 IPA）由美国医院药剂师协会出版，其光盘数据库由美国银盘公司发行。成立于 1964 年，1970 年后实现了计算机化服务。IPA 数据库主要用于检索和显示药学文献，范围包括药物临床和技术信息、药学实践、药学教育、药学和药物的相关法律。数据库数据由美国医药卫生协会（American Society of Health-System Pharmacists，简称 ASHP）提供。IPA 收录了 1970 年以来世界各地出版的 750 多种药学期刊的文献摘要，每季度更新 1 次，总记录超过 32 万条。1988 年开始收录美国医药卫生协会（ASHP）主要会议推荐的论文文摘，也包括美国药学协会（American Pharmaceutical Association，英文缩写 APhA）和美国药学学院协会（American Association of Colleges of Pharmacy，英文缩写 AACP）年会推荐的论文文摘。还将增加专家和医师推荐的，由药学学校提供的学位论文文摘。

美国医药卫生协会（ASHP）的选择标准没有文章语种和杂志影响大小的限制，无论社论、评论和其他文字信息，凡是带药学重要信息的都被摘录和索引。

IPA 分类采用美国医院药典服务（American Hospital Formulary Service，英文缩写 AHFS）药物学 / 治疗学的分类。数据库中的药物术语是由美国医院药剂师学会（American Society of Hospital Pharmacists）公布、AHFS 确定种类，可以在药物 / 治疗分类（PC）字段中检索这些术语。

笔记

四、EMBASE

（一）数据库概况

EMBASE（Excerpta Medica Database）由荷兰 Elsevier Science 公司推出，是基于 Web 的生物医学与药理学数据库。收录文献来自 70 多个国家和地区出版的 7500 多种经同行评审的期刊，包括了较多欧洲和亚洲的生物医学刊物。目前共收录了 2300 多万条由荷兰医学文摘 EMBASE 和美国医学文摘 MEDLINE 去重后合并而成的索引记录。学科范围包括药物研究、药理学、制药学、药剂学、毒理学、人体医学、基础生物医学、生物医学工程、卫生保健、精神病学与心理学、替代与补充医学等。EMBASE 收录的期刊量大，突出药学文献及药物信息，对于检索药学和神经精神卫生学科文献具有一定的优势。

（二）检索方法

1. 检索规则　EMBASE 的检索规则主要包括支持逻辑运算符 AND、OR、NOT；使用自然语言检索，可以用单词或词组进行检索；不区分大小写；检索词之间默认 AND 为运算符；强制检索时需加单（双）引号；可使用通配符"*"进行截词；也可以进行位置检索，NEAR/n 和 NEXT/n 表示两个检索词的间隔小于 n 个字符，用 NEAR/n 连接的两个词的出现次序不确定，而用 NEXT/n 连接的两个词的出现次序是不可变的。

2. 检索方法　EMBASE 提供多种检索途径，包括关键词（Search）、主题词（Emtree）、杂志（Journals）和作者（Authors）检索。关键词检索又细分为快速检索（Quick Search）、高级检索（Advanced Search）、药物检索（Drug Search）、疾病检索（Disease Search）及文章检索（Article Search）。现将主要检索方法论述如下。

（1）快速检索（Quick Search）：是 EMBASE 默认的检索界面，简单易用，注重查全。按检索规则输入检索词或检索式，系统默认对其进行宽泛检索（Extensive Search），即自动执行"术语对照检索（Map to Preferred Terminology）""扩展检索（Extensive search）"和"关键词检索（As a keyword）"，可获得查全率高的检索结果。此外，当输入第一个检索词时，系统自动匹配主题词供参考；检索界面还有出版时间供选择。

（2）高级检索（Advanced Search）：按检索规则及字段限制（field limits）编制检索式，如'cancer gene therapy'/exp OR［（treatment OR therapy）NEAR/3 fluorouracil］:ab，可依检索课题需求通过选择修饰选项及限制选项来提高查全或查准率。与其他数据库比较，EMBASE 提供了几个与药物相关的字段，如药物制造商名（MN）、药物商品名（TN）、仪器制造商名（DF）、仪器商品名（DN）等，进行药物相关检索时，可利用这些特有的药物字段进一步限制。

相关检索方式还包括：①术语对照检索（Map to preferred terminology）：系统将检索词自动转换成主题词进行检索。如检索'Mad Cow Disease'，术语对照为'Bovine Spongiform Encephalopathy'。②关键词检索（Also search as free text）。③扩展下位词及派生词（Include sub-terms/derivatives）：对检索词对应主题词的下位词及派生词进行扩展检索。④主题词加权检索（Search teams must be of major focus in articles found）：检索词必须是所检出文献里的关键词或重点内容，以提高相关性。⑤对检索词进行主题词扩展检索并同时对检索词的同义词进行检索（Search also for synonyms, explosion on preferred terminology）。高级检索还提供了 4 组限制选项，有出版时间（Search Publications from to）、记录来源（Records from）、快速限定（Quick Limits）和高级限定（Advanced Limits）。其中，快速限定包括带文摘（With abstract）、核心期刊（Priority journals）、文章在印刷出版中（Article in press）、记录加工中（In process）、带分子序列号（With molecular sequence number）及带临床试验号（With clinical trial number）等。高级限定包括循证医学（Evidence Based Medicine）、出版类型（Publication Types）、学科类别（Areas of Focus）、语种（Article Languages）、性别（Gender）、年龄组（Age Groups）和动物研究类型（Animal

笔记

Study Types)。

（3）药物检索（Drug Search）：专门针对药物进行检索，是 EMBASE 最具特色的检索途径——输入药物名称（Drug Name）进行检索。提供药物专题检索（Drug Links），如药物副作用、临床试用、药物分析等；提供用药方式检索，包括口服、肌内注射、静脉注射等。检索时可使用 Shift 或 Ctrl 键选中其中多个链接，以及选择它们之间的布尔逻辑符 And 或者 Or。

（4）疾病检索（Disease Name）：以疾病名称为检索字段，提供疾病专题检索（Disease Links），可以更精确地检索具体分支的文献，提高相关性。

（5）文章检索（Article Search）：检索字段包括著者（Author Name）、期刊名称（Journal Title）、期刊名称缩写（Abbr. Journal Title）、ISSN 等。检索著者时，姓在前，名在后，姓用全称，名用首字母。

（6）Emtree 主题词检索：类似于 MeSH 是 PubMed 数据库的主题词表，Emtree 是 EMBASE 对所收录的生物医学文献进行主题分析、标引和索引时使用的主题词表，它包含 5 万多条主题词（也称为术语），同义词超过 210 万，呈多级树状结构。Emtree 主题表在药物和药剂学术语及同义词（已含 23 万多条）方面尤为突出，包括药品术语在多国的通用名称，如 INN（国际非专利药名）、USAN（美国通用药名）和 BAN（英国通用药名）等，化合物名称、所有权名称（商标名）和实验室代码（研究药品）等。

Emtree 主题词检索是 EMBASE 常用的检索途径，可以通过"检索式构建"（Query Builder）组合多个主题词或副主题词，组成检索规则较为复杂的检索式，点击 Search 显示检索结果。如需高级检索，点选"将检索式送到高级检索中"（Take this query to Advanced Search），对检索词做进一步修饰和限定后再显示检索结果。

系统提供"查找术语（Find Team）"和"浏览术语（Brower by Facet）"来查找或确认主题词。在"Find Term"的检索词输入框中输入检索词，系统按字顺显示包括该检索词的款目词和主题词；"浏览术语"显示出 Emtree 的 15 个大类，依分类层层展开，选取所需的主题词。通过以上两种方式找到主题词，可浏览该主题词在 Emtree 中的位置等信息。直接点击主题词后面的记录条数超链接，可显示检索结果；还可勾选扩展检索（explosion）或主要主题词（as major focus）选项；也可以点选"Add to Query Builder"构建检索式，或者点选"将主题词送到药物（或疾病或高级）检索中"（Take this query to Drug/Disease/Advanced Search）做进一步的限定。

五、检索实例

1. 通过 Markush 检索如图 4-21 中所示的化合物，获得包含该通式结构的所有专利文献。

（1）课题分析与知识介绍：在 CA 中以特定化学结构所陈述的特定物质（specific substance）会被标示 CAS No，而专利文献中所陈述的预测物质（prophetic substance）不会被标示 CAS No。

一个 Markush 可以陈述上百或上千种化学物质，通过 Markush 检索，能检索到通过结构检索检不到的专利，是结构检索的补充。Markush 检索可直接获得包含该通式结构的所有专利文献，可以帮助做初步的专利评估。

（2）检索步骤：进入 Markush，通过结构编辑器画出要检索的结构，并选择好结构变化的设定，点 OK，结构图进入检索框，如图 4-21 所示和图 4-22 所示。选定检索类型并检索，得到的检索结果如图 4-23 所示，检索到 28 篇有关的专利文献。

例如图 4-24 中的 Markush 检索结果文摘 5 所示的结构 I，专利中保护的结构 X^1、X^2、X^3 为 C、N 原子，至少有两个是 N 原子，R^1 包括 COOH 基团，R^6 包括 SH 基团，包含了检索的目标化合物。文摘 6 中的结构 I 中 C 环的 X^1、X^2、X^3 的原子，B 环连接的基团 R^3 也可同样包含目标化合物。

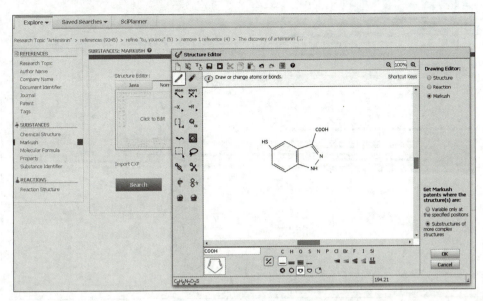

图 4-21　结构编辑器画结构

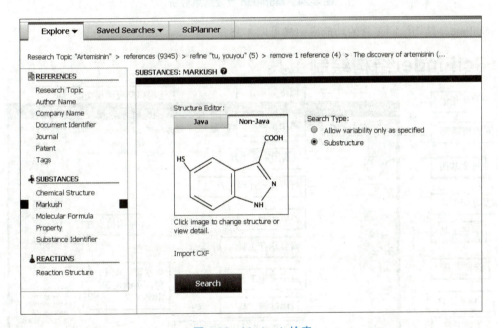

图 4-22　Markush 检索

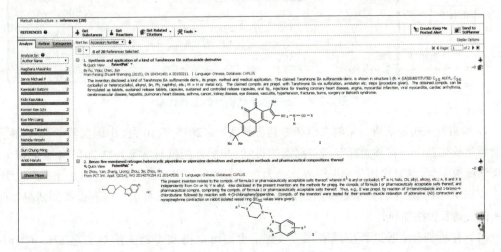

图 4-23　Markush 检索结果

笔记

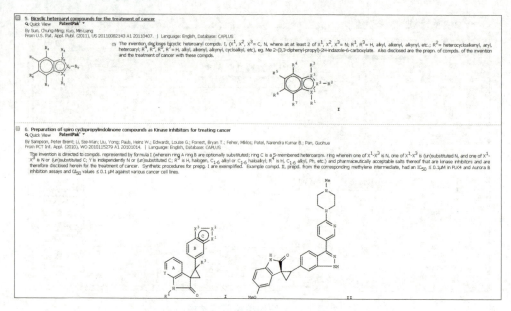

图 4-24   Markush 检索结果分析

SciFinder 结构绘制工具的功能应用参见图 4-25。

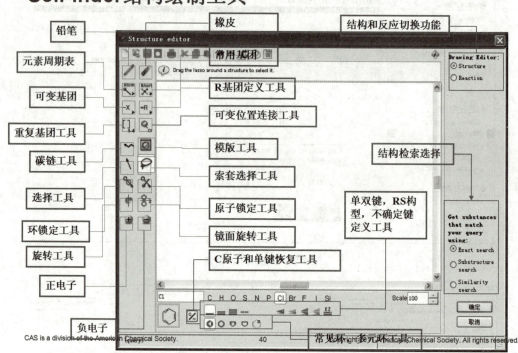

图 4-25   SciFinder 结构绘制工具详解

2. 检索有关抗疟药青蒿素的文献和专利保护情况。2015 年 10 月，中国女药学家屠呦呦因创制新型抗疟药——青蒿素和双氢青蒿素的贡献，与另外两位科学家共享 2015 年度的诺贝尔生理学或医学奖，这是中国生物医学界迄今为止获得的世界级最高级大奖。但是在国内也引发了不少议论，究竟这个青蒿素是中药还是西药？发现历程是怎么样的？专利保护的情况如何？销售的公司及价格如何？

（1）分析课题：通过百度或者中文文献，我们可以得到青蒿素的英文名 artemisinin、artemisinine 及 CAS No 63968-64-9，双氢青蒿素英文名 dihydroartemisinin 及 CAS No 81496-81-

3、71939-50-9、123930-80-3。

（2）检索步骤：输入英文名"Artemisinin of Artemisinine"在文献检索中检索，通过作者分析和限定工具我们得到了一篇屠呦呦2011年发表的文章，通过该文及其后的参考文献，我们基本能了解青蒿素及其发现历程。如图4-26所示。

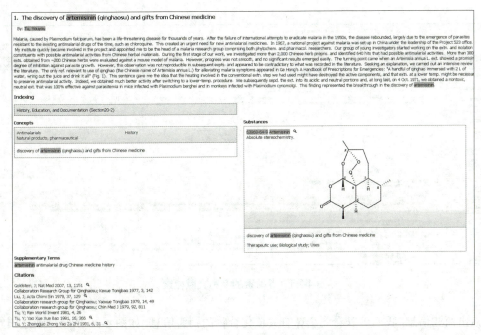

图4-26　屠呦呦关于从中草药中发现青蒿素的文献

在化学结构检索的物质标识符检索中输入CAS No 63968-64-9，我们获得了青蒿素的结构，在CAS No下方有文献、反应及商业信息的链接。如图4-27所示。

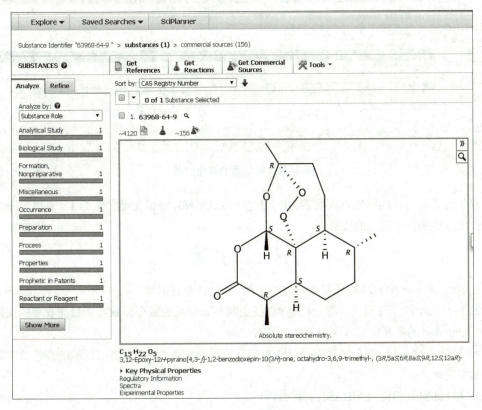

图4-27　青蒿素的结构

通过青蒿素的结构进行检索,在精确和亚结构检索中给出的信息很少,我们可以采用相似物检索看看目前该类化合物的研发及专利情况。也可以通过物质检索后直接链接到文献,从文献检索的结果中以文献类型分析限定得到有关青蒿素的专利,如图 4-28 所示。可以看到有关青蒿素类药物的研发一直在进行中,国内外都有不少专利。

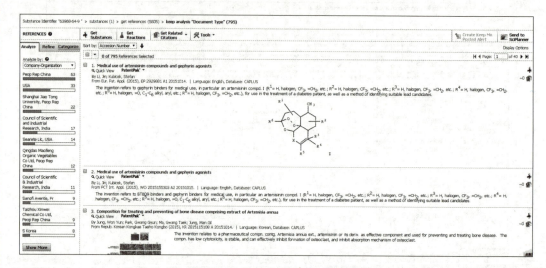

图 4-28　青蒿素的专利文献检索

点击商业信息,我们可以看到全球有关该化合物的销售信息,如图 4-29 所示。通过国家分析我们能看到美国的销售信息有 100 条,占检出结果的 2/3。

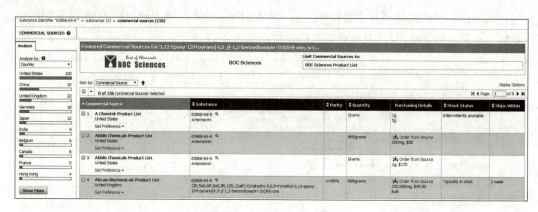

图 4-29　青蒿素的商业信息

双氢青蒿素可以同样的方式检索,由于有多个 CAS No,宜以文献检索为主,通过进一步的分析和限定达到检索的目的要求。

六、实　习　题

1. 用 SciFinder 检索双氢青蒿素合成的文献,并统计专利国别。

2. 用结构画图工具画出青霉素的结构,找到制备该物质的最少步骤或者最高收率的反应。

3. PubMed 的主要检索方法有哪些?各有何特点?

4. 利用 PubMed 检索心血管疾病与微量元素代谢的关系的文献,要求显示结果包括文献的摘要和主题词。

5. 与 PubMed 相比,EMBASE 有什么特色?

6. EMBASE 检索药学文献有哪些优势?

笔记

第二节　中文药学全文型期刊检索

药学工作者在学习、工作和科研中经常需要检索和获得相关的文献摘要或全文,因此必须学会药学期刊文献的检索与利用。中文科技期刊文献全文数据库检索方便,原文链接便利,全文内容显示丰富,输出方式灵活,数据更新周期短。有的数据库还带有个性化服务、文献分析和写作管理功能等。服务方式主要有网络远程访问和本地镜像两种,收录的文献类型以科技期刊为主,也收录图书、丛书、工具书及实验室指南等。

在我国已建成的中文科技文献全文数据库中,常用的有中国知网(CNKI)、维普资讯网、万方数据知识服务平台等。所提供的文献全文一般使用 PDF(portable document format)或数据库自有的格式,如 CNKI 就提供自有的 CAJ 格式。PDF 和 CAJ 格式的文献能够再现印刷版全文的原貌,易于存取与打印,但阅读和打印前必须下载和安装相应的软件。熟悉常用数据库的收录情况、学科范围、检索途径及检索方法等,对药学工作者获取相关信息将起到事半功倍之效。本节主要介绍中国知网(CNKI)、维普资讯网中文科技文献全文数据库、万方数据知识服务平台的使用方法。

一、中国期刊全文数据库

中国知识基础设施(China National Knowledge Infrastructure,CNKI)的概念提出于 1998 年,CNKI 工程是以实现全社会知识资源传播共享与增值利用为目标的信息化建设项目,由清华大学、清华同方发起,始建于 1999 年 6 月。CNKI 工程经过多年努力,建设了《中国知识资源总库》及 CNKI 网络资源共享平台,通过产业化运作,为全社会知识资源高效共享提供最丰富的知识信息资源和最有效的知识传播与数字化学习平台。CNKI 由中国学术期刊(光盘版)电子杂志社、同方知网(北京)技术有限公司主办,是基于《中国知识资源总库》的全球最大的中文知识门户网站,具有知识的整合、集散、出版和传播功能。CNKI 亦可解读为"中国知网"(China National Knowledge Internet)的英文简称。

中国学术文献网络出版总库是 CNKI 的核心资源,包括《中国学术期刊网络出版总库》《中国博士学位论文全文数据库》《中国优秀硕士学位论文全文数据库》《中国重要会议论文全文数据库》《中国标准数据库》《中国专利全文数据库》等多个数据库。文献类型包括学术期刊、优秀硕士学位论文、博士学位论文、工具书、重要会议论文、年鉴、专著、报纸、专利、标准、科技成果等。学科领域包括自然科学与工程技术、人文与社会科学两部分,前者又分为基础科学、工程科技Ⅰ、工程科技Ⅱ、农业科技、医药卫生科技及信息科技 6 个专辑;后者又分为哲学与人文科学、社会科学Ⅰ、社会科学Ⅱ及经济与管理科学 4 个专辑。CNKI 中心网站及数据库交换服务中心、各镜像站点通过互联网或卫星传送数据可实现每日更新,与纸质期刊的出版时间相比平均出版时差小于 2 个月。下面以中国学术期刊网络出版总库为例,介绍其检索方法及检索结果管理等。

(一)中国期刊全文数据库检索

中国学术期刊网络出版总库(China Academic Journal Network Publishing Database,简称 CAJD)是目前世界上最大的连续动态更新的中国期刊全文数据库,以学术、技术、政策指导、科普及教育类期刊为主。目前为止,收录国内的学术期刊 8122 种,全文文献总量 44 642 459 篇。内容覆盖自然科学、工程技术、农业、哲学、医学、人文社会科学等各个领域。

中国期刊全文数据库的检索途径有 7 种,分别为检索、高级检索、专业检索、作者发文检索、科研基金检索、句子检索、期刊来源检索。

1. 普通检索　"检索"实际为普通检索,方便、快捷,适应于普通用户简单检索,其不足是检索结果的专指性不强。系统默认是"检索"界面。

"检索"界面的文字、图标各项及其说明：输入检索条件下面有 ⊞、⊟ 两个选项，分别代表增加和减少检索框；检索项：即检索字段选项，下拉框中有主题、篇名、关键词、摘要、作者、单位、刊名、ISSN、基金、参考文献等选项，用于按不同字段检索，其中"主题"字段是"篇名、关键词、摘要"字段的组合；时间选项：用户可以自行设置检索时间范围，选择起止年限；来源类别：即期刊范围选项，系统默认为全部期刊，并提供了 SCI 来源期刊、EI 来源期刊、核心期刊、CSSCI 选项。

例如检索 2006 年以来"阿司匹林引起消化道溃疡"方面的文献。本案例中，需注意查全同义词，除检索"阿司匹林"外，还需检索"阿斯匹林""乙酰水杨酸"。因此，使用"检索"途径时应点击检索项前的"⊞"两次，增加两行检索词输入框。在第一行的第一个检索词输入框内输入"阿司匹林"，在与其并列的检索词输入框内输入"消化道溃疡"，选择检索词输入框前的检索项即检索字段为"主题"，行内的逻辑关系选"并含"；在第二行的第一个检索词输入框内输入"阿斯匹林"，在与其并列的检索词输入框内输入"消化道溃疡"，选择检索词输入框前的检索项即字段为"主题"，行内的逻辑关系选"并含"；在第三行的第一个检索词输入框内输入"乙酰水杨酸"，在与其并列的检索词输入框内输入"消化道溃疡"，选择检索词输入框前的检索项即字段为"主题"，行内的逻辑关系选"并含"。3 行检索词输入框之间的逻辑关系均选择"或者"；选择年份为 2006—2015 以及全部期刊，再点击"检索"完成检索操作，检索结果为 36 篇（图 4-30）。

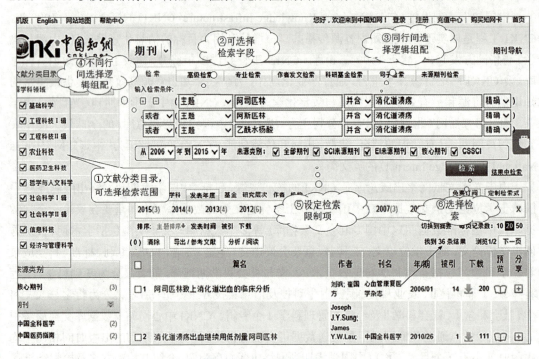

图 4-30　CAJD"检索"界面

2. **高级检索**　"高级检索"界面具有"检索"的所有功能，设有多个检索词输入框，可进行逻辑组配，并配有精确与模糊、词频选项。精确匹配：查询结果精确包含检索词。例如用"精确"检索作者"张雪"所写的文章，检索结果的作者都是"张雪"；如果用"模糊"检索，结果不仅有作者"张雪"，还会将作者姓名中包含"张雪"的文献都检索出来，可能包含张雪兰、张雪春等作者。模糊匹配：指所检索的信息与输入的检索标识之间存在一定的差异。词频指在检索项中出现的频次，有 2～8 的选项，频次越高检出文献的相关性越强。词频为空表示至少出现 1 次，选择 2 表示至少出现 2 次，依此类推。可按检索需要选择检索词出现的频次。以上述"阿司匹林引起消化道溃疡"为例，为体现文献与阿司匹林的高相关性，所以要求检索词"阿司匹林"在文献中出现的频次为 3 或 3 以上，其他条件不变，检索结果的文献量只有 16，比原来的文献少 20 篇，但所检索的文献与阿司匹林的相关性大大提高。"高级检索"将期刊、基金、作者及单位选项作为控制条件单独列出，而在普通检索模式中它们以字段形式作为内容条件存在（图 4-31）。

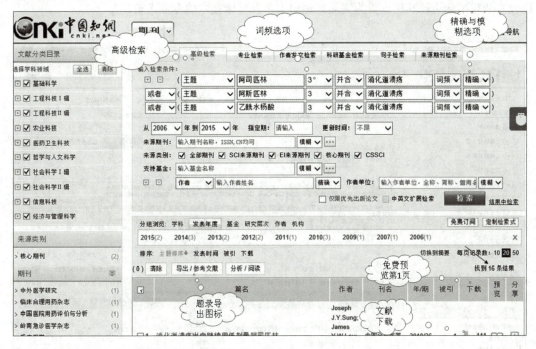

图 4-31　CAJD 高级检索界面

3. **专业检索**　专业检索比高级检索的功能更强大，但需按系统规定的要求进行检索式编制，然后进行检索。如字段名、逻辑运算符及关键词的构成具有严格的要求。

例如查找 2016 年以来有关"奥美拉唑代谢"方面的文献。利用计算机检索系统全面查找相关文献时，首先要对检索课题加以分析，明确检索范围，弄清主题概念，然后选用特定的检索语言来表达主题概念进行检索。对该主题概念的同义词、近义词要考虑周全，以防漏检。在本例中，奥美拉唑（通用名）、洛赛克（商品名）均应纳入检索范围；为保证检索结果的全面性，还需考虑代谢的同义词如药代动力学，并注意检索词之间的逻辑关系组配，最后对检索表达式进行检索。

（1）专业检索中可检索的字段：SU= 主题，TI= 题名，KY= 关键词，AB= 摘要，FT= 全文，AU= 作者，FI= 第一作者，AF= 作者单位，JN= 期刊名称，RF= 参考文献，RT= 更新时间，YE= 期刊年，FU= 基金，CLC= 中图分类号，SN=ISSN，CN=CN 号，CF= 被引频次，SI=SCI 收录刊，EI=EI 收录刊，HX= 核心期刊。这是需要说明的是，"主题"字段是包括"题名、关键词、摘要"组合的字段，是常用字段。

（2）逻辑运算符：可使用"*""+""－"运算符构建检索表达式。"*"代表"并且"；"+"代表"或者"；"－"代表"不包含"。还可使用"AND""OR""NOT"等逻辑运算符及括号"（）"将表达式按照检索目标组合起来，构成检索表达式。建议括号内的逻辑运算符用"*""+""－"，而不用"AND""OR""NOT"。运算顺序为从上到下，同行从左到右，括号优先。需要注意的事项为所有符号和英文字母都必须使用英文半角字符。"AND""OR"和"NOT"3 种逻辑运算符的优先级相同，如要改变组合的顺序，请使用英文半角圆括号"（）"将条件括起来。逻辑运算符"AND""OR""NOT"前后要空 1 个字节。

本案例中的检索词奥美拉唑、洛赛克为同义词，可以用"+"（逻辑或）组合放在括号内；还有检索词代谢、药代动力学为同义词，同样用"+"组合放在括号内。这两组同义词进行"逻辑与"

运算，检索词均限定在"SU"字段范围，时间为2006—2015年（图4-32）。检索式为：

SU=（奥美拉唑＋洛赛克）AND SU=（代谢＋药代动力学）

专业检索可在检索输入框内1次输入检索式完成检索，优点是快捷、功能完善，当检索课题比较复杂时用此途径其优点更为突显。适用于掌握检索技术的专业人员。

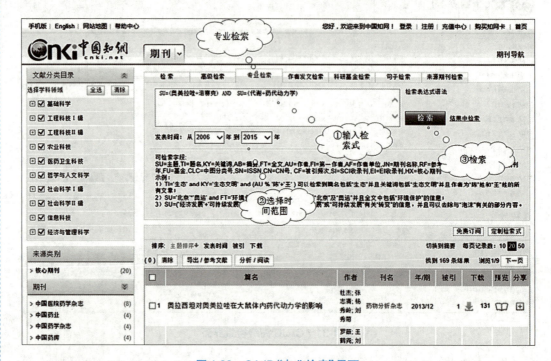

图4-32　CAJD"专业检索"界面

4. 作者发文检索　作者发文检索是通过作者姓名、单位等信息，查找作者发表的全部文献。

5. 科研基金检索　科研基金检索可通过输入科研基金名称，查找科研基金资助的文献。用户也可以点击检索框右边的"…"图标打开相应的基金浏览检索页面，勾选支持基金项目并"确定"，系统自动输入检索框中。通过检索已发表的期刊论文，从中可以了解某类基金的资助情况。

6. 句子检索　句子检索是将两个检索词限定在同一句中的检索。

7. 来源期刊检索　来源期刊检索可直接输入刊名检索，也可通过点击检索框右边的"…"图标打开期刊浏览检索页面，选择或检索期刊。

（二）检索结果管理

1. 检索结果显示及题录保存

（1）检索结果显示：检索结果默认以文章题录列表形式显示，也可以选择"切换到摘要"格式显示。检索结果列表可以选择"主题排序""发表时间""被引""下载"方式进行排序。点击"预览"功能可免费预览文献的第一页。如果需要检索结果形成检索报告，可以点击"导出／参考文献"，进入"文献管理中心＿导出"界面，然后点击"生成检索报告"即可见你选择的"检索报告"（图4-33）。

（2）题录保存：在检索结果列表中，选择所需要的文献后，点击"导出／参考文献"，进入"文献管理中心＿导出"界面，此时点击"导出／参考文献"进入"文献管理中心＿文献输出"界面，根据需要选择保存格式。系统默认CAJ-CD格式引文，有查新（引文格式）、查新（自定义引文格式）、Refworks、EndNote、Notefirst和自定义等多种格式输出。每次下载不超过50条，可多次下载。并可选择"复制到粘贴板""导出""打印"等功能。此界面还可"生成检索报告"（图4-34）。

笔记

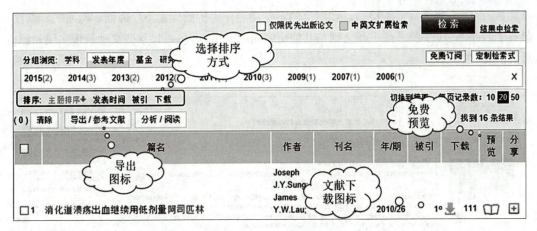

图 4-33 CAJD 检索结果显示及题录保存

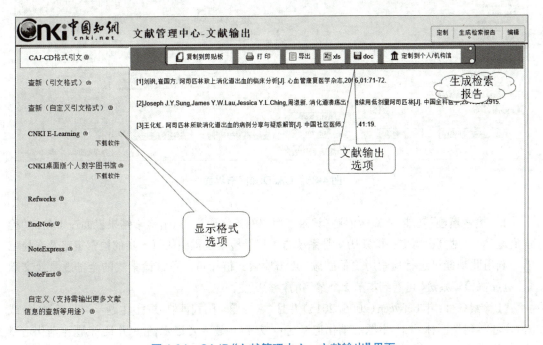

图 4-34 CAJD"文献管理中心 _ 文献输出"界面

2. 全文的显示与保存 系统提供 PDF、CAJ 两种全文显示格式。在文献检索结果文献题录列表中，标题右边有下载图标"⬇"，点击即可下载全文；另一种方法是进入文章标题的超链接，可见文献的知网节界面，点击"CAJ 下载"或"PDF 下载"按钮，即可下载对应格式的全文。CAJ 格式文献需使用 CAJViewer 来阅读，PDF 格式文件可使用通用的 Adobe Reader 阅读（图4-35）。所需的阅读器可在 CNKI 网站下载安装。此数据库互联网用户可以免费检索、浏览并下载题录和摘要，但全文下载或浏览需付费。

3. 知网节 知网节是知识网络中相关知识信息交汇节点的简称，是 CNKI 服务平台的一个特色功能。知网节以一篇文献作为其节点文献，知识网络的内容包括节点文献的题录摘要和相关文献链接。在检索结果中点击文章标题的超链接，即可见文献的知网节界面。知网节界面中提供了系统扩展功能，即以此篇论文为基础，可得到更多的相关文献，如参考文献、引证文献、共引文献、同被引文献、二级参考文献、二级引证文献等。知网节上每一节点的链接信息都是动态的，随着平台上的资源变化而增减。知网节上拥有大量链接点（蓝色超链接），只要点击知网节上的任意点，便可直接获得相应内容。如点击"参考文献"中的一篇文章，则可直接链接到

笔记

该文章,而不需要进行重新检索。知网节的浏览功能作为扩展检索不仅降低了检索的复杂度、节省了时间,还可了解节点主体文献与其他研究间的关系,并可通过这些文献链接实现知识信息的扩展(图4-35)。

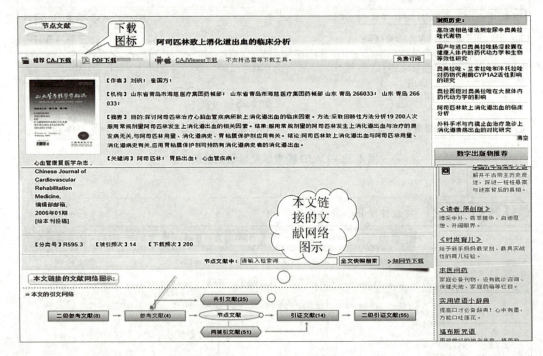

图4-35　CAJD知网节界面

4.“检索痕迹”功能　“检索痕迹”记录了用户的检索历史,点击检索结果界面左下角的“检索痕迹”即可见检索历史。检索历史是系统自动记录检索过程中的每一步的检索策略及选择范围。利用此功能可进行检索历史的回顾,点击检索式链接可浏览该检索式的全部题录及文献量。点击“检索痕迹”可看到本节2个案例的检索历史。

“1检索条件:年between(2006,2015)并且(((主题=阿司匹林 并且 主题=消化道溃疡)或者(主题=阿斯匹林 并且 主题=消化道溃疡))或者(主题=乙酰水杨酸 并且 主题=消化道溃疡))(精确匹配);专辑导航:全部;数据库:学术期刊 单库检索”。

“2检索条件:(主题=(奥美拉唑+洛赛克)AND 主题=(代谢+药代动力学))并且 年between(2006,2015)(精确匹配);专辑导航:全部;数据库:学术期刊 单库检索”。

二、中文科技期刊数据库

(一)概述

中文科技期刊数据库是由重庆维普资讯有限公司(VIP)开发的综合性文献数据库。该数据库截至2015年,收录了12 000余种中文期刊,文献最早回溯到1989年,文献总量5000余万篇,中心网站每日更新,全文采用国际通用的高清晰PDF全文数据格式,学科范围涉及社会科学、自然科学、工程技术、农业科学、医药卫生、经济、管理、教育科学和图书情报等。用户可通互联网免费检索、查看文献题录及文摘,如果需要全文则需付费。中文科技期刊数据库位于维普期刊资源整合服务平台(图4-36)。下面对中文科技期刊数据库的检索方法和检索结果管理做一介绍。

(二)检索方法

检索方式包括基本检索、传统检索、高级检索、期刊导航和检索历史等(图4-37)。

笔记

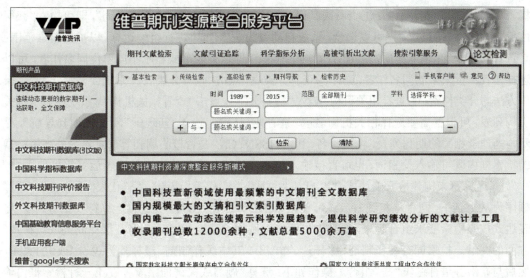

图4-36　维普期刊资源整合服务平台界面

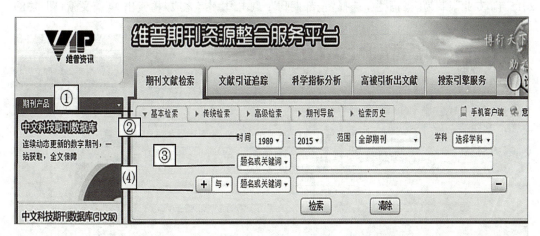

图4-37　"期刊文献检索"基本检索界面

注：①"期刊文献检索"的5种检索方式；②对检索条件做时间、期刊、学科范围限制；③包括任意字段、题名或关键词、题名、关键词、文摘、作者、第一作者、机构、刊名、分类号、参考文献、作者简介、基金资助、栏目信息14个检索入口；④可增加或减少检索框，进行任意检索入口"与、或、非"的逻辑组配检索。

1.**基本检索**　在首页注册后，用户直接在文本框内输入需要检索的内容，点击搜索即可进入结果页面。注意：每个检索框内只能输入1个检索词，不能直接输入检索式。如多于两个检索词时，可通过点击"+"图标来增加多个检索框（最多不超过5组），两行检索框之间根据检索内容的需要选择逻辑运算符，下拉菜单可见逻辑符"与""或""非"选项；选定检索时间、期刊范围进行检索。

2.**传统检索**　在同一检索页面，可实现文献检索、学科分类导航、二次检索、文献题录、文摘显示和浏览、全文下载等操作。保留了原网站的《中文科技期刊数据库》老用户查新检索风格。

3.**高级检索**　高级检索提供向导式检索和直接输入式检索。前者提供分栏式检索词输入方法，可进行多检索条件逻辑组配检索；后者是一次输入检索式查看命中结果的检索方法。用户不仅使用时可选择逻辑运算、检索项、匹配度，还可以进行相应字段扩展信息的限定，最大限度地提高查准率。其中，扩展功能提供查看同义词、同名/合著作者、查看分类表、查看相关机

笔记

构、期刊导航等功能。例如：①查看同义词：输入"艾滋病"，点击"查看同义词"，即可检索"获得性免疫性疾病"等同义词，可以选全，系统自动设为逻辑"或"进行组配运算，以扩大检索范围；②查看同名作者：输入李明，点击"查看同名作者"，即以列表形式显示不同单位同名作者，可以选择作者单位来限制同名作者范围；③查看分类表：点击"查看分类表"，系统会显示分类表，操作方法同分类检索；④查看相关机构：输入"药科大学"，点击"查看相关机构"，系统会显示相关机构列表，可根据需要选择相关机构名；⑤查看期刊导航：输入"药理学"，点击"期刊导航"，显示与药理学相关的期刊列表，包括刊名、刊期、ISSN、CN、是否核心期刊等信息。另外高级检索的检索框内既可输入检索词，也可直接输入检索表达式。高级检索中的逻辑运算符可使用"*""+""-"运算符来构建检索表达式，"*"代表"并且"，"+"代表"或者"，"-"代表"不包含"。运算顺序为从上到下，同行从左到右。还可使用"AND""OR""NOT"等逻辑运算符及括号"（）"将表达式按照检索要求组合起来，括号内先运算。例如检索近10年"布洛芬缓释制剂或缓释片"方面的文献。检索词有缓释制剂、缓释片、布洛芬，其中缓释制剂、缓释片为逻辑"或"的关系，然后与布洛芬进行逻辑"与"组合。操作如下：选择"题名或关键词字段"，在第一行检索框内输入简单检索式：（缓释制剂＋缓释片），第二行输入布洛芬，两行之间选择"与"；选择时间2006—2015年，专业限制为医药卫生，选择"全部期刊"；点击"检索"完成，检索出24篇文献（图4-38）。

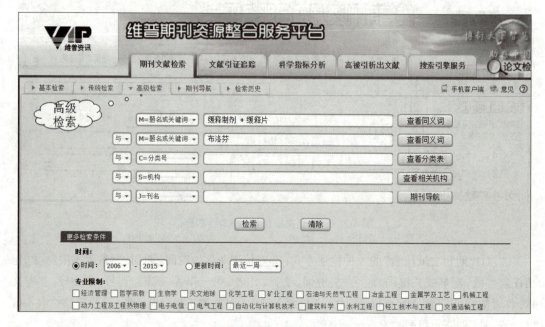

图4-38   中国科技期刊数据库高级检索界面

4. **期刊导航**   可多渠道快速定位期刊，系统提供了3种方式查看期刊。一是期刊搜索，如准确知道刊名或期刊ISSN号，在输入框内输入，点击搜索，即可进入期刊名列表页，点击刊名即可进入期刊内容页；二是按字母顺序查找，点击某字母，可列出以该拼音字母为首字母的所有期刊列表；三是按学科查找，点击某一学科，即可列出该学科分类下所有期刊的刊名，然后可以按年、卷、期的内容浏览及相关期刊或文献的浏览。

5. **检索历史**   系统对用户的检索历史做自动保存，可对检索式进行重新检索或逻辑组配检索（图4-39）。

（三）检索结果管理及其他

检索结果以论文题录列表形式显示，包括论文的题名、作者、刊名、出版年、期等信息供浏览；也可下载全文，单击文题，进入单篇论文的详细信息展示页面，可进行下载、保存等操作。需要下载PDF阅读器才能打开维普PDF全文数据，在PDF阅读器中，可以对一篇或多篇同路

笔记

径下的全文文本进行"全文搜索"，只需点击"文件"工具栏上的"搜索"按钮即可实现。可对文章内容进行注释，或在某处插入书签等。

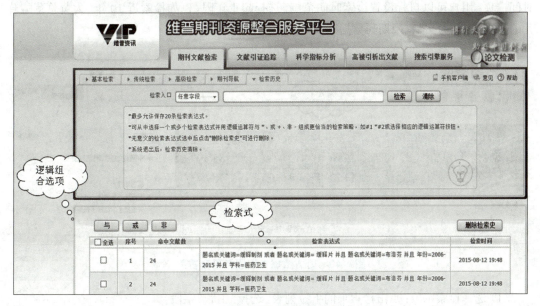

图 4-39　中国科技期刊数据库检索历史

维普还提供了个性化的"我的数据库"功能，使用者可以通过注册个性化的标识名，使用"我的数据库"功能，包括期刊定制、关键词定制、分类定制、保存检索历史以及查询电子书架等功能。

三、万方学术期刊数据库

（一）概述

万方数据知识服务平台（Wanfang Data Knowledge Service Platform）是万方数据股份有限公司研制开发的综合信息服务系统。该系统内容涉及自然科学和社会科学的各个领域，拥有学术期刊、学位论文、会议论文、外文文献、专利技术、中外标准、科技成果、图书、政策法规等各种类型的资源。学术期刊论文是万方数据知识服务平台的重要组成部分，收集了自1990 年以来国内出版的自然科学、人文和社会科学期刊的全文内容，其中大部分是进入科技部科技论文统计源的核心期刊。内容包括论文标题、论文作者、出处、关键字、摘要等信息，并提供全文下载。其期刊论文总数量近 3200 万篇，每日更新，拥有中华医学会的系列期刊的独家版权。

（二）检索功能

万方数据知识服务平台提供普通检索、高级检索、专业检索 3 种检索途径，用户既可以同时检索多个数据库，也可以选择单个数据库进行检索或浏览。本节介绍万方学术期刊数据库的用法。

1. 简单检索　在万方数据知识服务平台首页的检索框中输入检索词或布尔逻辑检索式，在检索框上方选择数据库，有学术论文、期刊、学位、会议、外文文献、专利、标准、成果、图书、法规、机构、专家数据库供选择，系统默认检索范围为"学术论文"，选择"期刊"进入学术期刊数据库（图 4-40）。

2. 高级检索　在首页点击"高级检索"进入"查新 / 跨库检索"界面。在该界面有"选择文献类型"选项，用户可进行文献类型（数据库）的选择，以限定检索范围。"高级检索"界面的文字、图标各项及其说明："高级检索"下面有 ⊞、⊟ 两个选项，分别代表增加和减少检索框；检索项：即检索字段选项，下拉框中有主题、题名或关键词、题名、关键词、摘要、创作者、单位、期刊—刊名、DOI等选项，用于按不同字段检索，其中"主题"字段包括"题名、关键词、摘要"字段；

时间选项：用户可以自行设置检索时间范围，选择起止年限，例如检索近10年"大黄总蒽醌苷元的提取"方面的文献（限期刊数据库），具体操作如下。

图4-40　万方数据知识服务平台首页

（1）选择检索字段：点击检索项的下拉列表，选择"主题"字段。

（2）输入检索词：在第一行检索框中输入"大黄"，第二行中输入"总蒽醌苷元"，第三行输入"提取"。

（3）选择逻辑运算符：选项有"与、或、非"，逻辑运算符用于确定两个检索之间的关系。选择"与"。

（4）选择年限：下拉年份列表，按需限定检索时间。选择2006—2015年。

（5）选择文献类型：在页面左侧的文献类型选择"期刊"。

（6）执行检索：点击"检索"即可进行检索（图4-41）。

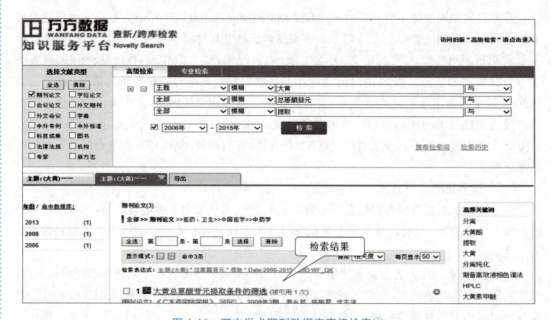

图4-41　万方学术期刊数据库高级检索①

说明：高级检索输入框中不仅可以输入单个检索词进行检索，还可输入逻辑检索式检索，逻辑运算符可以是"AND、OR、NOT"，也可以是"*、+、-"，运算符左、右需空格，运算顺序是从左到右、从上到下。采用本方法对上例进行检索（图4-42）。

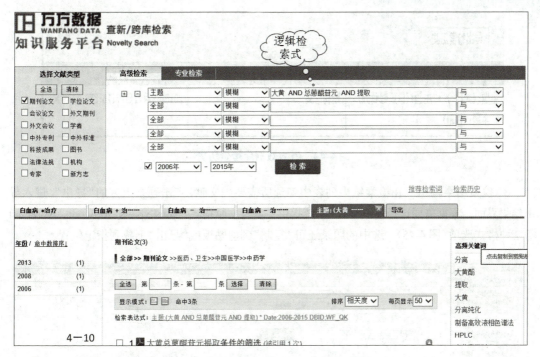

图4-42 万方学术期刊数据库高级检索②

3. 专业检索 专业检索比高级检索的功能更强大,但需按系统规定的要求进行检索式编制,然后进行检索。如字段名、逻辑运算符及关键词的构成具有严格的要求,所以本检索模式适用于熟练掌握检索技术的专业人员。

4. 期刊检索 在万方数据知识服务平台界面,用户在检索框中输入刊名,点击"检索刊名"即可查出相应期刊的信息。如检索《广东药学院学报》的相关信息,在检索框中输入"广东药学院学报",点击"检索刊名"即可获得该刊的相关相息(图4-43)。期刊导航分3种浏览方式:按期刊的学科浏览、按期刊的地区浏览和按期刊的首字母浏览。

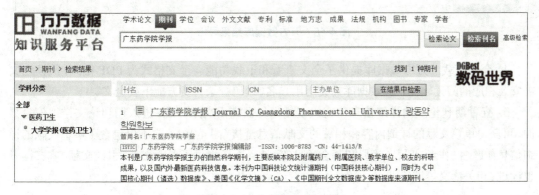

图4-43 万方数据库期刊检索

(三)检索结果管理

1. 检索结果显示 执行检索后,系统便进入检索结果界面(图4-41)。结果显示当前检索结果信息及两种显示模式选项。系统默认的显示模式为详细格式,包括题名、文献类型、出处、文摘片段、关键词等信息。用户还可选择精简格式,只包括题名、文献类型及出处。

2. 检索历史 点击打开"检索历史"窗口,即可见检索历史。检索历史是系统自动记录检索过程中每一步的检索策略及选择范围(图4-44)。利用此功能可进行检索历史的回顾,点击检索式链接可浏览该检索式的全部题录信息及文献量。

笔记

图4-44　万方数据库检索历史

3. 检索结果输出　在检索结果列表中勾选所需要的文献，点击题录上方的"导出"，进入导出结果界面。根据需要选择输出格式，系统提供了参考文献格式、NoteExpress、Refworks、NoteFirst等7种格式选项（图4-45）。选中的题录还可"复制"到剪贴板或"导出"下载到指定位置。

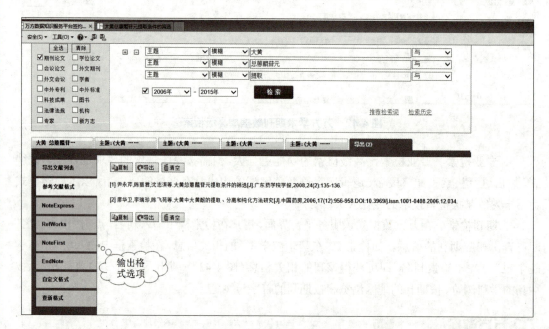

图4-45　万方数据库结果导出

4. 全文下载　万方数据库提供了全文查看和下载功能。全文格式为 PDF 格式，阅读全文需安装相应的阅读软件。此数据库需使用用户名、密码登录付费方能下载全文。

5. 查看期刊论文的详细信息　在检索结果界面点击文献标题，进入期刊论文详细信息界面，可获得单篇文献的详细内容和相关的文献信息链接（图4-46）。它不仅包含了单篇文献的详细信息如题名、作者、刊名、摘要和基金项目等，该界面还提供了参考文献、引证文献、本文读者也读过、相关博文等链接。

四、检索实例

检索技巧：逻辑运算符"AND、OR、NOT"，也可以使用运算符"＊、＋、－"。运算顺序为从上到下，同行从左到右，括号优先。

1. 用 CNKI（CAID）检索最近 10 年发表的茵陈药材高效液相色谱指纹图谱研究方面的文献，要求是国家自然科学基金资助项目，同时发表在核心期刊上。

（1）分析课题：根据检索内容，分析该课题包含茵陈、高效液相色谱、指纹图谱 3 个主要概念，时间范围为 2006 年至今，支持基金限定为"国家自然科学基金"，期刊范围限定为"核心期刊"。注意：高效液相色谱有同义词 HPLC，不能遗漏，否则影响查全率。

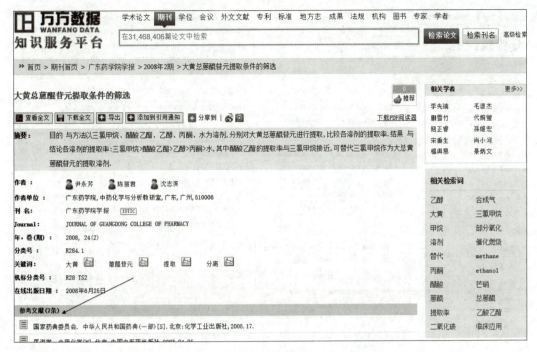

图 4-46 万方数据库期刊论文详细信息

（2）检索方式：高级检索。

（3）检索标识：①茵陈；②高效液相色谱；③HPLC；④指纹图谱。

（4）检索式：①茵陈 AND（②高效液相色谱 OR ③HPLC）AND ④指纹图谱。

（5）操作步骤

1）输入内容检索条件：选择检索字段"主题"，然后在后面的两个文本框分别输入"高效液相色谱"和"指纹图谱"，行间逻辑运算符选"并含"；在第二行检索中，同样选择检索字段"主题"，然后在后面的两个文本框分别输入"HPLC"和"指纹图谱"，行间逻辑运算符选"并含"，上、下两行之间的逻辑运算符选择"或者"；第三行同样选择检索字段"主题"并输入"茵陈"，上、下两行之间的逻辑运算符选择"并且"。

2）输入检索控制条件：设置时间范围：2006—2015 年；期刊来源类别：勾选"核心期刊"；支持基金：输入或选择"国家自然基金"。点击"检索"按钮，完成检索。

3）检索结果为 5 条（图 4-47）。

注意：如果对本检索词进行顺序变动，其他条件不变，检索结果则完全不同。因为本例看上去虽然只是变换了顺序，实际上是优先逻辑运算关系变了，CNKI 的运算顺序为从上到下、同行从左到右。检索结果为 413 条（图 4-48）。

4）查看检索历史：在检索结果界面的左下角有"检索痕迹"，点击进入即可见检索历史。检索条件：基金代码 =0001 并且（（核心期刊 =Y））并且 年 between（2006，2015）并且（（（主题 = 高效液相色谱 并且 主题 = 指纹图谱） 或者（主题 =HPLC 并且 主题 = 指纹图谱））并且 主题 = 茵陈）（精确匹配）；专辑导航：全部；数据库：学术期刊 单库检索。

说明：基金代码 =0001 为"国家自然基金"。

2. 用 CNKI（CAJD）检索近 10 年广东药学院发表的迟效制剂方面的文献。

（1）分析课题：根据检索内容，课题的主题概念是迟效制剂，作者单位限定为广东药学院，两者之间的关系为逻辑"与"，时间范围是 2006—2015 年。注意：迟效制剂的近义词为缓释制剂，不能漏检。

（2）检索方式：高级检索。

笔记

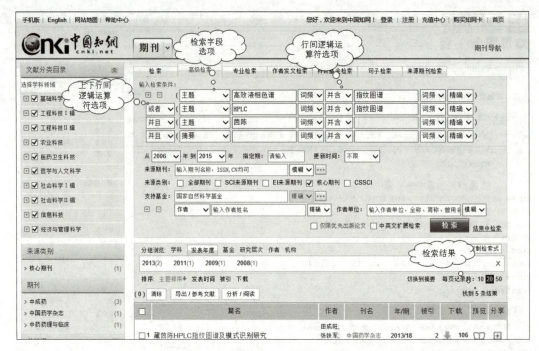

图 4-47   检索实例①

图 4-48   检索实例②

（3）检索标识：①迟效制剂；②缓释制剂；③广东药学院（作者单位）。

（4）检索式：（① OR ②）AND ③。

（5）操作步骤

1）选择检索字段"主题"，然后中在文本框中分别输入"迟效制剂""缓释制剂"两个检索词，选择词间逻辑运算符"或者"。

2）在"作者单位"输入框中输入"广东药学院"。

3）限定时间范围：2006—2015；点击"检索"按钮完成检索。检索结果为25条。

3. 用中文科技期刊数据库检索"中药注射剂治疗上呼吸道感染的不良反应"（限 2006—2015 年）的相关中文文献。

（1）分析课题：根据检索内容，分析该课题包含的概念是中药注射剂、上呼吸道感染、不良反应，即三者之间的关系为逻辑"与"。时间范围是 2006—2015 年。

（2）检索方式：高级检索。

（3）检索标识：①上呼吸道感染；②中药制剂；③不良反应。

（4）检索式：① AND ② AND ③。

（5）操作步骤：首先在字段选项中选择"题名或关键词"；然后在第一行检索框中输入"上呼吸道感染"，点击"查看同义词"，弹出关键词选择对话窗口，出现同义词"普通感冒、上感"，勾选同义词，点击"确定"，选定的同义词与输入的关键词之间系统自动形成逻辑"或"的关系，再与其他的检索词进行逻辑"与"组配；最后选择时间范围 2006—2015 年；"专业限制"勾选"医药卫生"；点击"检索"，检索结果为 3 篇（图 4-49）。

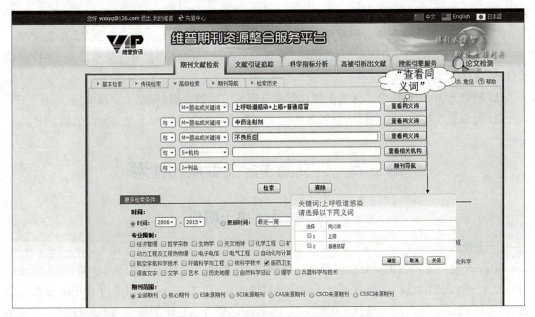

图 4-49　中文科技期刊数据库检索检索示例

4. 用中文科技期刊数据库浏览《中国药理学报》2014 年第 8 期刊登的文献。

（1）分析课题：该课题检索的是《中国药理学报》指定年份的所有文献。

（2）检索方式：期刊导航。

（3）检索标识：①刊名 = 中国药理学报；②出版年 =2014；③期 =8。

（4）检索式：① AND ② AND ③。

（5）操作步骤：进入"期刊导航"页面，在检索框中输入刊名"中国药理学报"，点击"期刊检索"，出现检索结果：含刊期、是否核心期刊、ISSN、CN 等信息；点击刊名链接，即可查看本刊的简介、获奖情况、国内外数据库收录情况等信息；点击 2014 年后的 08 链接，即可浏览本期所刊登的文献题录信息。

5. 用万方期刊数据库检索《中成药》上发表的有关脑脉通有效部位中总蒽醌的工艺研究文献。

（1）分析课题：课题包含脑脉通、总蒽醌、工艺 3 个主题概念，限定《中成药》期刊内。

（2）检索方式：高级检索。

（3）检索标识：①脑脉通；②总蒽醌；③工艺；④期刊名：中成药。

（4）检索式：① AND ② AND ③ AND ④。

（5）操作步骤：进入"万方数据查新 / 跨库检索"中的"高级检索"界面，勾选"期刊论文"；在检索框第一行中输入脑脉通 AND 总蒽醌 AND 工艺，并选择"主题"字段；在检索框第二中输入中成药，并选择字段"期刊—刊名"；两行之间逻辑运算符选择"与"；点击"检索"，检索结果为 1 条文献记录。

五、实　习　题

1. CNKI（CAJD）、万方学术期刊数据库中的"主题"字段指什么？

2. 用 CNKI（CAJD）检索 2006 年以来"阿司匹林防止血栓形成"方面的文献（限发表在核心期刊上，限主题字段）。

3. 用 CNKI（CAJD）查找并下载 2008 年发表的题名为"HPLC 指纹图谱控制复方丹参片质

量"的全文。

4. 用中文科技期刊数据库检索近 10 年万古霉素缓释微球对葡萄球菌感染预防作用的相关文献（限定关键词或题名字段）。

5. 用万方数据库查找作者田嘉铭 2013 年在《中国药房》期刊上发表的关于大黄酚的文献。

6. 分别用 CNKI（CAJD）、万方数据库、维普数据库的"高级检索"途径完成检索，其检索结果有何异同？

（1）检索近 10 年杨梅中二芳基庚烷化学成分研究方面的文献（限全文字段）。

（2）检索近 5 年第一作者谭玉柱发表的关于大黄总蒽醌苷元提取工艺方面的文献。

第三节　外文药学全文型期刊检索

一、Elsevier 电子期刊

（一）概述

Elsevier 是一家荷兰的国际化多媒体出版集团，每年出版大量的学术图书和期刊，大部分期刊被 SCI、SSCI、EI 收录，是世界上公认的高品位学术期刊。Elsevier 公司沿用了 Elsevir 书屋的名字，并将 Elsevir 改为更为现代的书写方式 Elsevier。历经数百年的沧桑，Elsevier 已从一家小小的致力于传播经典学术的荷兰书店发展为一个基于与全球科技和医学界合作的集团。截至 2015 年，公司每年出版超过 2500 种期刊，包括《柳叶刀》和《细胞》等世界著名期刊；还出版近 33 000 种图书，包括 Mosby、Saunders 等著名出版公司出版的工具参考书。

Elsevier 的在线数据库包括 ScienceDirect、Scopus、Elsevier Research Intelligence 以及 ClinicalKey 等，推动了科学和医学界专业人员的研究效率；SciVal 和 MEDai's Pinpoint Review 帮助学术与政府研究机构有效地评估、制定和执行其研究战略，提高投资的使用效益。

（二）ScienceDirect 全文数据库（参见第二章）

1. **简介**　Elsevier 将其出版的期刊和图书全部数字化，即 ScienceDirect OnSite（SDOS）全文数据库（图 4-50），并通过网络提供服务。该数据库涉及众多学科，如计算机科学、工程技术、能源科学、环境科学、材料科学、数学、物理、化学、天文学、医学、生命科学、商业及经济管理、社会科学等。迄今为止，北京大学、清华大学、南京大学、复旦大学、上海交通大学、浙江大学、中山大学等 27 所高校的图书馆以及中国科学院图书馆均已成为"SDOS 中国会员"。

图 4-50　Elsevier ScienceDirect 主页

笔记

　　该数据库数据更新频繁（几乎每周更新1次以上），时效性极强。它所提供访问的电子期刊都是举世公认的高品质学术期刊，大多为核心期刊，并被世界上许多著名的二次文献数据库收录。

　　2. **检索方法**　ScienceDirect的检索方法基本分为两种：浏览（browse）和检索（search）。

　　（1）浏览（browse）功能：在ScienceDirect的主界面可以看到提供不同浏览方式的3个区域，通过这3个区域可以直接全库浏览、学科浏览、名称浏览（图4-51）。通常在不了解期刊名称的情况下，读者可以根据学科浏览的方式来找到感兴趣的期刊。同时，读者也可以通过杂志或者书籍名称的首字母等进行二次筛选。通常当在最右侧有Open Access的书架标记全亮或半亮时，说明这个期刊或书籍是可以免费阅读或部分免费阅读的。当你进入一个期刊后，点击上方绿色的桃心，就可以将此期刊设置成喜欢的期刊。

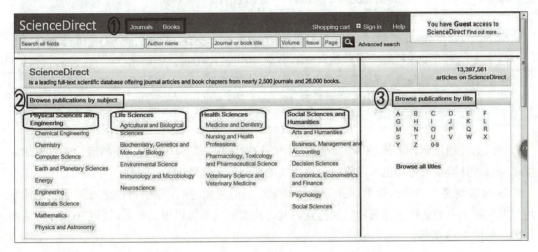

图4-51　ScienceDirect浏览与基本检索主界面

　　（2）检索（search）功能：ScienceDirect提供了基本检索（图4-51）、高级检索（图4-52）和专家检索多种检索方法。

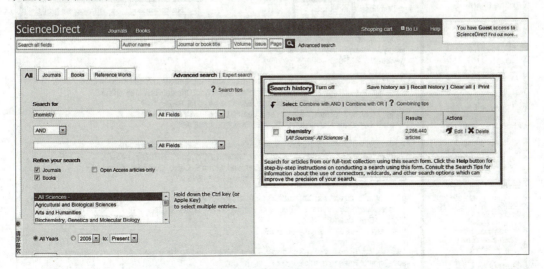

图4-52　ScienceDirect高级检索界面及检索历史显示

　　当获得了关于某篇文章的具体信息时，可以通过基本检索这种方法进行检索。高级检索可以限定的条件较多，能进行较为直观的多项目选择限定后进行检索。而当检索条件复杂时可以进行专家检索，专家检索的界面需要自行输入代码，对字段之间的逻辑关系进行制订。检索词的逻辑关系如表4-2所示。

表4-2　专家检索程序语言表

AND	默认算符，要求多个检索词同时出现在文章中
OR	检索词中的任意一个或多个出现在文章中
AND NOT	后面所跟的词不出现在文章中
通配符 *	取代单词中的任意个（0，1，2，……）字母 如neur* 可以检索到neurogenesis，neuron，neurad，neuradynamia……
通配符 ?	取代单词中的1个字母 如neur?n 可以检索到neuron
W/*n* PRE/*n*	两词相隔不超过*n*个词，词序不定 quick w/3 response 两词相隔不超过*n*个词，词序一定 quick pre/2 response
" "	宽松短语检索，标点符号、连字符、停用字符会被自动忽略"heart-attack"
' '	精确短语检索，所有符号都将被作为检索词进行严格匹配 'neural regeneration'
（ ）	定义检测词顺序，例：（neuron OR satellite）AND degeneration
作者检索	先输入名的全称或缩写，然后输入姓，例：r smith : wenxia zhou 邻近符可以用于作者检索，raymond W/3 smith 可检索到Raymond Smith，Raymond J.Smith and Raymond J.

登录的注册用户，系统会自动保存该用户的检索历史，最多100条。在高级检索页面的右侧就可以看到检索历史。也可以将自己感兴趣的期刊加入收藏。

3. **检索结果**　当输入检索词并进入了检索结果的界面之后，你仍可以通过界面左侧的条件以及右侧上方的条件选择进行二次检索。同时检索的结果可以根据需要，通过Export键选择导出。如图4-53所示。

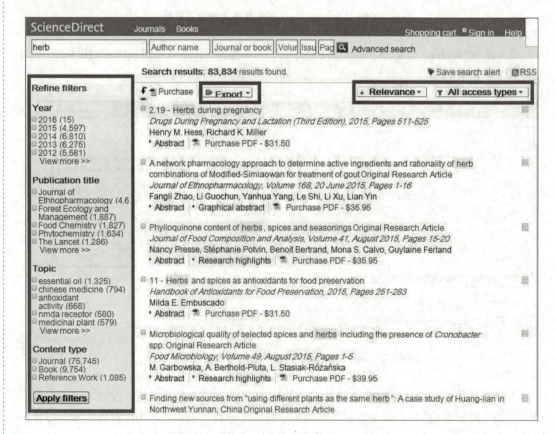

图4-53　检索结果实例

在 ScienceDirect 上下载的文章是 PDF 格式，需要读者安装 PDF 阅读软件。下载之后的文章显示格式如图4-54所示。

图4-54　文章的 PDF 格式实例

4. 其他功能

（1）最热门文章：ScienceDirect 的主界面还有一项浏览最热门研究的功能，你可以看到你所感兴趣的领域最热门的 TOP25，帮助读者掌握时事热点，如图 4-55 所示。在进入 TOP25 界面以后，可以借助检索的功能缩小查询浏览的范围。

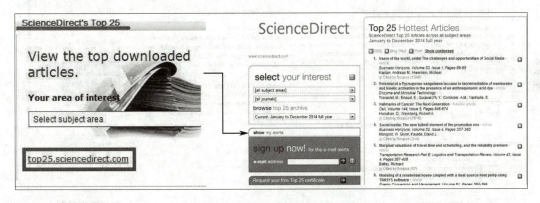

图4-55　热门文章的浏览及结果

（2）查找最新文章：通过 ScienceDirect 的主界面可以查询最新的研究，帮助读者掌握实时热点、药学科技前沿，如图4-56所示。

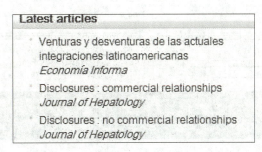

图4-56　最新文献

笔 记

二、RSC 电子期刊

（一）概述

英国皇家化学学会（Royal Society of Chemistry，简称 RSC）是一个国际权威的学术机构，是化学信息的一个主要传播机构和出版商，1 年组织几百个化学会议。该协会成立于 1841 年，是由约 4.5 万名化学研究人员、教师、工业家组成的专业学术团体，出版的期刊及数据库一向是化学领域的核心期刊和权威性的数据库。RSC 期刊大部分被 SCI 收录，并且是被引用次数最多的化学期刊。

RSC 的资源结构包括期刊（journal）、图书（books）、文献数据库（database）、信息平台（magazine）、期刊回溯数据（journals archive）、RSC 的虚拟图书馆（virtual library）。在 RSC 的网站中，除了可以获得 RSC 出版物的相关信息之外，使用者还可以通过 RSC 网站获得化学领域的相关资源，如最新的化学研究发展、学术研讨会信息、化学领域的学术研究与教育传播等。

（二）RSC 电子期刊

1. **简介**　访问 http://www.rsc.org/ 可以进入 RSC 的主页，如图 4-57 所示。RSC 的内容涵盖最核心的化学，包括物理化学、无机化学、有机化学、分析化学、材料化学、生物化学、药物化学以及其他相关领域。在 RSC 首页上方的黑色区域有一个下拉菜单，使用者可以通过这个下拉

图 4-57　RSC 主页

笔记

菜单快速连接至所欲寻找之 RSC 相关主题资源，包括 RSC 出版物、会员专区、图书信息中心、学术研讨资料收集时间跨度长，内容齐全、更新快。

2. RSC **的检索方法**

（1）用户注册：用户注册之后，同样可以获得许多附加的功能，包括提醒功能、记录保存功能等。注册页面如图 4-58 所示。

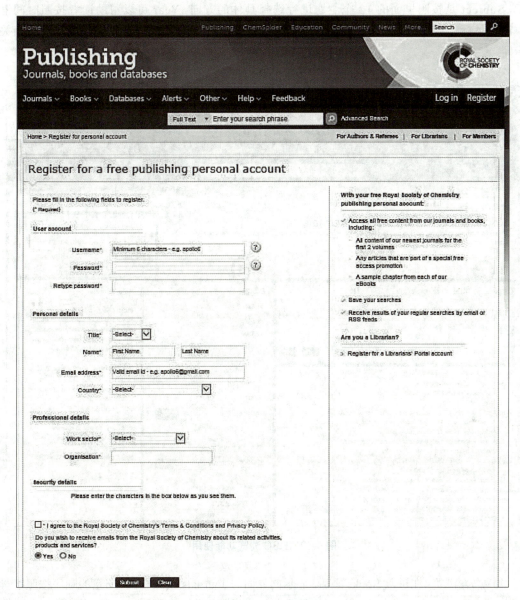

图 4-58　RSC 注册页面

（2）浏览（browse）功能的使用：在主页面的上方是一些可供读者使用浏览功能的选项，如图 4-59 所示。

图 4-59　RSC 浏览功能选项

笔记

1）期刊浏览：在 Journals 选项中，可以选择浏览近期的期刊以及以前的期刊，或者浏览所有期刊。选择不同时，所进入的页面是相同的，如图 4-60 所示。①处标记是目前比较热门的杂志，读者可以通过单击左、右箭头来浏览此处的推荐。②处是 RSC 对于所有杂志的排序方式——按照字母顺序排列，该处的下方为读者选择相应的首字母后可以看到的杂志名称。③处所示可以缩小浏览范围，Title 选项是供读者选择浏览近期的文章或是以前的文章，Subject 是按照里面的 12 个主题进行选择具体的方向，Year 可以帮助读者按照时间缩小浏览目标。在下方，读者也可以通过其他方式找到需要的文章。④处是一些最新的相关新闻。

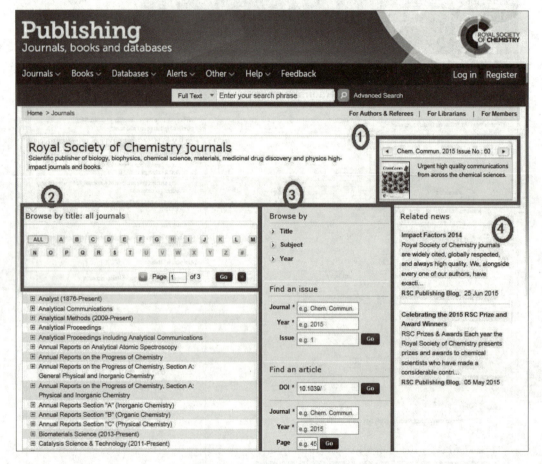

图 4-60   RSC 浏览功能使用

2）书籍浏览：在进入 Books 之后，显示的界面与 Journals 大致相同，书籍的顺序按照字母排列，供读者选择与查找。页面右上方是推荐的热门书籍，中间是按照不同要求缩小浏览范围的选项，这些选项包括按照不同的学科主题浏览、按照系列书籍浏览、浏览电子书（按照年份），以及按照时间浏览。右侧是相关领域的一些新闻。

3）使用数据库：进入 Databases 后是重新开启的另外一个窗口，如图 4-61 所示。在这个页面的上方，读者可以进入不同的页面，在这里会为读者提供化学领域相关的数据库、软件（例如 ChemSpider，包括 3 亿个化学结构），与化学学习有关的一些知识的连接。如图 4-62 所示。

（3）检索（search）功能的使用

1）基本检索：如图 4-63 所示，在页面上方的输入框中可以进行基本检索，检索字段可以根据左侧的选项选择。

笔记

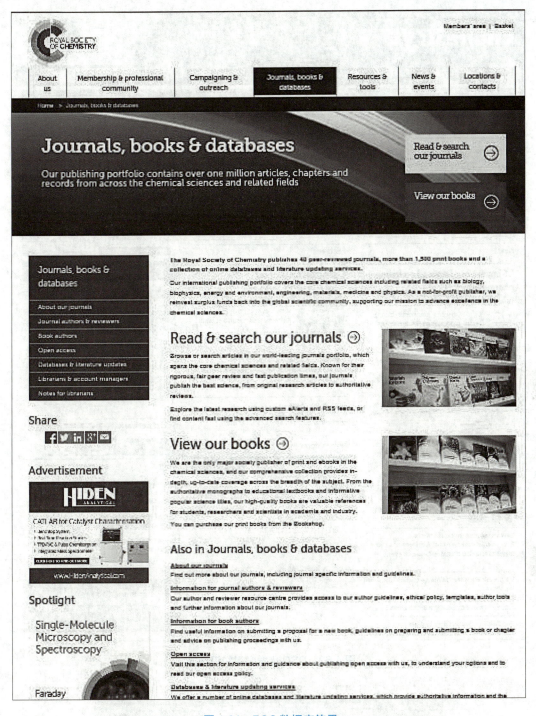

图 4-61　RSC 数据库使用

　　2）高级检索：单击 Advanced Search 进入高级检索界面，如图 4-64 所示。RSC 的高级检索不同于其他数据库的高级检索，是让读者选择字段类型以及字段间的关系。RSC 的高级检索设置 4 个输入框（除下面根据检索文章的具体信息设置的输入框外），如图 4-64 所示，分别有 4 种输入方式：① with all of the words；② with the exact phrase；③ with at least one of the words；④ without the words。除此之外，读者还可以通过对作者、文献类型进行限定，以及在下面进行文章题目等的搜寻。

　　3）检索结果：如图 4-65 所示的检索结果呈现方式。页面的右侧是按照不同作者、日期、数据库、杂志等进行的分类，作者可以通过单击右侧的选项，缩小浏览范围。

笔记

图 4-62　RSC 化学学习知识连接

图 4-63　RSC 基本检索界面

　　进入某一篇文章之后，页面的右侧是这个方向的相关文章以及图书。和其他数据库不同的是，文章的摘要阅读也是需要一定权限的。

笔记

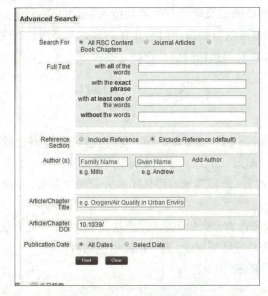

图 4-64　RSC 高级检索界面

图 4-65　RSC 检索结果显示界面

（4）其他功能：在 RSC 的主页面还有很多功能，通过 Publishing news 中可以浏览最近的化学新闻，在 Most read 中可以看到最热门的几种杂志或者书籍。在主页面中，可以直接通过 ChemSpider 查找化合物，以及根据精确信息查找文章。

三、ACS 电子期刊

（一）概述

美国化学协会（American Chemical Society）成立于 1876 年，现已成为世界上最大的科技协会，会员数超过 15 万人。ACS 一直致力于为全球化学研究机构、企业及个人提供高频时的文献咨询以及服务，在科学、教育、政策等领域提供了多方位的专业支持，成为享誉全球的科技出版机构。

ACS 出版的 34 种期刊内容涵盖以下领域：药物化学、生化研究方法、有机化学、植物学、毒物学、分析化学、食品科学、环境工程学、微生物应用生物科技等。

（二）ACS 电子期刊的使用

1. 简介

（1）ACS 具有普遍的检索和浏览功能，除此之外，对于尚未正式出版的作者授权的文章，在 ACS 中也可以第一时间检索到。ACS Publication 是将 ACS 出版的刊物收纳到其电子数据库中，供读者检索和浏览。

（2）注册用户之后，ACS Publications 将通过 Free Email，以每天或每周的方式通知那些文章被最新收录。

（3）ACS 的文献参考书目可以直接连接到 Chemical Abstracts Service（美国化学会的下设组织化学文摘社，简称 CAS）。该社负责为每一种出现在自然世界中的物质分配一个 CAS 编号，这是为了避免化学物质有多种名称的麻烦，使数据库的检索更为方便。现今的化学数据库普遍都可以用 CAS 编号检索，被广泛用于生物化学领域的资料记录。如果文章参考的文献没有被 ACS 收录，也可以单击链接转到其他数据库，例如 PubMed、MEDLINE、Protein Data Bank 等（Links to References in Other ACS Journal and Database）。

（4）数据库中包括 3D 彩色分子结构图、动画、图表等。输入 http://pubs.acs.org/# 可以进入 ACS Publication 的界面。

2. ACS Publication 的检索方法

（1）浏览（browse）功能的使用：如图 4-66 所示的 ACS Publication 的主界面。① ACS 是其总界面；C & EN（Chemical and Engineering News）是关于化学和化工领域的新闻链接；CAS（Chemical Abstracts Service）。②通过此页面可以链接到化学相关的论坛、写作指南、电子书等，如 ChemWorks、ACS style guide。③页面中右上方黄色的输入框供给读者检索。

图 4-66　ACS Publication 的主界面

在 ACS Publication 的主界面下方是按照字母顺序排列的 ACS 收录的期刊，读者可以根据提供的信息选择浏览的内容。

（2）检索（search）功能的使用

1）基本检索：如图 4-67 所示。可以通过此输入框输入一些基本信息，检索相应的文章；也可以通过 DOI 或者选择相应的学科进行检索。

图 4-67　ACS Publication 基本检索

2）高级检索：如图 4-68 所示。高级检索界面并不是和寻常数据库一样，让读者在下拉菜单中自行选择字段范围，而是列出 4 个输入框，分别设定的范围为全文检索、标题检索、摘要检索、作者检索。更加有特色的是，在这 4 个输入框的下方，还有一项是可以根据文章中表格或者图片的标题检索相应的文章。除此之外，还有根据时间等进行精确检索。页面的右方是 ACS 对在此数据库检索的一些小贴士。

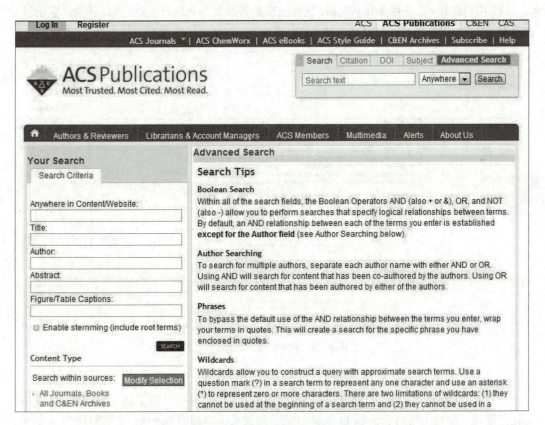

图 4-68　ACS Publication 高级检索

3. 其他功能　http://www.acs.org/content/acs/en.html 是 ACS 的主页面，在这个页面中是关于化学教育、新闻方面的内容。ACS 会提供一些化学相关的学习或应用软件，方便科研工作者的工作。最有趣味的是，在版面的中间，每周都会更新一个化合物（MOLECULE OF THE WEEK），并在旁边为这个化合物赋予生动的自白。

笔记

四、Wiley 电子期刊

（一）概述

2007 年 2 月，John Wiley & Sons（约翰•威立出版公司）的科学、技术、医药与学术出版业务与英国的 Blackwell Publishing（布莱克维尔出版公司）合并，建立了专门从事国际科学、技术、医药和学术出版的新的业务单位"Wiley Blackwell"，是全球最大的学术协会出版商，在几乎所有主要的学术研究领域和职业领域都有很强的出版能力，提供包括化学化工、生命科学、医学、高分子及材料学、工程学、数学及统计学、物理及天文学、地球及环境科学、计算机科学、工商管理、法律、教育学、心理学、社会学 14 个学科领域的学术出版物。

Wiley Blackwell 每年出版约 1500 种由同行评审的期刊，都既有印刷版也有电子版。通过 Wiley Online Library 在线平台为用户提供服务，包括 1000 本最多可以追溯 200 年的在线回溯期刊。

（二）Wiley 电子期刊

1. 简介　Wiley 的界面较为简洁，主界面主要还是分为浏览和检索两大块。用户注册并激活之后可以查看你的浏览记录以及收到你感兴趣领域的研究更新内容，可以储存你浏览过的书籍以及文章。访问 http://onlinelibrary.wiley.com 可进入其官方界面。

2. 检索方法（参见第二章）

（1）用户注册：在使用 Wiley 之前，进行注册是有很大好处的。注册之后，你的浏览记录会被保存，而且可以快速查找自己感兴趣的杂志和书籍。Wiley 用户注册页面见图 4-69。

图 4-69　Wiley 用户注册页面

（2）浏览（Browse）功能的使用：可以浏览所有出版物，也可以按学科主题浏览，这项功能无论是通过页面最上端的 Browse by subject 还是通过页面中部的 Browse 都可以实现。

如图 4-70 所示，当进入一个学科的页面后：①在页面的最上方，该期刊会自动推荐 4 个期刊或书籍，也可以查看本领域所有的内容。点进去之后，可以在上方设置邮件提醒。访问图标标明你是否具有浏览全文的权限。②进入学科页面中后，可以查看本学科涉及的热门文章。③可以查看免费获取的文章。④在页面的右侧可以进行更加精确的检索，也可以按照本学科中的不同主题进行浏览。⑤该网站还提供实用的软件供读者下载使用。

笔记

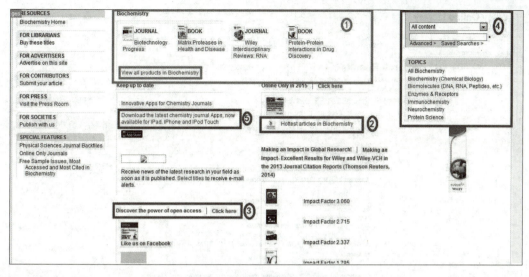

图 4-70 Wiley 浏览功能的使用

提供的资源：在主页最上方的 Resources 选项中，是该电子期刊为用户提供的一些服务的简介。这里该期刊将读者分为几大类，并有针对性地推出个性化服务。

（3）检索（Search）功能的使用

1）基本检索功能：如图 4-71 左图所示，在主页的左侧可以进行检索。基本检索功能中，可以在所有范围内进行检索，也可以通过出版物的首字母进行检索。

2）高级检索功能：进入 Advanced Search 之后出现如图 4-71 右图所示的界面。读者可以按照不同的字段、不同的时间检索需要的内容。

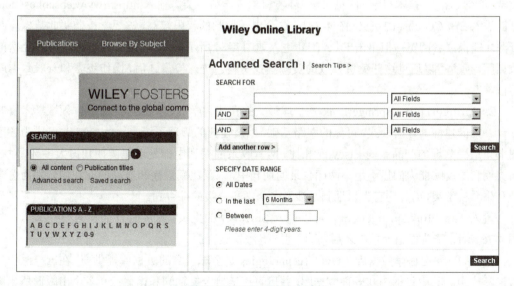

图 4-71 Wiley 的检索功能

3）检索记录：当读者注册成为用户之后，系统会自动保存检索记录最多 100 条供以后查看。

4）检索结果：在初次检索的结果中，可以在右侧选择出版物的种类。如图 4-72 所示。

3. **其他功能的使用** Wiley 提供许多在线版的参考工具书，这些参考工具书的全文内容仅供授权机构使用，或通过 Article Select 或 Pay-Per-View 方式使用个别文章。

笔记

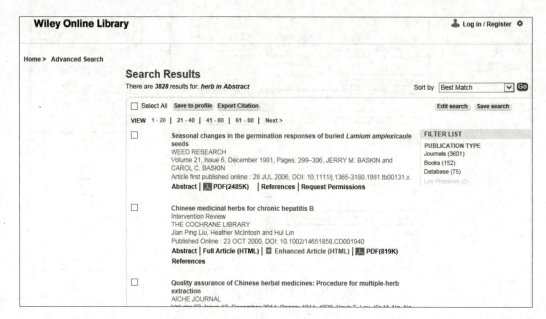

图 4-72　Wiley 的期刊检索结果显示

五、其他外文全文期刊

1. Academic Search Premier（EBSCO host） Academic Search Premier 是 EBSCO 公司的全文数据库，包括 8000 多种学术性期刊的索引、文摘（大多数期刊可追溯至创刊时或 1965 年）和 4700 多种期刊全文（含 3600 种同行评审刊）。涉及了几乎所有的自然科学和社会科学领域，包括语言文学、哲学、历史、社会学、政治、经济金融与管理、法律、教育、新闻、生命科学、医学、数学、物理、化学、技术科学、信息科学、环境科学等学科门类。输入 https://www.ebscohost.com 可以进入 EBSCO host 的主页（图 4-73）。这个电子期刊的权限较高，需要学校购买此数据库的资源才能供读者阅览。但单击 Free Trial 进入如图 4-74 所示的页面，会为读者提供一些免费的数据库，读者可以通过这些免费开放的资源查找资料。进入检索之后，操作步骤和一般数据库相似。

2. SpringerLink SpringerLink 是全球最大的在线科学、技术和医学（STM）领域学术资源平台。凭借弹性的订阅模式、可靠的网路基础，以及便捷的管理系统，SpringerLink 已成为各家图书馆最受欢迎的产品。同 Elsevier 相比，两者收录的期刊中都是理工类期刊占大多数，对社科类期刊的反映能力尚显不足。两库收录的期刊中，入藏比率最高和次高的期刊均分别为医学类和生命科学类，而且均有大量期刊是涉及多个学科分类的综合刊。

输入 http://link.springer.com/ 可以进入 Springer 的主页，此页面有推荐的一些杂志。如图 4-75 所示，箭头标记处单击之后，可以进入高级检索界面。

3. OVID 平台医学数据库 Ovid Technologies 是全球著名的数据库提供商，在国外医学界被广泛应用。其中包括 300 多种数据库，并可直接链接全文期刊和馆藏；60 多个出版商所出版的超过 1000 种科技及医学期刊的全文。Lippincott，Williams & Wilkins（LWW）乃世界第二大医学出版社，其临床医学及护理学尤其突出，共计收录 239 种医学相关之核心期刊（另有 7 本过刊，总数 246 种全文期刊）；BMA & OUP 系列全文数据库共 76 种，BMA 即英国医学学会系列电子全文资料（BMA Journals fulltext），OUP 即牛津大学出版社医学电子全文数据库（OUP Journals fulltext）。

笔记

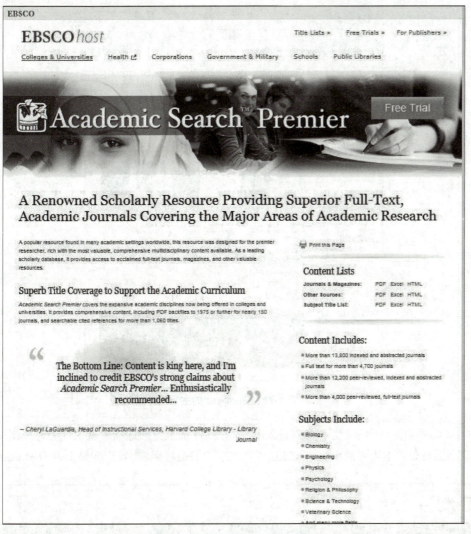

图 4-73　EBSCO host 的主页

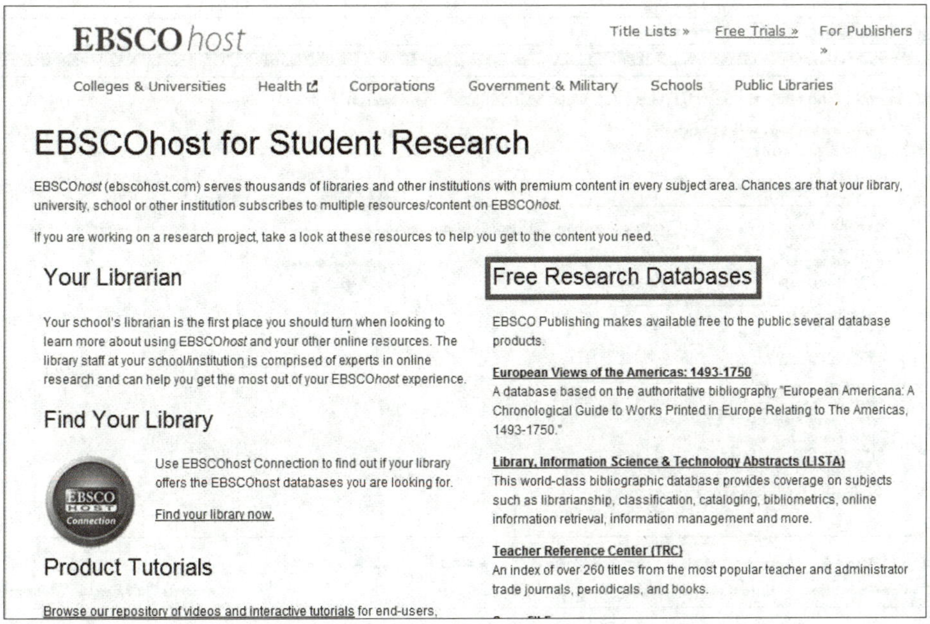

图 4-74　EBSCO 的免费数据库

图 4-75　Springer 的主页

Ovid 的界面简洁明了（图 4-76），进入其主页面后，最上方的选项卡就供读者选择浏览其收录的期刊或者是检索需要的内容，Ovid 还提供医学相关的视频，需要选择最上方的 Multimedia。

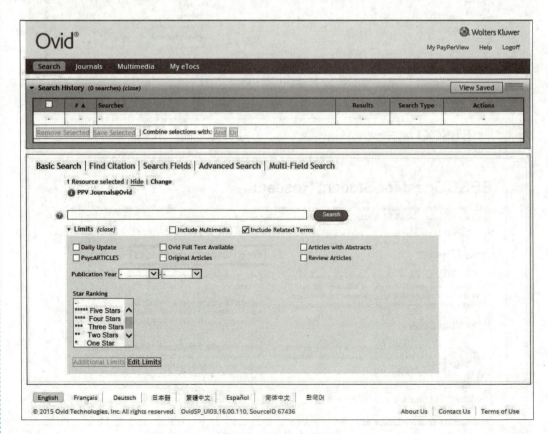

图 4-76　Ovid 主页面

笔记

其他全文型电子期刊本文就不一一详述了，例如 ProQuest（提供绝版书籍、地图、学位论文等）、Blackwell、Bentham Science 等。需要各位掌握方法，自行学习。

六、检 索 实 例

各个数据库的资源，以及查找这些资源的方法已经在上述课程中做了详细的描述。对于在各个数据库中检索需要的内容，这些方法是大同小异的。下面我们举一个例子——查找中药和化药代谢性相互作用（the metabolic interaction between herb and drug）的文章。

1. **检索词的确定**　首先，针对这个课题中药和化药代谢性相互作用（the interaction between herb and drug），我们可以确定检索词为 herb 或者 traditional Chinese herb；drug 或者 medicine；interaction；metabolic 或者 enzyme。

2. **选定一个数据库**　我们选择一个目标数据库，例如 ScienceDirect，在其中进行关于这个课题的检索。一般情况下，在检索词的限定较多时采用高级检索，这样比基本检索更精确、比专家检索更方便。

3. **确定查找范围以及检索词之间的关系**　首先应根据不同数据库的不同情况确定好要查找的文章的时间限制、格式限制以及资源来源等限制。在 ScienceDirect 的检索界面中，如果我们只想查找相关方面的杂志类文献，则在选项卡中选定 Journals；将年份设置为 All years，这样检索出来的文章就是包含所有的资源了；如果我们只想找某个学科的内容，可以在学科的领域中选定；应该确定好各个检索词之间的逻辑关系，用 and 或者 or 或者 not；在摘要题目的范围进行检索。如图 4-77 所示。

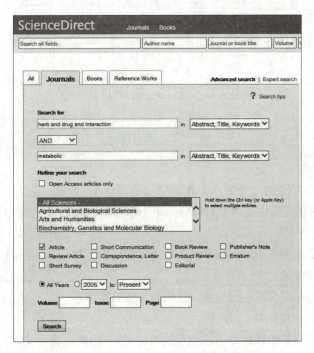

图 4-77　ScienceDirect 期刊高级检索的使用

注：两个检索词之间的 and 可以省略用空格代替。因为本次检索有多个检索词，应该逐一组合并用 or 扩大范围或者用 not 排除。

4. **检索结果**　如图 4-78 所示，检索结果在页面右侧排列，在页面的左侧可以通过一些选项进行再一步较为精确的检索。检索出来的文章可以直接单击进去查看摘要内容，有些有权限的文章可以直接下载 PDF 格式。

笔记

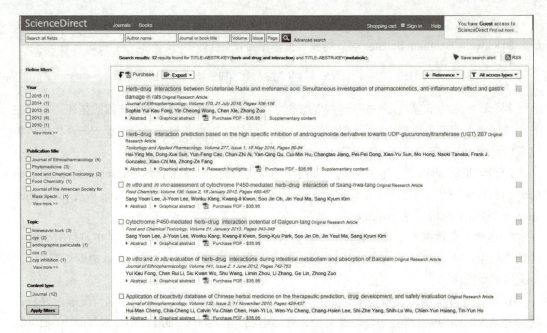

图 4-78　ScienceDirect 期刊检索显示页面

七、实　习　题

1. 学会在本节中介绍的数据库中注册用户。
2. 学会在上述数据库中浏览药学相关文章，以及收看一些新闻。
3. 学会使用简单的检索方法查找药学相关文章。

第四节　引文数据库检索

一、引文索引概述

（一）简介

引文指的是科学对话的一种方法。在科学著述活动中，作者一般要直接或者间接引用他人的著述，为自己的研究提供历史背景材料，加强论述的可信度。这些引用的他人的著述就是引文。

索引指的是对数据库表中一列或多列的值进行排序的一种结构，是可以快速访问数据库表中的特定信息的一种方法。

引文索引指的是利用文献引证关系检索相关文献的索引。

（二）引文索引的发展

1873 年，美国出版了供律师查阅法律判例的检索工具《谢泼德引文》。20 世纪 50 年代，美国的 E. 加菲尔德研制出用计算机辅助编制的引文索引，他先后创办了《科学引文索引》（SCI，1963 年创刊）、《社会科学引文索引》（SSCI，1973 年创刊）和艺术与人文科学引文索引（AHCI，1978 年创刊）等 3 种引文索引刊物，并建立了引文索引数据库，这就是世界上著名的三大引文索引。在加菲尔德的引文索引的基础上，各地学者又先后对此进行改进创新，并在引文索引的基础上研制出引文分析技术。

美国普林斯顿大学等也编制了引文索引。1985 年，中国科学院文献情报中心研制成功《中国科学引文索引》，之后，中国科技信息研究所也研制出《中国科技论文与引文数据库》。1998

笔记

年,南京大学的邹志仁等研制成《中文社会科学引文索引》(CSSCI)。清华同方光盘股份有限公司分别与中国科学院文献情报中心、中国社会科学院文献情报中心合作,研制成电子版的《中国科学引文数据库》(CSCD)、《中国人文社会科学引文数据库》(CHSSID)。清华同方把这两个数据库与创建的其他数据库(如《中国科学计量指标数据库》等)一起,成立"中国文献评价网"。中国的引文索引及其数据库的建设已经具有其规模。

(三)引文索引的功能及原理

1. 引文索引的功能　标引词的选择可以是题名、作者、刊名等。引文索引以语义稳定的引文作为文献的标引词,建立起能够展示文献之间的内在联系的索引系统。因此,引文索引挣脱了传统文献检索的桎梏,更打破了传统学科分类的界限。

引文索引有两种功能:情报检索功能和科学评价功能。对于一个引文索引检索工具,往往是将情报检索功能作为首要的开发重点。

(1)情报检索功能:引文索引通过论文间的相互引证与被引证的关系,使论文彼此联系而构成一个论文网,它在一定程度上揭示了科学与技术的发展过程(例如某个科学报告或者理论在哪些领域得到了证实和引用;某著者过去做什么研究,现在又在从事什么研究;某一课题的来龙去脉,它的原始作者、中间作者和新近作者又有哪些等),同时它可以帮助研究工作者了解自己著作的被引率与持续时间,估计这些成果的影响与老化情况,使学者对自己的著作有一个动态的了解。

(2)科学评价功能:引文索引的评价功能是建立在引文分析法之上的。所谓引文分析就是利用各种数学及统计学的方法和比较、归纳、抽象、概括等逻辑方法,对科学期刊、论文、著者等各种分析对象的引用或被引用现象进行分析,以便揭示其数量特征和内在规律的一种文献计量研究方法。

2. 引文索引的基本原理　引文索引的基本原理是根据文献的相互引用关系建立索引系统。文献之间的相互引用构成文献网络,即引文索引用综合循环法不断扩大检索范围,从一篇较早的论文开始,寻找引用过此文的所有文章;再以此引文作为新的检索起点,寻找引用这些论文的文章,这样就像滚雪球一样,可以掌握越来越多的相关文献。使用这种方法建立的索引系统可以检索到一批文献,且可通过不断的追溯检索,获得更多的相关文献。因此,引文索引最核心的部分是引证索引和来源索引。

(四)引文索引数据库

根据文献分散与集中规律,中外五大引文索引系统《科学引文索引(扩展版)》(SCI-E)、《社会科学引文索引》(SSCI)、《艺术与人文科学引文索引》(A&HCI)、《中国科学引文数据库》(CSCD)、《中文社会科学引文索引》(CSSCI)先后建立。

二、中国科学引文数据库

(一)概述

中国科学引文数据库(Chinese Science Citation Database,CSCD)创建于1989年,收录我国数学、物理、化学、天文学、地学、生物学、农林科学、医药卫生、工程技术和环境科学等领域出版的中、英文科技核心期刊和优秀期刊千余种。

中国科学引文数据库内容丰富、结构科学、数据准确。系统除具备一般的检索功能外,还提供新型的索引关系——引文索引。使用该功能,用户可迅速从数百万条引文中查询到某篇科技文献被引用的详细情况,还可以从一篇早期的重要文献或著者姓名入手,检索到一批近期发表的相关文献,对交叉学科和新学科的发展研究具有十分重要的参考价值。中国科学引文数据库还提供了数据链接机制,支持用户获取全文。中国科学引文数据库具有建库历史最为悠久,专业性强,数据准确规范,检索方式多样、完整、方便等特点。

笔记

（二）中国科学引文数据库的使用

中国科学引文数据库中文献的检索方式包括简单检索和高级检索、来源期刊浏览，以及检索历史的查询。简单检索中又分为来源文献检索和引文检索两部分。

1. **检索方法**　在中国科学引文索引的界面中，无论是高级检索还是基本检索，都包含两个选项卡：来源期刊检索、引文检索。其中的来源期刊检索就是一般数据库中的基本检索，读者可以根据下拉框中给出的选项来选择要检索的字段范围。如图 4-79 所示。

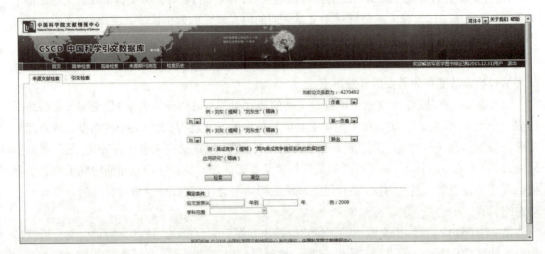

图 4-79　中国科学引文检索主界面

2. **检索结果**　输入检索词后点击"检索"即可进行检索操作，如图 4-80 所示。在"作者"中输入检索词"liu yang"，在"机构"中输入"Beijing university of Chinese medicine"后，检索结果如 4-81 所示。检索结果分为"检索结果分布"和"结果输出"两个模块。"检索结果分布"中会显示检索文献的一些统计信息，如被不同期刊收录的情况、时间、年份、作者等；"结果输出"中会显示具体的文献信息，点击打开后可阅读文献的具体内容。

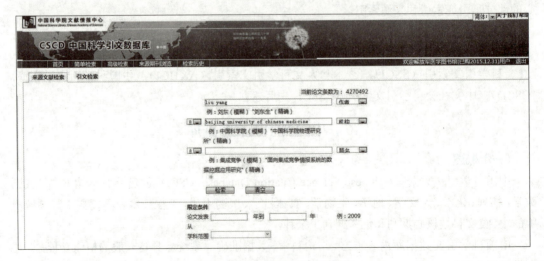

图 4-80　基本检索界面

进行引文索引检索时，同样是在制订的框中填写字段信息，如在图 4-82 中输入作者为"刘洋"、机构为"北京中医药大学"。那么完成检索后，会出现该作者的所有文章，需勾选出其中几项，完成引文索引检索，可以检索出引文所选文献的论文，结果见图 4-83。

笔记

图 4-81　基本检索结果界面

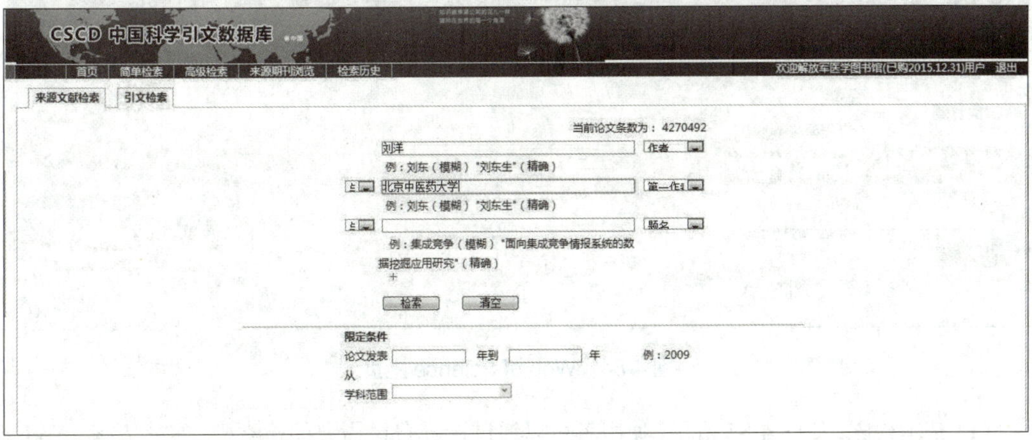

图 4-82　引文检索结果界面

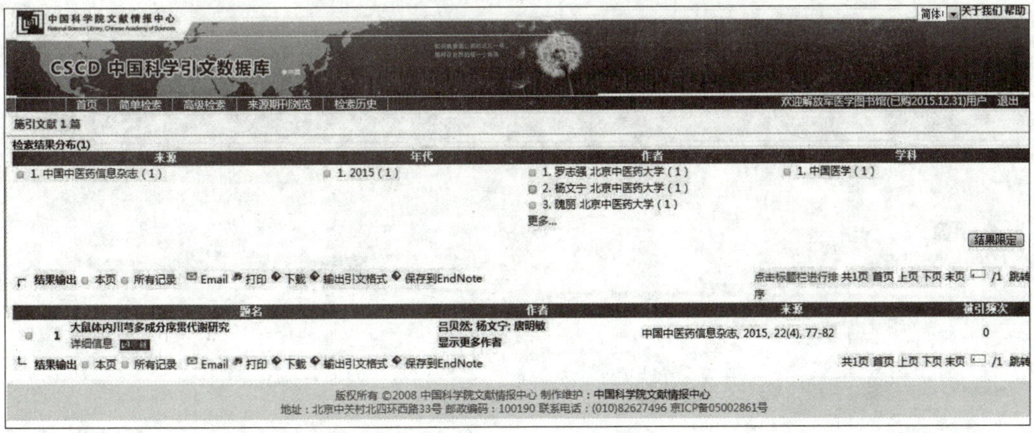

图 4-83　引文检索界面

三、Web of Science 数据库

（一）概述

Web of Science 是大型综合性、多学科、核心期刊引文索引数据库，包括三大引文数据库，即科学引文索引（Science Citation Index，简称 SCI）、社会科学引文索引（Social Sciences Citation

笔记

Index，简称 SSCI）、艺术与人文科学引文索引（Arts & Humanities Citation Index，简称 A&HCI））和两个化学信息事实型数据库（Current Chemical Reactions，简称 CCR 和 Index Chemicus，简称 IC），以及科学引文检索扩展版（Science Citation Index Expanded，SCI-E）、科技会议文献引文索引（Conference Proceedings Citation Index-Science，CPCI-S）和社会科学及人文科学会议文献引文索引（Conference Proceedings Citation index-Social Science & Humanities，CPCI-SSH）3 个引文数据库，以 ISI Web of Knowledge 作为检索平台。除此之外，Web of Science 提供多个数据库联合检索的功能，上一节提到的中国科学引文数据库也包含在其中，使用者也可以在这些数据库中进行选择。

（二）Web of Science 的使用

1. 检索方法　Web of Science 拥有比较简洁的界面，其特有的功能就是被引文献检索，但也同样支持普通检索以及高级检索。在 Web of Science 主页的右上角有多种语言可以供选择，如图 4-84 所示。

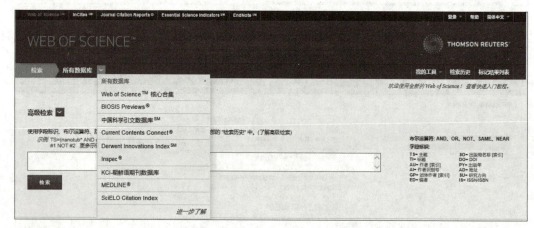

图 4-84　Web of Science 主页

（1）基本检索：如图 4-85 所示，使用者可以通过选择自己需要的检索模式进行检索，Web of Science 提供的检索模式一共有 3 种：基本检索、被引参考文献检索、高级检索。在基本检索选项中，读者可以通过调整需要检索的字段范围进行搜索。

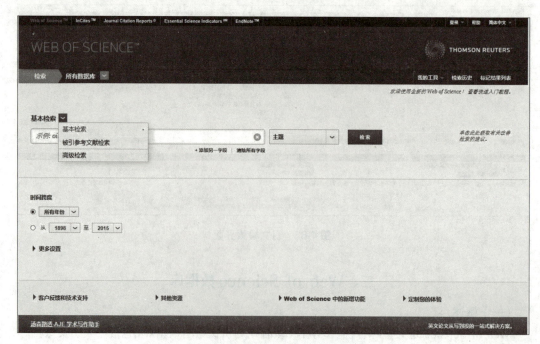

图 4-85　Web of Science 基本检索页面

笔记

　　（2）高级检索：选择高级检索后，可以进入如图 4-86 所示的界面。在 Web of Science 中的高级检索不提供多种字段范围的选择，而是需要使用者根据布尔逻辑符号对检索词自行进行编写，这和普通数据库的专家检索相似。在高级检索界面的右侧是一些常用的布尔逻辑符，使用者可以参考这些符号进行编撰。界面的下方，Web of Science 提供了一些对查找范围的限定如时间的限定，以及在更多设置中的功能。Web of Science 可以为您自动保存检索记录，方便查看。

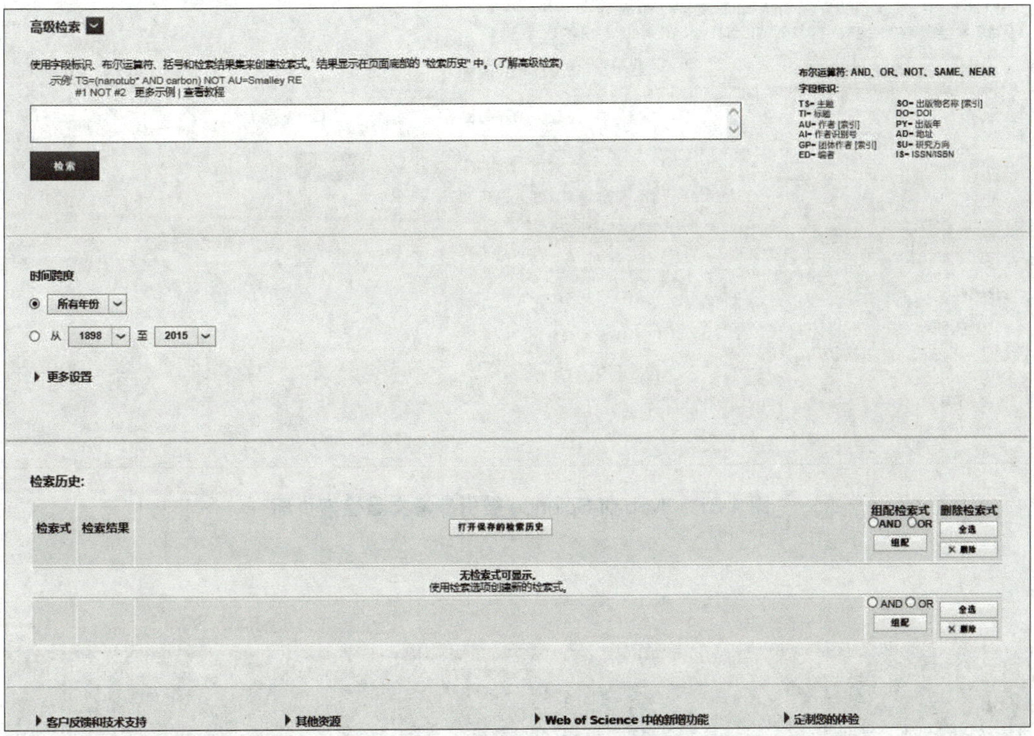

图 4-86　Web of Science 高级检索页面

　　（3）被引参考文献检索：Web of Science 的引文索引功能是一个亮点，加之 Web of Science 收录的文章都是权威性的、有影响力的，所以用 Web of Science 进行引文分析或一个学科发展的分析，可以获得具有说服力的证据。被引参考文献检索的页面如图 4-87 所示，被引参考文献检索提供 3 个可选字段范围，包括作者、年份、出版商、期刊等。读者可以通过对字段的限定进行检索，当满足这些检索词要求的有多篇文章时，Web of Science 会提供相似的所有选项供你选择，如图 4-88 所示。选中需要的文章之后，单击完成检索，出现的检索结果中就是引用了这篇文章的所有文献，如图 4-89 所示。

　　2. 检索结果　Web of Science 的 3 种检索的检索结果都如图 4-89 所示，在页面的左侧可以通过选择研究领域或者研究方向对检索结果进行更加精确的筛选。每一篇文章的右侧都有这篇文章的被引次数，读者可以继续通过检索引用这些文章的文献进行引文分析。

　　每篇文章的下方有两个选项：出版商处的全文、查看摘要。点击查看出版商处的全文，Web of Science 会自动连接到出版该文章的杂志，读者可以通过自己的权限下载后者在线浏览。读者也可以直接单击查看摘要，在 Web of Science 的界面上直接查看，如图 4-90 所示。

笔记

图 4-87　Web of Science 被引参考文献检索页面

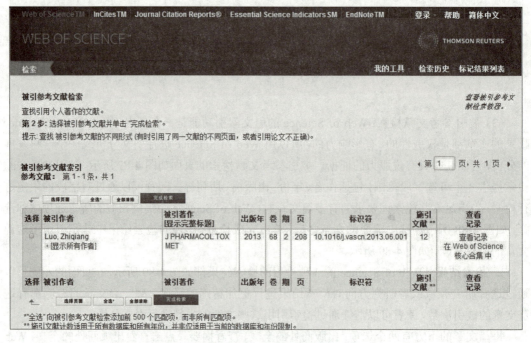

图 4-88　被引参考文献检索选择界面

笔记

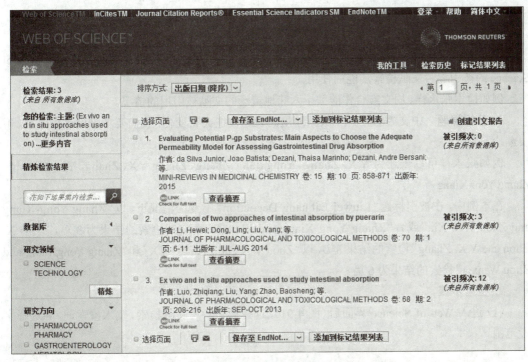

图 4-89　检索结果界面

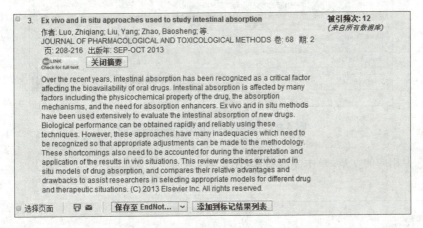

图 4-90　检索文献摘要

四、其他引文数据库

Google Scholar 是世界上最强大的搜索引擎公司 Google 推出的学术搜索工具。Google 学术搜索实际上是一个文献检索服务，通过 Google 学术搜索能够查找到这些学术资料的报告、摘要及引用内容，但是想要获得这些资料的原文，就必须去这些内容的提供商处下载。Google Scholar 的一大亮点是提供引文链接，它通过自动分析和摘录引文，将相关数据库内文献的引用次数以及搜索的结果进行排名，用户点击记录下方的"cited by"即可搜索引用文献。并且 Google Scholar 的检索语种范围不局限于英语，还包括其他各种语种。正因为如此，有学者提出用 Google Scholar 进行引文分析。虽然 Google Scholar 具备了作为一个引文分析工具的基本素质，但同时 Google Scholar 引文没有完全包含 Web of Science 引文，并且由于其自身的局限性（文献引用频次错误的问题等），因此 Google Scholar 代替 Web of Science 成为学术引文分析工具为时尚早。

笔记

五、检索实例

Web of Science 的基本检索功能以及高级检索功能就不多加叙述了，下面主要介绍 Web of Science 的被引参考文献检索功能的使用。

例如检索张永祥、周文霞合作的关于六味地黄汤的文献被引用的情况。

1. **分析课题**　中文姓名在外文数据库里的表达往往会有变化，我们要考虑到这个问题，不要漏检。

例如张永祥可以表述为 Y.X. Zhang、Yongxiang Zhang、Zhang YX、Zhang，Yong-Xiang、Zhang YongXiang。

在本例中，在被引标题"Liuwei Dihuang Decoction"不变的情况下，以"Zhang Yong-Xiang and Zhou Wen-Xia"或者"Zhang Yong Xiang and Zhou Wen Xia"检索的结果为 3 篇，以"W.X. Zhou and Y.X. Zhang"检索的结果为 0，以"Zhou WX and Zhang　YX"和"Zhang YongXiang and Zhou Wenxia"检索的结果为 6 篇。

2. **检索步骤**

（1）进入 Web of Science 界面后（图 4-91），选择被引参考文献检索，输入检索词，并选择字段范围。

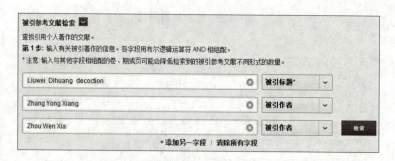

图 4-91　被引参考文献基本检索界面

（2）选中相应的文章，单击完成检索（图 4-92）。

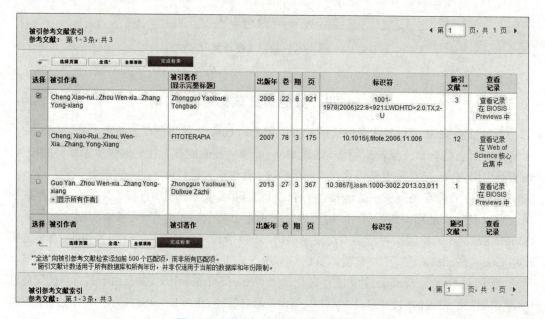

图 4-92　被引参考文献检索选择界面

（3）查看检索结果，如图 4-93 所示。

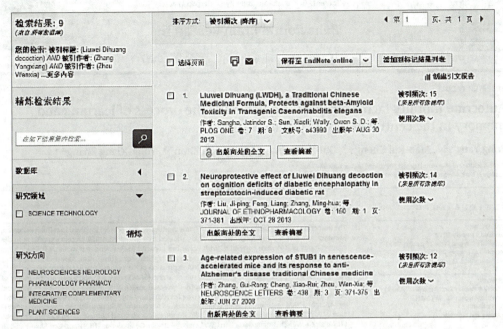

图 4-93 检索结果界面

（4）查看摘要，如图 4-94 所示。

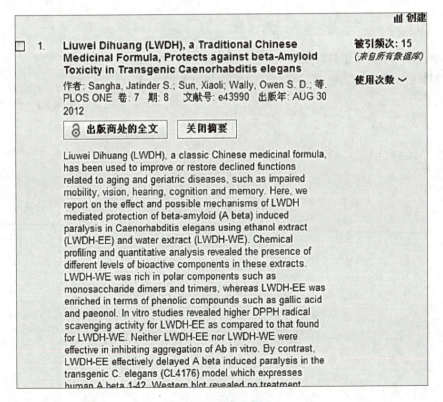

图 4-94 摘要界面

（5）查看全文，如图4-95所示。

Contents lists available at SciVerse ScienceDirect

Behavioural Brain Research

journal homepage: www.elsevier.com/locate/bbr

Research report

Autocrine motility factor receptor is involved in the process of learning and memory in the central nervous system

Yong Yang[a,b,1], Xiao-Rui Cheng[a,1], Gui-Rong Zhang[a], Wen-Xia Zhou[a,*], Yong-Xiang Zhang[a,*]

[a] Beijing Institute of Pharmacology and Toxicology, Beijing 100850, China
[b] College of Basic Medical Sciences, Shandong University of Traditional Chinese Medicine, Jinan 250355, China

ARTICLE INFO

Article history:
Received 5 January 2012
Received in revised form 17 January 2012
Accepted 23 January 2012
Available online 31 January 2012

Keywords:
Autocrine motility factor receptor (AMFR)
Autocrine motility factor (AMF)
Hippocampus
Learning and memory

ABSTRACT

The autocrine motility factor receptor (AMFR) is a multifunctional protein involved in cellular adhesion, proliferation, motility and apoptosis. Our study showed that increased AMFR protein expression in the hippocampus of KM mice correlated with enhanced capacity for learning and memory following the shuttle-box test and was significantly elevated in the highest score group. Also, AMF and AMFR mRNA expression positively correlates with the mRNA expression of the synapse marker synaptophysin (Syp). Aging studies in the senescence-accelerated mouse strain (SAM) prone/8 (SAMP8), an animal model of Alzheimer's disease (AD), revealed significantly decreased mRNA and protein expression of AMF and AMFR in the hippocampus. This is especially true for AMFR and AMF protein expression compared with age-matched SAM resistant/1 (SAMR1) mouse strain as the control. Additionally, the low mRNA expression of AMFR could be up-regulated by the four nootropic traditional Chinese medicinal prescriptions (TCMPs): Ba-Wei-Di-Huang decoction (BW), Huang-Lian-Jie-Du decoction (HL), Dang-Gui-Shao-Yao-San (DSS) and Tiao-Xin-Fang decoction (TXF). AMFR protein expression could be up-regulated by two TCMPs, Liu-Wei-Di-Huang decoction (LW) and BW. This indicated that AMFR is involved in the process of learning and memory in the central nervous system. These results may provide useful clues for understanding the etiology of AD.

图4-95　全文界面

六、实　习　题

1. 学会使用引文索引数据库。
2. 理解引文索引的功能，并学会查找引用某篇文章的文献。

（刘　洋　万晓霞　钱爱民　李　潜）

第五章 药学特种文献检索

特种文献是指除图书和期刊以外的科技资料文献，这类文献资源的集合形成了特种类型的药学信息资源。其按出版的形式和内容的差异大致可分为以下几种：专利文献、学位论文、会议文献、标准文献、科技报告（技术研究报告）、政府出版物、产品说明书、科技档案等。

第一节 专利文献资源检索

一、专利及专利文献的基本知识

（一）专利

1. **专利的定义**　专利的定义通常包含3层意思：一是指专利权，即由国家授予的对某项发明创造的独占支配权。申请专利，也就是申请授予此项权利。二是指专利发明，即取得专利权的发明创造。引进专利，就是获取受专利保护的某项发明创造的使用权。三是指专利文献。查专利，就是查找记录发明创造内容的专利说明书和其他专利文献。

2. **授予专利权的条件**　一项发明创造要想获得专利权，必须具备以下3个基本条件。

（1）新颖性：新颖性指申请专利的发明必须是未见报道的。有3种不同类型的新颖性：一是世界新颖性或称绝对新颖性，即发明在申请日以前在世界范围内未在出版物上公开发表或以其他方式为公众所知，也未被公开使用；二是本国新颖性或称相对新颖性，即发明在本国范围内未公开发表或公开使用；三是混合新颖性，即在世界范围内未公开发表、在本国范围内未公开使用的发明都具有的新颖性。我国专利法采用的就是第三种新颖性。

（2）创造性：创造性是指申请专利的发明和现有技术相比，具有突出的实质性特点的进步；实用新型有实质性特点的进步。所谓实质性特点，就是本质上有一定区别，而且这种差异对所属技术领域的普通技术人员来说是显而易见的。

（3）实用性：实用性是指申请专利的发明或者实用新型能够制造和使用，并且能够产生积极的效果。

1984年3月12日，第六届全国人大常委会第四次会议审议通过了《中华人民共和国专利法》。1985年4月1日，专利法正式实施，从此揭开了中国专利事业以至整个知识产权事业发展史上的一个新篇章。

《专利法》第二十五条明确规定，对下列各项不授予专利权：①科学发现；②智力活动的规则和方法；③疾病的诊断和治疗方法；④动物和植物品种；⑤用原子核变换方法获得的物质。科学理论、科学发现这类抽象的东西既不能用工业方法制造出来，也不能直接转化为商品，因此不具备工业实用性，不能授予专利权。另外，对违反国家法律、社会公德或者妨害公共利益的发明创造，也不属于专利权保护的范围。

3. **专利的优先权**　优先权是《保护工业产权巴黎公约》规定的一种优惠权利。是指同一发明首先在一个缔约国正式提出申请后，在一定期限内再向其他缔约国申请专利时，申请人有权要求将第一次提出的申请日期作为后来提出的申请日期。公约规定的上述优先权期限，发明和实用新型专利为1年，外观设计专利为6个月。规定优先权可以使专利发明人在向国外技术申请时，不至于因为其他人在优先权期限内公开和利用该发明创造，或者提出同样的申请而丧失

笔记

145

申请专利的权利。

　　一件发明第一次申请的国家称为优先申请国，第一次申请的日期称为优先申请日期，第一次申请国的申请号称为优先申请号。这3项统称为国际优先权，简称优先权。我国已于1985年3月加入巴黎公约，我国的申请人向公约缔约国提出申请时，同样可以享有优先权。

　　4. 专利权的终止和无效　专利权是有一定期限的。我国专利法规定，发明专利权的期限为20年，实用新型专利权和外观设计专利权的期限为10年，均自申请日期起算。规定期限届满，专利权终止，这是专利权的正常终止。如果专利权人认为，由于新技术的出现，或者由于该专利技术的实施状况不佳，已经不存在维护其专利权的价值，这时专利权人也可以考虑在期限届满前自动放弃，提前终止其专利权。专利权不按照规定交纳年费，或者书面声明放弃其专利权，都可以达到这种目的。

　　实际上，专利权正常终止的情况是很少的，多数情形是在专利权期限届满前专利权人采取措施使专利权提前终止。据发达国家统计，专利权的平均寿命为9年左右。

　　专利权无效。除专利权的终止外，另一种情况是宣告无效。我国专利权法规定，在专利局公告授予专利权之日起满6个月后，任何单位或个人认为该专利权的授予不符合专利法有关规定的，都可以请求专利复审委员会宣告该专利权无效，即视为从一开始就不存在该专利权。

　　5. 专利的种类　发明创造是专利法保护的对象。根据发明创造的性质，通常将专利分为发明专利、实用新型专利和外观设计专利3类。

　　（1）发明专利：发明专利是指对产品、方法及其改进所提出的新的技术方案。一般是指通过利用自然规律对特定技术问题的解决方案。绝大多数新药发明均属于发明专利。

　　（2）实用新型专利：实用新型专利是指对产品的形状、构造及其结合所提出的适于使用的新的技术方案。实用新型与发明专利的区别在于，前者只保护具有一定形状的产品发明，方法发明不属于实用新型保护的范围。另外实用新型的技术水平和创造性要低于发明专利。实用新型专利的授予不需经过实质性审查，专利权保护期限也较短。制药工业中的片层制剂属于实用新型专利。

　　（3）外观设计专利：外观设计专利是指对产品的形状、图案、色彩或其结合所作出的富有美感，并适于工业上应用的新设计。这种设计是产品的装饰性和艺术性的外表。一件外观设计专利只保护所申请的产品，如果有人将其用于其他产品上，不视为侵犯外观设计专利权。例如将地毯上的图案用在医药包装上不算侵权。

　　世界上绝大多数国家只实施发明专利和外观设计专利。也有个别国家涉及其他类型的专利，如美国的实物专利、法国的医药专利等。我国设置上述3种专利。

　　（二）专利文献的基础知识

　　1. 专利文献的概念　专利文献是专利制度的产物，是实行专利制度的国家及国际性专利组织在审批专利过程中产生的官方文件及其出版物的总称。狭义地说，是指专利说明书，也包括申请批准有关发明的其他类别的文件，如发明证书等；从广义来说，除了上述几种说明书外，也包括专利机构出版的各种检索工具，如专利公报、专利文摘、专利题录及专利分类表等。现根据上述对专利文献的定义将专利文献做简单分类：

　　　　　　　　　　　⎧ 专利的一次文献（专利说明书）
　　专利文献 ⎨ 专利的二次文献（专利文摘及专利题录）
　　　　　　　　　　　⎩ 专利的分类文献（分类表及类目索引）

　　2. 专利文献的特点

　　（1）内容广泛：各个国家的专利法规定，无论任何人发明或发现任何新的和有用的方法、机器、产品、物质成分，甚至外形、包装，都可获得专利。目前全世界每年公布的发明专利说明书约100万件，其内容包罗万象。有关药学领域的专利也极为广泛，包括化学合成药物的制备专利、生物制药专利、药物中间体的制备专利、药剂专利、中药有效成分的提取专利、保健器械专利及药品包装专利等。

（2）内容详尽：各国的专利法规定，专利说明书的编写应当达到一般内行人能据以实施的程度。专利合作条约（Patent Cooperation Treaty）规定专利说明书的撰写应包含下述六部分：①发明所属的技术领域；②技术发展背景；③发明的技术实质及细节；④发明应用的最佳方案；⑤工业实施的条件（含实施例）；⑥附图及说明。

由此可以看出，专利文献的内容比其他文献更为具体，具有更强的实用性。

（3）反映新技术早于其他文献：大多数国家的专利局在由易到难的同样发明有多个申请案时，是根据"先申请原则"将专利权授予最早的申请人。因而一般人都是在发明即将完成之时尽快去办理专利申请，这就促使专利文献反映新技术比较快。历史上有好多项重大发明在专利文献上出现要远远早于其他科技文献。

（4）完整性及系统性强：专利文献内容的完整性、系统性很强，可用于进行科技战略的预测。出于竞争的需要，企业对其产品和工艺发展的每一方面和环节，哪怕是极微小的细节，都采取谋求专利保护的政策。因此，如果把某一项技术的所有专利说明书收集起来，就等于是一部技术发展史。

（5）法律作用强：专利文献是实施法律保护的文件。专利说明书中所公布的"权利要求"和有关著录项目具有法律效力，专利文献全面地反映了一项技术的法律状态。

（6）大量的重复报道：一件专利的专利权仅在该申请国家受到保护。为了取得更多国家的保护，不少发明在若干国家中申请。有一些价值较大、市场潜力大的发明，先后在十几个甚至二十几个国家提出申请。目前，世界各国每年公布的专利文献约 100 万件，其中一半以上是重复报道的。这种内容重复的专利文献为读者选择自己所熟悉的语种提供了方便。

3. 专利说明书代码 按照"专利局间情报检索国际合作巴黎联盟委员会（ICIREPAT）"制定的专利著录统一代码（INID），说明书必须有自己统一的格式，故识别每份专利说明书上的各种代码对整理、加工、检索不同文种的专利文献尤为重要。

每件专利说明书的代码含义如下：

（10）文件证别

（11）文献号（包括专利号）

（12）文献种类的简述

（19）国别（ICIREPAT 国名缩写）

（20）国内登记项

（21）申请号

（22）申请日期

（23）其他日期（如呈交临时说明书后再呈交正规说明书的日期）

（30）国际优先项

（31）优先权申请号

（32）优先权申请日期

（33）优先权申请案提交的国家名称

（40）披露日期

（41）未经审查和未获批准专利权说明书提供公众阅览或应要求复制的日期

（42）经审查但未获批准专利权说明书提供公众阅览或应要求复制的日期

（43）未经审查和未获批准的专利权说明书的出版日期

（44）经审查但未获准专利权的说明书的出版日期

（45）获准专利权的说明书的出版日期

笔记

（46）以印刷或类似方法出版文献的权限部分

（47）文献根据请求通过复制以供公众利用的日期

（48）说明书权限部分公布日期

（49）获准专利权的说明书提供公众阅览或要求复制的日期

（50）技术项

（51）国际专利分类号

（52）本国分类号

（53）国际十进制分类号

（54）发明名称

（55）主题词

（56）不包含在叙述的正文之内而单独列举的有关先前技术的文献目录

（57）摘要或权项

（58）审查时所核查的范围（即专利局在审查此项申请案时所查过的几个类别）

（60）法律上有关联的文件

（61）被补充的专利

（62）被划分的专利

（63）被续接的专利

（64）被修订的专利

（70）与文献有关的识别

（71）申请人

（72）发明人

（73）受权人（专利所有者）

（74）律师或代理人

（75）发明人兼申请人

（76）发明人兼申请人和受让人

（三）专利文献的分类

1. 专利文献的分类原则   当今世界各国公布的专利文献每年以 100 万件的速度增长，其中 20%～25% 是关于化学、化工、医药方面的专利文献。如何开发利用数量如此巨大的专利文献，从 19 世纪中叶开始，许多国家就开始探讨这个问题，并相继建立了适合本国使用的专利分类体系。随着国际间科学技术交流和贸易往来的日益频繁，国际专利申请案数量的日益增多，对于专利申请新颖性的审查，除需要检索本国的专利文献外，还需检索其他国家的专利文献。专利文献的数量庞大、涉及的专业面广，只有进行科学的分类管理，才能便于检索、使用。这样就需要有一个国际统一的分类原则来制定统一的分类体系。目前国际上现有的分类原则一般有 3 种。

（1）功能分类原则：该原则是根据发明的内在性质或功能将发明进行分类。美国就是以"最接近的功能"为分类基础来进行分类的。

（2）应用分类原则：该原则是根据发明的用途、使用方法或应用范围进行分类的。英国德温特公司编制的专利分类表就属于这一种。

（3）混合分类原则：该原则是把上述两项原则相结合，以功能分类为优先。国际专利分类法就是按此原则编排的。

2. 专利文献的分类体系   现有的专利分类体系主要有有 5 种：①国际专利分类体系（IPC）；②美国专利分类体系（USPC）；③欧洲专利分类体系（ECLA/ICO）；④日本专利分类体系（FI/F-Term）；⑤合作专利分类体系（CPC）。

目前,世界上除英、美等少数几个国家外,大多数国家都采用国际专利分类体系。我国所使用的也为国际专利分类系统。前 4 种专利分类系统各自都存在一定的局限性,没有一个全球性的专利分类系统以满足世界范围内各种对专利检索的需求。2013 年 1 月 1 日,欧洲专利局(EPO)和美国专利商标局(USPTO)共同启用"合作专利分类体系"这一用于专利文件的全球分类系统。CPC 的引入,为专利分类提供了一个"全球性"的专利分类系统,同时也推进了共同混合型分类(CHC)的发展。

3.《国际专利分类表》(International Patent Classification,IPC) 《国际专利分类表》(IPC分类)是根据 1971 年签订的《国际专利分类斯特拉斯堡协定》编制的,是目前唯一国际通用的专利文献分类和检索工具,为世界各国所必备。在问世的 40 多年里,IPC 对于海量专利文献的组织、管理和检索作出了不可磨灭的贡献。

《国际专利分类表》用英文和法文两种文本出版,两种版本具有同样的权威性。根据斯拉斯堡协定,分类表的正式版本不可以采用中文、捷克文、德文等,并可翻译成其他文种印刷出版。我国出版有中译本《国际专利分类表》,分 9 个分册,第一至第八册覆盖了可以申请专利的全部技术领域,第九分册为《国际专利分类表》的《使用指南》。

《国际专利分类表》采用了等级列举的分类系统,将主要技术主题按递降次序分成不同的等级,即部分、大类、小类、大组,逐级分类,形成完整的分类体系。其编排结构为层层隶属,纵向展开,逐级细分,层次清晰,容易理解。国际专利分类的标记符号采用了字母与数字混合编排的方法,并采用了层累制与顺序制相结合的编排体系。即大组以上的类目采用层累制,大组以下的类目采用顺序制编排。这样既可避免标记符号冗长难以辨认,又可判断出类目的等级。第5 版的国际专利分类表共分 8 个部,每个部都是一个独立的技术领域,部下共分为 20 个分部、118 个类、63 678 个组。

(1)部:IPC 的最高一级类目是部,其有 8 个部,其类号分别用大写英文字母 A、B、C、D、E、F、G 和 H 表示。每个部的类名概括地指出属于该部范围内的内容,8 个部的类名如下。

A:人类生活需要(农、轻、医)

B:作业,运输

C:化学,冶金

D:纺织,造纸

E:固定建筑物(建筑、采矿)

F:机械工程,照明,加热,武器,爆破

G:物理

H:电技术

(2)分部:分部是构成部的一些情报性分类标题,由一个或几个单词组成。分部没有类号,只列出标题。如 A 部中设有农业;食品、烟草;个人或家用物品;保健、娱乐 4 个分部。

(3)大类:大类是 IPC 的二级类目。每一部分成许多大类。每一个大类的类号由部的类号及在其后加上两位数字组成。每一类的类名表示该类包括的内容。如:

A61 医学或兽医学,卫生学

某些大类有索引,是对该大类内容的一种情报性概要。

(4)小类:小类是 IPC 的三级类目。每一个大类包括一个或多个小类。每一个小类的类号由大类的类号加上一个大字字母组成。小类的类名尽可能确切地表明小类的内容。如:

A61K 医用、牙科用或梳妆用的配制品

某些小类有索引,是对该小类内容的一种情报性概要。

(5)组:每一个小类细分成许多组,其中又分成大组和小组两种。每组(大组或小组)的类号由小类的类号加上用"/"分开的两个数组成。

笔记

1）大组：大组是 IPC 的第四级类目。其类号由其上属的小类类号加上一个 1～3 位数字以及"/00"组成。大组的类名明确表示检索发明有用的主题范围。如：

A61K30/00　含有机有效成分的医药配制品

2）小组：小组是大组的细分类，第一级以下的类目统称为小组。其类号在大组类号的基础上，将斜线后面的 00 改为至少两位的其他数字。小组的类名明确表示检索属于该大组范围之内的一个主题范围，小组的类名前加上一个或几个圆点来进一步细分类，以表示该小组的等级位置。如：

A61K 31/135　氟西汀肠溶微丸

综上所述，一个完整的分类号由代表部、大类、小类、大组或小组的符号构成。

4. 合作专利分类（CPC）　CPC 与 IPC 的分级方式相同，也是按 5 级分类：部、大类、小类、大组、小组。部以下的分类阶段性调整、增加。CPC 形式为部（1 个字母）大类（2 个数字）小类（1 个字母）大组（1～4 个数字）/小组（2～6 个数字）。其分类符号构成如图 5-1 所示。

<classification-symbol>	1	section	A,....,H and Y
	2.3	class	01,....,99
	4	subclass	A,....,Z
	5 to 8	main group	1,....,9999 right aligned
	9	separator	/("slash")
	10 to 15	subgroup	00,....,999999
	16 to 19	n.a.	trailing spaces

图 5-1　CPC 分类符号构成

CPC 部的构成与 IPC 基本类似，但增加了一个新的部类 Y，该部类涉及新兴发展的技术以及跨越多个 IPC 领域的技术。其完整的分类符号需包括部、大类、小类、大组或小组的符号，如图 5-2 所示。

CPC 具有比 IPC 更多的细分，目前 CPC 分类系统具有大于 250 000 个细分。CPC 是符合 IPC 标准的细分，大部分是直接源于当前的 IPC 项，其与 IPC 的关系如图 5-3 所示。IPC 是唯一在世界范围内使用的专利分类系统，CPC 与之兼容，这将确保 CPC 在国际范围内的使用和推

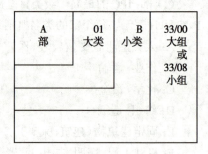

图 5-2　CPC 完整分类符号构成

广。目前，专业提供 CPC 信息、更新、介绍的网站如 www.cpcinfo.org 上提供 PDF 版本的分类表及分类规则的下载，以及 CPC 动态新闻（图 5-4）。

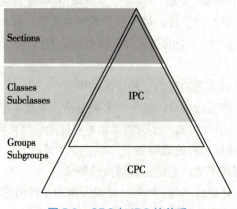

图 5-3　CPC 与 IPC 的关系

笔记

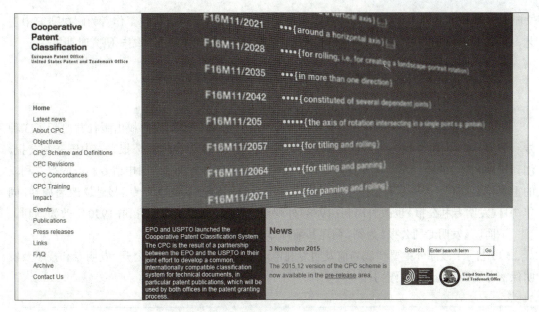

图5-4　CPC网站主页

（四）专利文献检索的意义

1. 了解国内外同行的最新技术水平，获得世界最新研究技术情报，力求创新，避免侵权。专利文献中所反映的技术资料内容具有新颖性、先进性与实用性。申请专利的发明须具有世界范围内的新颖性，而且世界各国的发明项目都按专业分类与时间顺排，统一管理，各国间资源共享。新药品、新医疗技术、新医疗器械、研制技术首先在专利文献中发表。因此，这方面的拟立题研究项目开始前，应先调研国内外的专利文献，可了解相关学科专业领域的国内外同行在有关专利项目上的研究水平。

2. 为引进国外的先进工艺技术服务，解决专利纠纷。凡是先进的工艺技术基本上都涉及专利问题。引进国外的先进工艺技术或出现专利侵权纠纷时查阅专利文献，其目的有3方面。

（1）选择工艺最先进的技术：由于不同厂家生产的同一种产品往往各有专利，因此，在引进国外的先进技术时，先要对所需要的技术或产品进行全面的专利文献调研、分析、对比，从中选出设计工艺最先进、适合我国国情而价格合理的技术。

（2）防止技术欺诈：拟从国外引进技术或设备，先需对其进行一番专利文献调研，摸清是否申请过专利，是仍处于法律保护状态，还是已丧失其专利权限。对此做到心中有数，以防国外厂商谈判时的欺诈行为。

（3）解决专利侵权纠纷：当我方的一种新产品问世，而且经济效益不错时，也许会遇到国内外商家提出侵权起诉。这时查阅专利的着眼点是该专利到中国申报专利权手续是否符合国际通行惯例？是否已被我国专利局批准授予专利权？是否按时交纳专利维持费？我方产品与其在技术方案、指标、功能等主要方面是否相同等？

3. 确定专利权法律状态，以利对策。世界上实行专利的国家有近160个。众所周知，专利技术是与一个国家的科学技术水平紧紧联系在一起的。我们的科技工作者在学习专利知识时，首先应注意学习美、日、德、法、俄等技术大国的专利法规，特别是掌握这些国家创造、发明专利保护法定期限的长短，及其计算方法；以及申请延长期限的有关规定。在此基础上，具体到查阅某一项专利文献说明书时，要注意弄清以下6点：①国内外有无此项研究专利；②申报被批准情况；③弄清专利有效或无效；④弄清专利是否提前终止；⑤专利权保护地域与技术范围；⑥视专利权法律状态采取不同对策。

4. 可从专利文献中找到借鉴或对某个部门或学科专业的技术实力进行评价与预测。专利

笔记

文献是一种技术文件，从大到小，不同学科专业的内容都有专利。科技工作者为解决研究中工艺、技术、设计上的难题，可从专利文献中找到借鉴或受到启发，从而可缩短研究时期。

二、中国专利文献检索

（一）中国专利文献检索工具

1.《中国专利公报》　中华人民共和国国家知识产权局通过知识产权出版社共出版了 3 种专利公报，即《发明专利公报》《实用新型专利公报》及《外观设计专利公报》。《中国专利公报》创刊于 1985 年 9 月 10 日，是查找近期有关技术发明或有关企业在中国申请专利或取得专利权的重要检索期刊。3 种专利公报创刊时均为月刊，1986 年起《实用新型专利公报》改为周刊，同年 7 月《发明专利公报》也改为周刊；1988《外观设计专利公报》改为半月刊，1990 年改为周刊。

下面以《发明专利公报》为例，简述其编排体例及索引。

（1）目录：该部分主要刊载当前发明专利申请公开、国际专利申请公开、发明专利授予及发明保密专利四部分的页码索引。

目录

（2）文摘或题录部分：该部分分为发明专利申请公开、国际专利申请公开、发明专利授予及发明保密专利四部分。前两部分用文摘形式报道；第三部分不再重复文献，仅用题录报道；最后一部分只报道专利号。

1）发明专利申请公开格式

[51]Int. Cl.^{6}　A61K 35/78　　　[11]公开号　CN1189353A

[21]申请号　97105657.9　　　[22]申请日　1997.1.28

[43]公开日　1998.8.5

[71]申请人　张志民

　　　地址　262102 山东省安丘市白芬子镇大山村

[72]发明人　张志民

[54]发明名称　治疗消化道肿瘤的中药组合物

[57]摘要　本发明涉及了一种治疗消化道肿瘤的中药组合物。它是由陈皮、木香、蒲公英、当归、鱼腥草、山楂、黄芩、黄连、百合、穿山甲、无花果、白茅根、威灵仙、桔梗、生姜、乌贼骨、丹参、大青叶、菊花、醋等二十一味药精制。该发明药物配方合理，生产成本低，工艺简单，对食管、贲门、大肠等消化道肿瘤具有显著疗效，无毒副作用，能显著提高人体抗癌能力。具有很高

的推广价值。

2）国际专利申请公开格式

[51]Int. Cl.^{7} A61K 31/35　　[11]公开号　CN1275381A　C07D267/14
　　　　　　　　　C07D267/16 C07D281/10

[21]申请号　98810134.3　　[22]申请日　1998.8.20

[43]公开日　2000.12.6

[30]优先权　[32]1997.8.22　[33]US　[31]08/916，575

[86]国际优先　PCT/US98/17232　1998.8.20

[87]国际公布　WO99/09991　英　1999.3.4

[85]进入国家阶段日期　2000.4.13

[71]申请人　科研制药株式会社

　　　地址　日本东京都

　　　共同申请人　分子研究所

[72]发明人　船水英典　石山信雄　池上悟　奥野正　井口洁

　　　　　　P. 黄　G. H. 洛

[74]专利代理机构　中国专利代理(香港有限公司)

　　　　　代理人　吴玉和　温宏艳

[54]发明名称　新的酰胺类衍生物

[57]摘要　本申请公开了以结构式（Ⅰ）表示的新的化合物及其药学上适用的盐和各个异构体，在人或动物中它们具有释放生长激素作用，其中A为包括脂族桥基的亲油基团，B为亲油基团，D为具有至少一个氨基或取代氨基的基团，R为氢、烷基或环烷基。

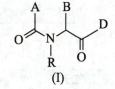

3）发明专利授予格式

Int. Cl.^{6}　C07D 221/22　　　公开号　CN 102146057 B

　　　　　A61K 31/439

　　　　　A61P 9/04

专利号　ZL20111040051.3　申请号　201110040051.3

申请日　2011.02.18　　　颁证日 2012.11.07

授权公告日 2012.11.07

专利权人　四川大学

　　　地址　610041 四川省成都市一环路南一段 24 号

发明人　王锋鹏　晁若冰　简锡贤　刘秀秀

发明名称　C$_{19}$- 二萜生物碱及其制备方法和以该化合物为活性成分的药物组合物及用途

4）发明保密专利格式

1. 保密专利权授予

国际专利分类号（主分类）	专利号	颁证日	申请日
B32B 27/16	ZL98111733.3	2000.11.30	1998.12.24
C07C 19/08	ZL96116494.8	2000.12.20	1996.08.30

所有著录均采用国际标准代码，即 INID（International Agreed Numbers for the Identification Data）代码。

（3）索引部分：索引部分分为申请公开索引和授权公告索引两部分。每部分有 4 种索引。

1）国际专利分类（IPC）索引：著录项目有 IPC 号、公开号。

2）申请号索引：著录项目有申请号、公开号。

3）申请人索引：著录项目有申请人、公开号。

4）公开号/申请号对照表（申请公开索引）或授权公告号/专利号对照表（授权公告索引）：著录项目有公开号、申请号。

发明专利公报4种索引的格式如下：

IPC 索引

IPC	公开号	IPC	公开号	IPC	公开号
A01B 79/00	CN 1275308A	A21D 2/00	CN 1275328A	A23L 1/318	CN 1275338A
A01B 79/02	CN 1275310A	A21D 2/26	CN 1276012A	A23L 1/326	CN 1275341A

申请号索引

申请号	公开号	申请号	公开号	申请号	公开号
00100071.3	CN 1275665A	00103013.2	CN 1275331A	00104653.5	CN 1275839A
00100536.7	CN 1275535A	00103049.3	CN 1275672A	00104937.2	CN 1275786A

申请人索引

申请人	公开号	申请人	公开号	申请人	公开号
四川大学	CN 10214007A	西南交通大学	CN 10217148A	AM-安全公司	CN 10219504A
四川大学	CN 10214605A	西南交通大学	CN 10217168A	AM-安全公司	CN 10219516A

公开号/申请号对照表索引

公开号	申请号	公开号	申请号	公开号	申请号
CN 1275665A	00100071.3	CN 1275331A	00103013.2	CN 1275839A	00104653.5
CN 1275535A	00100536.7	CN 1275672A	00103049.3	CN 1275786A	00104937.2

索引中的申请号为中华人民共和国国家知识产权局受理某种专利时给予该项申请的编号，2000年前采用8位数字，2000年以后均采用12位数字，例如201110040051.3。前4位数字表示申请年份；第3位数字用来区分3种不同的专利，"1"为发明专利，"2"为实用新型专利，"3"为外观设计专利；后7位数字表示当年年度其专利申请的流水号；小数点后面的尾数为计算机的校验码。

索引中的专利号为授予专利权的编号，中国专利局对此号没有另行编排，沿用其相应的专利申请号。

依据修改前的专利法，经异议授予专利权的，在专程号之后标注"*"号；经异议对已出版的公告说明书进行重大修改后授予专利权的，在专程号之后标注"**"号（并另行出版专利说明书）。

索引中的公开号、授权公告号按文献流水号的顺序编排，均采用8位数字，例如CN 10214007A。编号前冠以国际标准化组织（ISO）制定的表示国家和地区名称的国际通用代码中我国的国别代码（CN），第1位数字用来区分3种不同的专利，后7位数字表示专利申请公开或授权公告的流水号。编号后的字母进一步区分其法律状态：标有A，表示发明专利申请公开；标有B，表示发明专利授权；标有Y，表示实用新型专利授权；标有D，表示外观设计专利授权。

《实用新型专利公报》的编排方式与《发明专利公报》相似。只是实用新型专利无需经过公开阶段，所以只有"实用新型专利授权"这一部分有文摘报道。

《外观设计专利公报》的编排方式与《实用新型专利公报》相似。不同之处有两方面：第一，"外观设计专利申请公告"部分主要用图案或实物照片报道，至多只有几条简要说明；第二，分

笔记

类号索引中的分类号是国际外观设计分类号。

2.《**中国专利索引**》《中国专利索引》自 1986 年开始,逐年出版收集了自 1985 年 4 月 1 日《中华人民共和国专利法》实施以来,中华人民共和国国家知识产权局在 3 种专利公报上公布的所有中国专利信息条目。到 2015 年止,《中国专利索引》已出版了 30 版,共汇集了数百万条专利信息条目。《中国专利索引》分为《分类年度索引》和《申请人、专利权人年度索引》两个分册,从 1993 年起均改为半年出版 1 次,从 1997 年起将其改版成每季度出版 1 次。每套由《国际专利分类号索引》《申请人、专利权人索引》及《申请号、专利号索引》三部分组成。

使用本索引,无论查阅哪一种索引,读者都可以获得分类号、发明名称、申请号、专利号、申请人(或专利权人)以及卷、期号这 7 项数据,并可追踪查找专利公报、专利说明书;亦可直接从索引上浏览到某技术领域或某些相关技术范围的概况。该索引是至今提供中国专利检索应用的容量最大、最全面,且实用、方便的一种工具书;是向社会各界提供专利信息的源泉。

(1)《分类号索引》:该分册以国际专利分类号的顺序排列,分类号相同的情况下,按申请号(或专利号)递增顺序排列。

(2)《申请人、专利权人索引》:该册以申请人或专利权人的名称或译名的汉语拼音顺序排列。第 1 个字相同时,按第 2 个字排序……,依次类推;遇有同音字时,按计算机字库中的同音字顺序排列;申请人相同的情况下,按申请号递增顺序排列。

为方便读者查找,对于特殊情况,采用了灵活方便的排列方法:其一,以阿拉伯数字或英文字母等非汉字起首的,均集中排在该部分内容的最前面;其二,名称为日文汉字或计算机用《中华人民共和国国家标准信息交换用汉字编码字符集(基本集)》以外的汉字,由于其发音不易为大多数人所熟悉,计算机也不方便排序,均放在该部分内容的最后面。

(3)《申请号、专利号索引》:该分册以申请号或专利号的顺序排列。

3.《**中国药品专利**》《中国药品专利》由国家食品药品监督管理总局信息中心主办。

本刊以摘要或题录形式报道在中国申请的有关药品、医药包装等领域的发明专利和外观设计专利,并宣传国家对药品专利的方针、政策,介绍药品行政保护、医药专利实施的动态。全刊分为发明专利、外观设计专利及专利信息三大部分。全年 7 期(含年度索引),双月刊。本刊报告的申请公开的专利条目包括以下内容:国际专利分类号(主、副分类)、公开号、申请号、申请日期、优先权、申请人、地址、发明人或设计人、发明名称或外观设计名称,授权专利条目的左上角标有"**"","以示区别。

为方便读者检索,条目分类主要参照国际分类法,同时结合药品行业的特点,分为若干小类,每小类按国际专利分类法的序列排列。每期书后还附有发明专利申请公开索引、发明专利授权公告索引和外观设计专利授权公告索引。

(二)网络专利检索工具

1. **专利信息网** 中国专利除了可以使用专利公报等进行手工检索外,目前更多的检索手段是通过网络完成的,有许多网站均提供了免费的专利检索界面,但更权威和准确的是通过中华人民共和国国家知识产权局(www.sipo.gov.cn)网站,这是一个公开的政府网站,上面提供了国内所有公开和已授权的各项专利。除此之外,还可查询多个国家和地区的相关专利。图 5-5 显示的为该门户网站的首页。

在该网站的专利检索与查询页面下可查找所需的相关专利。该检索工具能提供以下功能:①检索功能:常规检索、表格检索、药物专题检索、检索历史、检索结果浏览、文献浏览、批量下载等。②分析功能:快速分析、定制分析、高级分析、生成分析报告等。③数据范围:收录了 103 个国家、地区和组织的专利数据,以及引文、同族、法律状态等数据信息,其中涵盖了中国、美国、日本、韩国、英国、法国、德国、瑞士、俄罗斯、欧洲专利局和世界知识产权组织等。④数据更新:中外专利数据,每周三更新;同族、法律状态数据,每周二更新;引文数据,每月更新。

笔记

图 5-5　中华人民共和国国家知识产权局门户网站

2. 专利数据库　万方中国专利数据库：该数据库可查询从 1985 年至今受理的全部中国专利数据信息，包含专利公开（公告）日、公开（公告）号、主分类号、分类号、申请（专利）号、申请日、优先权等数据项。现在许多大专院校和科研机构几乎都购买了该数据库的版权，可通过内部资源进行免费查询。

三、外国专利文献检索

（一）外国专利文献检索工具

1. 英国德温特出版公司的专利检索工具　英国德温特出版公司（Derwent Publication Ltd.）是英国的一家私营出版机构，其印刷型的专利检索工具具有两大系统：分国版及分类版。分国版为分国专利文献系统，分类版为世界专利索引系统。

现仅以化学专利索引报警摘要公告 CPI-B[Chemical Patents Index Alerting Abstracts Bulletin (Classitied)B: Pharmaceuticals；化学专利索引 B 辑：药物]为例介绍其检索方法。

（1）类目编排：见表 5-1。

表 5-1　CPI-B 的类目（英中对照）

分类号	英文类名	中文类名
B	pharmaceuticals	药物
B01	steroids	甾体
B02	fused ring heterocyclics	稠环杂环化合物
B03	other heterocyclics	其他杂环化合物
B04	natural products and polymers	天然产物和多聚物
B05	other organics	其他有机物
B06	inorganics	无机物
B07	general pharmaceutical	药剂学及工业药剂学

（2）著录项目：以下为 CPI-B 文摘正文的著录格式示例。

★ SEAR[1]　　B02[2]　　1999-246381/21[3]　[4]★ EP　[5]911331-A2[6]

[7]**New dibenzoxazepine derivatives useful for treating plain, asthma, enuresis, arrhythmia, diarrhea, dysmenorrhea and osteoporosis.(Eng)**[17]

[8] SEARLE & CO G D 1992. 04. 16 1992 WO-US03028[18]

(1991. 05. 03. 1991 US-695654)

(*1991. 04. 28*) *C07D 413/12, A61K 31/55, C07D 413/14*

[9] 1992. 04. 29 1999 EP-101029 Div ex 1992. 04. 29 1992 ep-107328 Div ex

1992. 04. 29 1999 EP-116872 Div ex EP512400-A（Eng）Div ex EP694546-A（Eng）R（PT）

[10] Addnl. Data: 1992-374728/46　1996-079073/09　1996-079074/09

[11] **Novelty**: Substituted dibenzoxazepine derivatives（I）are new.

[12] **Detailed Description**: Dibenzoxazepine hydrazide derivatives of formula（I）and their salts are new.

R_1=halo or CF_3: R_2=H: X=CH=CH or $(CH_2)_p$ CH=CH:R_3=H or *t*-butyloxycarbonyl; Ar=pyridyl, thienyl or furanyl（optionally having one or more H atoms replaced by straight or branched 1-6C alkyl or by an aryl group）: *m*=0～6; *q*=0～1; *p*=1～6

[13] **Activity**: Analgesic; antiasthmatic; uropathic; antiarrhythmic; antidiarrheic; gynecological; osteopathic.

[14] **Mechanism** of Action: Prostaglandin E_2 antagonist.

[15] **Use**:（I）are prostaglandin E_2 antagonists useful for treating CNS disorders. pain. asthma. enuresis，arrhythmia. Diarrhea，dysmenorrhea and osteoporosis.

[16] **Advantage**:（I）is an effective analgesic without the undesirable side effects of salicylate and salicylate-like agents e.g.gastrointestinal irritation.（27pp）[19]

C1999-072094

1）德温特给定的专利权人代码。

2）德温特专利分类号。

3）入藏号。

4）★：基本专利；=：相同专利；#：非法定相同专利，指在基本专利申请后已超过 12 个月的期限才在其他国家中申请内容的专利。其优先发明日期在法律上无效，但其发明技术仍受法律保护的专利。

5）专利号：由专利国家和地区国际通用代码及专利流水号构成。

6）专利状态。

7）德温特给定的专利题录，通常为黑体。

8）专利权人。

9）地区优先权。

10）附加信息：参见及其他专利权人。

11）专利的权项：通常为该专利在所有国家的主要权项。

12）细节描述：此部分对各发明步骤进行总结介绍，对发明的主要技术内容进行摘要。

13）活性：药物、兽药及农业化学品的生物活性。

14）作用机制：药物、兽药及农业化学品的生物作用机制。

15）用途。

笔记

16）发明内容的优势。

17）专利说明书语种。

18）国际专利分类号。

19）专利说明书总页数。

2. 其他相关的专利文献检索工具

（1）利用 CA 检索专利文献：CA 收载了大量专利文献的文摘。通常可以通过主题索引法、专利索引法及浏览法完成专利文献的检索。具体的检索方法见第四章的相关部分。

（2）利用 BA/RRM 检索专利文献：BA/RRM 从 1998 年起收载了大量专利文献的文摘。通常可以通过浏览法及主题索引法完成专利文献的检索。

（二）网络专利检索工具

国外专利还可通过各个国家的政府专利局网站进行免费检索。主要信息资源如下。

1. 美国专利商标局　网络资源 http://www.uspto.gov/。进入主页后，通过 Search for Patents 的链接进入，可检索自 1790 年至今所有公开和获得授权的专利。检索方法有快速检索、高级检索和专利号检索 3 种方式，可根据相关线索进行针对性的查询。专利下载必须安装所需的图形软件，该软件在网站上能免费下载。

2. 欧洲专利局　网络资源 http://worldwide.espacenet.com/。进入主页后，通过 Smart search 项下的两种检索方式：高级检索（Advanced search）和分类检索（Classification search），输入相关线索后，可检索欧盟多国的专利。需注意的是，欧洲专利只能在线阅读和打印，无法整篇下载。

3. 日本特许厅　网络资源 http://www.jpo.go.jp/。进入主页后，通过 Search 项下的链接进入检索界面，日本专利提供了 3 种检索模式：专利号检索、分类检索和主题检索。

四、检索实例

1. 检索有关国内二萜生物碱药物方面的专利。

（1）分析课题：本课题欲查二萜生物碱药物应用方面的专利，可选用专利数据库进行检索，此处以"中国知识产权局政府网站"检索为例。

（2）检索步骤：进入中国知识产权局政府网站，①打开专利检索与查询，进入专利检索及分析界面（图 5-6），点击"专利检索"。②进入专利检索界面，选择"表格检索"，在专利名称中输入"药物"，在关键词中输入"二萜生物碱"，点击"检索"（图 5-7）。③获取检索结果，可得到 8 条与二萜生物碱有关的药物方面的专利（图 5-8）。还可点击每项专利下的"查看文献详细信息"，进一步阅读或下载专利全文（图 5-9）。

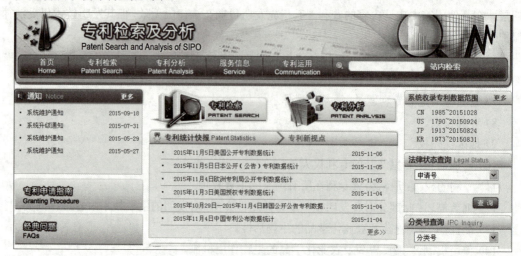

图 5-6　中国知识产权局专利检索及分析界面

笔记

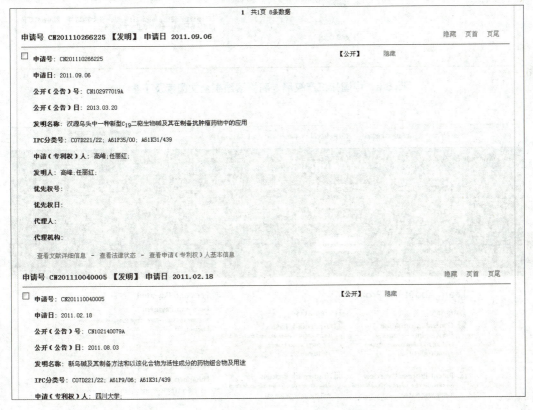

图 5-7　中国知识产权局专利检索界面

图 5-8　中国知识产权局专利检索结果显示

2. 检索有关诺华公司的一种治疗湿性老年性黄斑病变的眼科药物诺适得(Lucentis)的专利文献。

（1）分析课题：本课题欲检索美国诺华公司的眼科药物诺适得的专利文献，可选择美国专利局网站进行查询。诺适得是该药物的商品名，其主成分为雷珠单抗，是一种血管内皮细胞生长因子(VEGF)。

（2）检索步骤：进入美国专利政府网站（图 5-10），①在网站首页点击"Search for Patents"进入专利检索界面，查询专利全文（图 5-11）；②点击"Quick Search"进入专利检索对话框，在"Term 1"中输入"VEGF"，并选择范围为题目(Title)，在"Term 2"中输入"Novartis（诺华制

笔 记

药)",选择范围为专利权人(Assignee Name),然后点击"Search"(图 5-12);③获取检索结果,可得到 10 条诺华制药与该药物有关的专利(图 5-13),还可点击每条专利,进一步阅读或下载专利全文。

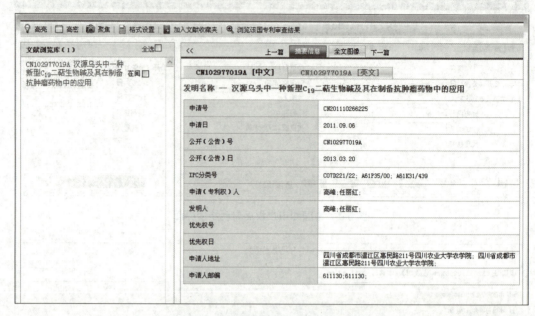

图 5-9　中国知识产权局专利检索结果全文阅读及下载

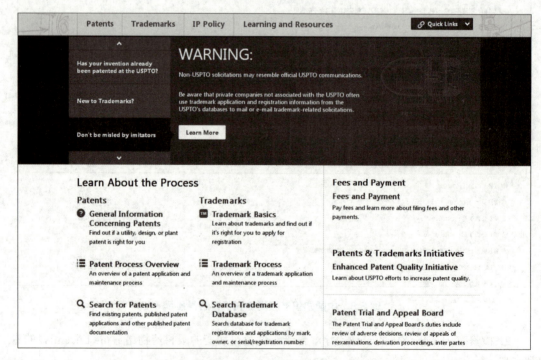

图 5-10　美国专利网站首页

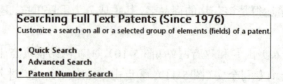

图 5-11　美国专利全文检索界面

笔记

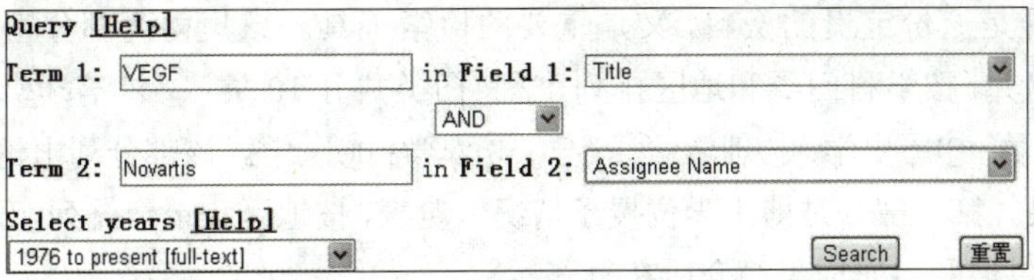

图 5-12　美国专利检索对话框

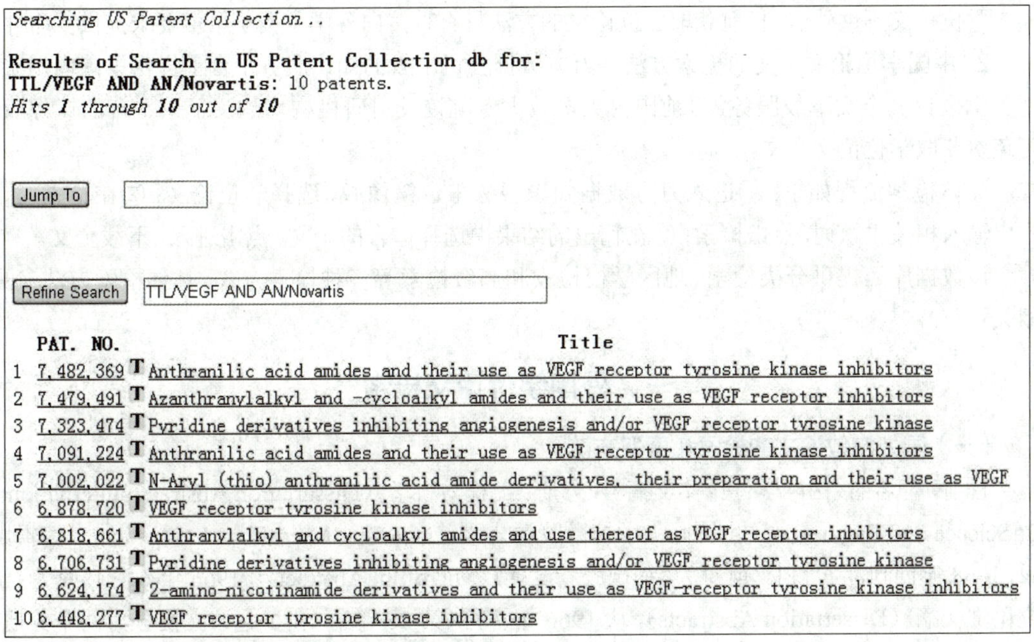

图 5-13　诺华制药有关诺适得的专利题录

五、实　习　题

1. 检索有关附子药用方面的专利文献。
2. 检索有关逆转肿瘤药物多药耐药药物方面的专利文献。

第二节　学位论文检索

一、学位论文概述

学位论文是高等院校和科学研究所的研究生和毕业生为获取博士、硕士和学士学位而撰写的论文。学位论文是学习和研究中参考大量文献,进行科学实验,总结自己的科学研究与实验结果而写成的,多属于有一定独创性的学术文献。虽论文质量参差不齐,但其往往会在某一问题的一方面进行系统的论述,故有一定的参考价值。

二、中国学位论文检索

1. 中国学位论文摘要及目录的检索方法　国内的学位论文均由各学位授予单位自己保存。有些单位不定期出版学位论文摘要集或目录,但印数有限,传播不广。

国务院学位委员会编辑的《中国博士科研成果通报》系统丛书是国内较为主要的检索工具。1991 年由北京理工大学出版社出版了第一集《中国博士科研成果通报(1981—1987)》,向国内

笔记

外发行。该集既是一份宝贵的资料，又是重要的检索工具。该集由两部分组成：第一部分是博士科研成果简介，按学科门类和地区排列，学科门类共分 10 类：①哲学；②经济学；③法学；④教育学；⑤文学；⑥历史学；⑦理学；⑧工学；⑨农学；⑩医学。该部分列出论文题目、博士生姓名和科研成果。第二部分是博士学位授予情况一览表，按地区和单位排列，列出博士生姓名、论文题目、导师姓名和科研成果简介所在页码。

万方数据公司出版的《中国学位论文数据库（CDDB）》光盘收录了我国博士后、博士和硕士研究生论文摘要。

学位论文不供外借，目前获取学位论文的方法只有直接向各学位授予单位要求提供复印件。

2. 中国学位论文全文的检索方法　万方数据公司出版的知识服务平台上提供了国内硕士、博士学位论文全文下载服务，目前国内大多数大专院校及科研机构均购买了该平台的镜像版，可免费获取学位论文全文。

具体检索流程如下：①进入万方数据知识服务平台镜像版，选择学位论文；②在检索对话框中输入相关主题词，点击检索；③在输出的结果中选择适合的论文，点击进入，下载全文。

该数据库还提供分类检索、地区学校检索和高级检索等多种检索方式，具体检索方法参见相关章节。

三、外国学位论文检索

（一）国外学位论文的检索和索取方法

目前，著名的《国际学位论文文摘 -B 分册：工程与科学》（Dissertation Abstracts International B: Science and Engineering）由国际大学缩微胶卷公司（University Microfilms International）编辑出版，1938 年创刊，为月刊。前身为《缩微胶卷文摘》（Microfilm Abstracts），1966 年 6 月起改为《学位论文文摘》（Dissertation Abstracts），从 1966 年 7 月（第 26 卷第 1 期）起该文摘分为两个分册：A.《人文与社会科学》（humanities & Social Sciences）和 B.《科学与工程》（Science and Engineering），1966 年 7 月改为现名，1976 年起增编了 C.《欧洲学位论文》（European Dissertation）分册。

该刊从 1969 年起不仅统一出版美国的学位论文摘要，而且还收录报道了美国、加拿大、法国、英国、比利时和澳大利亚及其他欧洲国家的 375 所以上的大学（占美国大学数的 95% 以上）和研究机构的博士论文。每年搜集 4000 余篇科技学位论文，如哲学博士和科学博士的学位论文，但不包括专科大学的专科学位论文。其内容多属科技方面的，约占 60%。学位论文在美国应用很广。

DAI 各辑均由正文、关键词索引和著者索引构成。DAI 的文摘部分是按照其自行编制的"主题范畴表"中的主题类目名称的字顺排列的。每篇论文的主题范畴由著者选定。

DAI 有关键词和著者索引。关键词索引按照关键词字顺排列。DAI 的关键词均出自每篇论文的题目，因此实际上是一种题内关键词索引。关键词下如果有多篇文献，再按照篇名字顺排列。篇名后给出文摘所在的页码（无文摘号）。著者索引按照著者姓名字顺排列，其后也给出文摘所在的页码和分册。

（二）数字化论文文献的获取

以高校为依托的学位论文研究组织开发的数据库 ETD（Eletronic Thesis and Dissertation）项目取得了令人瞩目的成效。从 1991 年开始，该项目就展开了电子化学位论文的研究。目前共有 125 个成员，分别来自美洲、欧洲、亚洲和非洲，包括 110 所大学和 15 个研究所。该项目中心设在弗吉尼亚理工大学（Virginia Polytechnic Institute and State University），该校已完成了学位论文电子化的网上提交、整理入库、检索和获取全文的整个过程。我们可以通过网络信息资源渠道 http://etd.vd.edu/ 获取更多的信息。

还可通过一些高校和研究所的自建数据库查阅相关论文。如 MIT 学位论文，可检索美国

笔记

麻省理工大学的部分硕士、博士学位论文。

美国电子图书馆：http://digital.library.okstate.edu/search.htm（图5-14）。

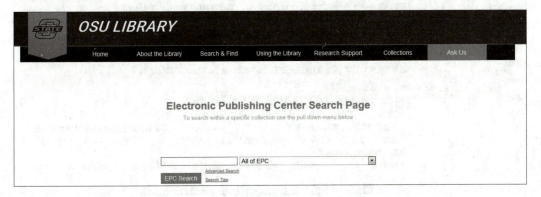

图5-14　美国电子图书馆主页

除此之外，还有一些大型的商业化数据库，如ProQuest的PQDT（ProQuest Dissertations and Theses）等。商业数据库一般收录较全，但价格昂贵。一些高校和研究机构已购买了这些数据库，为学习和研究提供了重要的参考。

四、检索实例

例如检索有关乌头属植物化学成分研究方面的学位论文。

（1）分析课题：本课题是检索学位论文，可利用万方数据知识服务平台中的学位论文数据库进行相关检索，检索有关的主题词可选择"乌头属植物"和"化学研究"。

（2）检索步骤：①首先进入万方数据知识服务平台，选择"学位"（图5-15）；②通过主题检索，可点击"高级检索"，进入检索界面，选择检索词范围为"主题"，输入检索词"乌头属植物"和"化学研究"，然后点击"检索"（图5-16）；③检索结果显示共有61篇论文与该检索课题相关（图5-17）；④阅览论文题目和摘要，选择自己需要的论文，通过点击论文题目下载论文全文。

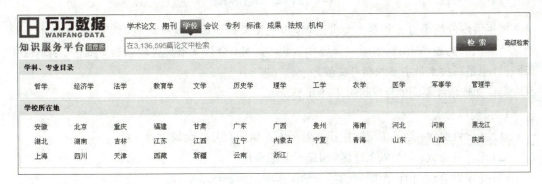

图5-15　万方数据库学位论文检索平台

图5-16　学位论文检索界面

笔记

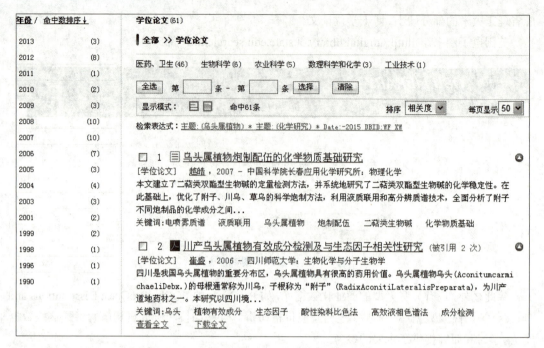

图 5-17　学位论文检索结果

五、实 习 题

1. 检索有关二萜生物碱化学研究方面的博士论文。
2. 检索有关紫杉醇全合成方面的学位论文。

第三节　会议文献检索

一、会议文献概述

每年国内外均举办各种学术专业会议,以此交流科研成果及新进展、新发现,探讨本专业领域待解决的问题,提出新的研究课题和设想。因此,会议文献具有较强的专业性、学术性和新颖性,也是科技人员主要的参考文献之一。

会议文献依照不同的标准可分下述几类。

1. 按规模分类

(1)国际性会议:这是由国际组织和若干国家组织召开的会议。

(2)地区性会议:两个以上地区、国家召开的会议。

(3)全国性会议:由一个国家的某一学术组织出面组织的会议。

(4)学会、协会会议:由某一专业学会或协会主持召开的会议。

科技会议的名称按内容性质不同,可以分为大会(congress meeting)、例会(convention)、专题讨论会(workshop)、专题讲座(symposium)、会议(conference)等。

2. 按会议的进程分类　会议文献按会议的进程可分为会前文献、会间文献及会后文献。

(1)会前文献:此为会议进行之前印发给与会者的文化合作或摘要,由会议主办单位整理、编辑与出版。

(2)会间文献:开幕词、讨论记录、会议决议、论文摘要等均属会间文献。

(3)会后文献:会议结束后出版的会议论文集、会议录等称会后文献。

笔记

二、中国会议文献检索

（一）中国会议文献手工检索工具

1.《**中国学术会议文献通报**》 该刊的前身为《国内学术会议文献通报》，由中国科技信息研究所于 1982 年创刊，1987 年改为现名，为月刊。

该刊以简介和题录形式报道我国全国性学术会议的论文。每期正文前有"目次"表，列出本期收录的会议名称及页码。下方部分按"目次"表的会议名称编排，每一会议下按顺序号列出该会议收录的会议文献。每一会议论文的著录项目有分类号、顺序号、论文名称、著者所在单位、出版物名称、出版社、出版时间、页码、文摘及馆藏索取号等。

每期以题录形式报道 1500～2000 篇国内学术会议论文。收录的内容涉及数理科学和化学、医药卫生、农业科学、工业技术、交通运输、航天航空、环境科学及管理科学等。

该《通报》由目次、题录正文和分类索引三部分组成。

目次部分按会议名称字顺序排列，著录项目有会议名称和相应页码，提供会议名称检索途径。

题录正文部分和分类索引按《中国图书馆图书分类法》分类编排。下方的排列次序为分类号→会议名称→会议论文。一般为题录，重要的会议论文才做文摘。

分类索引的检索步骤是确定检索课题的大小类目→文献题录号→文献题录正文→中国科技信息研究所的馆藏号→论文原文。

从 1990 年起，《中国学术会议文献通报》期末的主题索引改为年度主题索引，编排在每年度的最后一期上。每年的第一、第二期后附有该年度的各学会学术会议预报。

年度主题索引是按主题词的汉语拼音字母顺序排列，每一主题词后列出文献的题录号（题录号前加年份）。其检索步骤是主题词→期号和文献题录号→文献题录正文馆藏号→到中国科技信息研究所索取会议文献原文。

2.《**中文科技资料目录 - 医药卫生**》 该刊为月刊，由中国医学科学院医学信息研究所编辑。每期刊出"本期收录学术会议资料一览表"，列出会议资料名称、承办单位、会议地点及会议召开日期。

（二）中国会议文献网络检索工具

中国知网的 CNKI 数据库中提供了中国重要会议论文全文数据库服务，目前国内的大多数大专院校及科研机构均购买了该平台的镜像版，可免费获取会议文献全文。

具体检索流程如下：①进入 CNKI 数据库，选择中国重要会议论文全文数据库；②在检索对话框中输入相关主题词，点击检索；③在输出的结果中选择适合的会议论文，点击进入，下载全文。

该数据库还提供会议导航、论文集导航和主办单位导航等多种检索方式（图 5-18），具体检索方法参见检索实例。

三、国外会议文献检索

（一）国外会议文献手工检索工具

1.《**世界会议**》 为季刊，由美国世界会议信息中心（World Meeting Information Center Inc）编辑出版，是一种预报未来两年要召开的专业学术会议消息的期刊。刊登关于自然科学、工程技术、医学、社会科学等学科专业的学术会议消息，目前有 4 个分册，即：

（1）《世界会议：美国和加拿大》（World Meetings: United States & Canada），专门刊登未来 2 年内将要在美国和加拿大召开的世界性专业学术会议。

（2）《世界会议：美国和加拿大以外的国家和地区》（World Meetings: Outside United States & Canada），专门刊登未来 2 年内将要在美国和加拿大以外的世界其他国家召开的世界性专业学术会议。

笔记

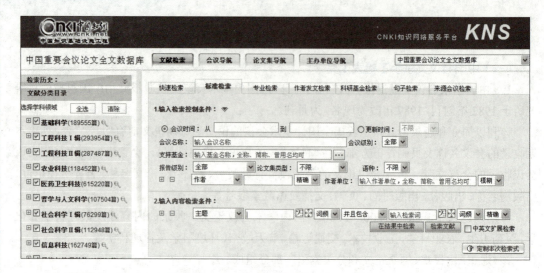

图 5-18　CNKI 数据库中会议论文检索界面

（3）《世界会议：医学》（World Meetings: Medicine），专门刊登未来 2 年内将要召开的世界性的有关医学方面某一具体专业的学术会议。

（4）《世界会议：社会与行为科学、教育与管理》（World Meetings: Social & Behavioral Science, Education & Management），专门刊登未来 2 年内将要召开的世界性的有关社会科学与行为科学、教育与管理方面的专业学术会议。

以上所述的 4 个分册几乎包括整个自然科学与社会科学各学科专业的全部内容，从中可以获得所需要的专业会议召开情况的信息。

《世界会议》4 个分册的编排形式完全相同，学会查找其中 1 种，其余 3 种也就会了。科技工作者可以通过《世界会议》各个分册 5 种索引中的其中 1 种来查找自己专业未来 2 年中世界会议召开的具体时间、地点。

（1）关键词索引（keyword index）：取会议内容或名称的专业、学术名词、术语或词组，按其英文字顺排列编成索引，其后有会议召开日期、地点、会议登记号。5 种索引中以关键词索引最常用、最方便。科技工作者就用自己所从事研究工作的专业名词、术语，按字顺查关键词索引即可。

（2）会议日期索引（date index）：4 个分册的各期刊登的世界性专业会议按召开的时间先后顺序排列成索引，并给出会议议题和会议登记号。此索引最好是事先已得知涉及自己专业的世界会议召开的大致日期，否则查找起来既费精力又费时间，效果不一定好。

（3）会议地点索引（location index）：4 个分册的各期刊登的世界会议信息按开会城市所属的国名（美国为州名）及市名的英文字顺序排序编成会议地点索引，城市后列出该会议所宣读论文的中心内容（会议议题）以及会议登记号。查此索引也应该事先大致知道一些信息，主要是想证实一下会议的中心议题是否与自己所从事的专业对口。

（4）会议主持者索引（sponsor index）：4 个分册的各期刊中所刊登的世界会议信息，将会议主办单位名称按英文字顺序排成会议主持单位索引，其后列有会议主持者姓名、会议主办单位地址，以及该单位最近这 2 年内将要举办的各种类型的世界会议的登记号。

（5）提交会议论文截止日期索引（deadline index）：4 个分册的各期刊登的世界性专业会议信息按应向会议提交的论文全文或论文摘要截止日期的时间顺序编排，其后列出该会议所宣读论文的中心内容（会议议题）和会议登记号。科技工作者事先知道自己参加的国际会议的有关情况后，为了确定向该会议提交的论文及摘要的截止日期是否有提前或推后时，可利用此索引查找。

上述 5 种索引都有会议登记号这一项，查到会议登记号后，按其数字由小到大排序，可到

笔记

同一期刊物前的"正文"（Main Entry Section）中了解有关该会议更详细的信息。通常，一个会议在《世界会议》季刊上连续刊登消息 3 次（会议内容、时间、地点等修改增删），也就是说，每一期《世界会议》上刊登的会议新闻中只有 1/4 是新的，另 3/4 的会议新闻分别已刊登过 1～3 次了。

2.《会议论文索引》（Conference Papers Index ）　美国《会议论文索引》是检索会议文献的主要工具。它由美国 Data Courier 公司出版发行，内容包括化学、工程学与生命科学三部分。

该刊是检索世界上有关化学、物理、地球、科学、工程技术以及生物科学、医学等方面会议文献的主要检索工具。由会议文献题录与索引两部分组成。下方部分收录的内容包括航天学与工程、动植物学、生物化学、普通生物化学、化学与化工、建筑与机构工程、临床医学、电子工程、实验医学、一般工程技术、地球科学、材料科学与工程、数学与计算机科学、多学科的文献、药物学、物理学与天文学、核与动力工程、专题资料等。

《会议论文索引》将每一大类的文献题录按顺序号编排。每一个会议（包括会议上发表的论文）的著录格式由下列项目组成。

该刊每期由会议分类目录、正文及索引三部分组成。每卷的年度索引有主题索引、著者索引、会议日期索引、会议名称索引及会议地址索引。期索引只有著者索引和主题索引。

3.《科技会议录索引》（Index of Scientific and Technical Proceeding，ISTP ）　ISTP 由美国科学信息研究所（ISI）编辑出版，创刊于 1978 年，为月刊。主要报道正式出版的会议录情况及其论文题录，年报道量达 3500 余个会议、近 14 万篇论文，据不完全统计占主要会议论文的 75%～90%。

该刊由正文及索引两部分组成。每卷、期索引均包括类目索引、轮排主题索引、主办机构索引、会议地点及团体索引。

除上述会议文献检索工具书外，BA/RRM 也是生物学会议文献的检索工具。该刊专设"Meetings"一栏。

四、检索实例

例如检索姚新生院士所做的有关中药现代化研究方面的会议报告。

（1）分析课题：本课题是检索会议报告，可利用中国知网中的会议论文数据库进行相关检索，检索相关的主题词可选择"姚新生"和"中药现代化"。

（2）检索步骤：①首先进入中国知网数据平台，选择"中国重要会议论文全文数据库"；②在标准检索界面中，报告作者对话框中输入检索词"姚新生"，在主题检索对话框中输入检索词"中药现代化"，然后点击"检索文献"（图 5-19）；③检索结果显示共有 1 篇会议论文与该检索课题相关（图 5-20）；④通过点击会议论文题目，下载论文全文。

图 5-19　CNKI 数据库会议论文检索对话框

笔记

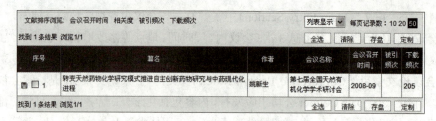

图 5-20　CNKI 数据库会议论文检索结果

五、实　习　题

1. 检索有关二萜生物碱转化合成紫杉醇类似物研究的会议论文。
2. 检索第九届全国天然有机化学学术研讨会中有关天然药物化学领域的会议论文。

第四节　其他特种文献检索

一、标　准　文　献

(一) 概述

标准是由一定的权威组织(国际组织、区域组织、国家、专业组织等)对技术、科学各领域的共同技术语言和技术事项等的统一规定。标准是标准化工作的产物。目前世界上已有 90 多个国家制定国家标准,500 多个国际组织直接编制或参与制定有关标准。

标准文献除各种技术标准外,还包括标准化会议文献、专著以及报道技术标准化工作的期刊和标准目录。

1. 标准文献的特点　技术标准和其他科技文献相比,有其独特的风格和独立的体制。其主要特点如下:①针对性强,一件标准一般只针对一个问题,文字简练,绝大部分只有几页。②内容可靠、正确,数据和用词严密无误。③按各国自行规定的标准格式编写,并报关主管部门审批。除少数军用和尖端科学技术的标准保密外,一般都公开颁布。④具有法律作用,有一定的约束力,不同级别的标准在不同的范围内必须贯彻执行。⑤每件标准有一个固定不变的标准号,它是检索和索取标准全文的依据。⑥标准制定后,每隔一定时间(3～5 年)复审 1 次,分别予以确认、修订或废止。修订后的标准号不变。⑦有各自的检索工具《标准目录》,检索简便。

技术标准一般有如下著录项目:标准级别;标准名称;标准号;标准提出单位;审批单位;批准日期;实施日期;标准正文。

2. 标准的分类

(1) 按使用范围分类:①国际标准:经国际标准化组织通过的标准,如国际标准化组织(ISO)标准;②区域性标准:适用于世界某一区域,经过区域性标准化组织通过的标准,如欧洲计算机制造商协会(ECMA)标准;③国家标准:经全国性标准化组织所通过的标准,适用于一个国家整个国民经济的标准,如中国国家标准(GB)、美国国家标准(ANSI);④企业标准:一个企业或部门批准,并适用于本专业或本部门的标准,如美国爱迪生照明公司协会标准(AEIC);⑤专业标准:由专业标准化主管机构或专业标准化组织批准、颁布的标准,如美国材料与试验协会标准(ASTM);⑥部标准:由一个国家的主管部门批准、颁布的其管辖专业范围内的标准,如中国原卫生部部颁标准(WS)、劳动部部颁标准(LD)。

(2) 按内容分类:①基础标准:如有关术语、词汇、符号、编写、绘图、定义、命名、标志和单位方面的标准等;②产品标准:如有关制品的形状、尺寸、质量、性能、要求、分类和公差等方面的标准;③产品标准:如有关产品试验、检验、分析和测定等方面及技术条件之类的标准。

笔记

另外还有零部件标准、原材料标准等。

（3）按成熟程度分类：①法定标准：它是具有法律效力的，必须遵守的标准；②推荐标准：它是建议遵循的标准；③试行标准或标准草案：它们是还不够成熟，尚待试用和完美的标准。

（4）标准资料的分类方法：①字母分类法：将标准资料按照学科内容分为若干类，以字母作为其标识符号；②数字分类法：以阿拉伯数字表示学科所属的类目；③字母数字混合分类法：以拉丁字母和阿拉伯数字结合表示资料所属的学科类目。

3. 标准号的构成　每件标准都有一个固定不变的标准号，其一般形式为标准代号＋序号＋制定（修订）年份。

（1）中国药品标准编号

1）标准编号为 WS-B-××××-××。此组标准编号中，"WS"代表卫生，"B"代表标准，"××××"为 4 位数字序号，"××"为年号的后 2 位数字。若标准标号为上述编排方式，该药品标准则收载于原卫生部中药成方制剂第 1～20 册当中。原卫生部中药成方制剂各册收载标准的具体标准编号分布见表 5-2。

表 5-2　中国药品标准编号分布

册数	标准编号
第 1 册	WS3-B-0001-89～WS3-B-0170-89
第 2 册	WS3-B-0171-90～WS3-B-0468-90
第 3 册	WS3-B-0469-91～WS3-B-0670-91
第 4 册	WS3-B-0671-91～WS3-B-0870-91
第 5 册	WS3-B-0871-91～WS3-B-1070-91
第 6 册	WS3-B-1071-92～WS3-B-1270-92
第 7 册	WS3-B-1271-93～WS3-B-1470-93
第 8 册	WS3-B-1471-93～WS3-B-1670-93
第 9 册	WS3-B-1671-94～WS3-B-1870-94
第 10 册	WS3-B-1871-95～WS3-B-2070-95
第 11 册	WS3-B-2071-96～WS3-B-2270-96
第 12 册	WS3-B-2271-97～WS3-B-2453-97
第 13 册	WS3-B-2454-97～WS3-B-2647-97
第 14 册	WS3-B-2648-97～WS3-B-2823-97
第 15 册	WS3-B-2824-98～WS3-B-3024-98
第 16 册	WS3-B-3025-98～WS3-B-3124-98
第 17 册	WS3-B-3125-98～WS3-B-3354-98
第 18 册	WS3-B-3355-98～WS3-B-3523-98
第 19 册	WS3-B-3524-98～WS3-B-3736-98
第 20 册	WS3-B-3737-98～WS3-B-4052-98

2）标准编号为 WS-10001-（HD-××××）-2002。此组标准编号中，"WS"代表卫生，"10001"为编号，"HD"为化学药品地方标准，"××××"为 4 位数字序号，"2002"为年号。标准编号为上述编排方式的药品标准收载于国家局化学药品地方标准上升国家标准第 1～15 册中。与其他 15 册不同的是，第 16 册收载的药品质量标准编号的通式为 WS1-XG-×××-××××，其中"WS"代表卫生；"1"代表化学药品；"XG"表示西药国家标准；"×××"为 3 位数字序号；"××××"为年号，但此册中前 4 个收载的标准为年份的后 2 位。第 16 册后附有 1～16 册所有标准的目录索引，可进一步方便查找。如在年号后再加有表示年号的编号，则该标准在该年被修订。

笔记

3) 标准编号为 WS-×××××(ZD-××××)-2002。在此组标准编号中，"WS"代表卫生，"×××××"为 5 位数字，"ZD"为中药地方标准，"××××"为 4 位数字序号，"2002"为年份。如标准编号为上述编排方式，则该药品标准收载在于中成药地方标准上升国家药品标准当中，可使用配套颁布的《中成药地方标准上升国家标准索引》一书进行查找。如在年号后再加有表示年号的编号，则该标准在该年被修订，在查找使用中更要加以注意，保证使用标准的现行有效。

4) 标准编号为 WS1，2，3-×××(字母 Z，X-××)-××××(Z)。在此组标准编号中，"WS"代表卫生；"1、2、3"则分别代表化学药品、生物制品和中药；"×××"为数字序号，有时为 2 位，有时为 3 位；字母"Z"代表中药，"X"代表西药；"××××"为年号，有 2 或 4 位；"(Z)"代表转正。

"WS1，2，3-"后无数字序号为西药，有数字序号为中药。年号后的"Z"加括号的为中药，不加括号的为西药。年号为 2 位数字的则该品种收载在原卫生部颁布的新药转正标准 1～20 册内，年号为 4 位数字的则该品种收录于后 21～88 册中。

5) 标准编号为 WS1-××-××-89 或 WS1-××(B)-89。在此组标准编号中，"WS"代表卫生，"1"代表化学药品，中间的两个"××"是数字序号，"(B)"代表标准，"89"表示年份。此编号的标准收录在《卫生部标准化学药品及制剂(第 1 册)》中。

6) 标准编号为 YB(H 或 Z)×××××××××。在此组标准编号中，"YB"代表药品标准，"H"代表化学药品，"Z"代表中药；"×××××××××"为 8 位数字编号，前 4 位为序列编号，后 4 位为年号。此类标准编号的标准为注册标准，无编辑成册的标准，在使用中基本是向生产单位或生产单位所在的省级药检所索取。若此组编号后面缀有"××××Z"，其中"××××"表示年份，"Z"表示转正，表示该标准已在该年转正。这类编号的标准其中一部分编辑成册，一部分还未编辑成册，在使用中还需与生产单位或生产单位所在的省级药检所索取。

(2) 中国标准编号体系

1) 国家标准的代号和编号：国家标准的代号由大写汉字拼音字母构成，强制性国家标准的代号为"GB"，推荐性国家标准的代号为"GB/T"。

国家标准的编号由国家标准的代号、标准发布顺序号和标准发布年代号 4 位数组成，示例见图 5-21。

国家实物标准(样品)由国家标准化行政主管部门统一编号，编号方法为国家实物标准代号(为汉字拼音大写字母"GSB")加《标准文献分类法》的一级类目、二级类目的代号及二级类目范围内的顺序、4 位数年代号相结合的办法。如图 5-22 所示。

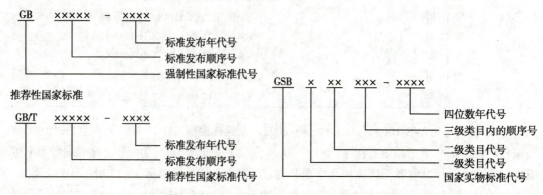

图 5-21　国家标准编号的组成　　　　图 5-22　国家实物标准号的组成

2) 行业标准的代号和编号

a. 行业标准的代号：由国务院各有关行政主管部门提出其所管理的行业标准范围的申请报

告,国务院标准化行政主管部门审查确定并正式公布该行业标准的代号。已正式公布的行业标准的代号见表5-3。

表5-3　行业标准的代号

序号	行业标准	行业标准的代号	序号	行业标准名称	行业标准的代号
1	教育	JY	30	金融系统	JR
2	医药	YY	31	劳动和劳动安全	LD
3	煤炭	MT	32	民工民品	WJ
4	新闻出版	CY	33	核工业	EJ
5	测绘	CH	34	土地管理	TD
6	档案	DA	35	稀土	XB
7	海洋	HY	36	环境保护	HJ
8	烟草	YC	37	文化	WH
9	民政	MZ	38	体育	TY
10	地质安全	DZ	39	物资管理	WB
11	公共安全	GA	40	城镇建设	CJ
12	汽车	QC	41	建筑工业	JG
13	建材	JC	42	农业	NY
14	石油化工	SH	43	水产	SC
15	化工	HG	44	水利	SL
16	石油天然气	SY	45	电力	DL
17	纺织	FZ	46	航空	HB
18	有色冶金	YS	47	航天	QJ
19	黑色冶金	YB	48	旅游	LB
20	电子	SJ	49	商业	SB
21	广播电影电视	GY	50	商检	SN
22	铁路运输	TB	51	包装	BB
23	民用航空	MH	52	气象	QX
24	林业	LY	53	卫生	WS
25	交通	JT	54	地震	DB
26	机械	JB	55	外经贸	WM
27	轻工	QB	56	海关	HS
28	船舶	CB	57	邮政	YZ
29	通信	YD			

　　b.行业标准的编号:行业标准的代号由汉字拼音大写字母组成。行业标准的编号由行业标准的代号、标准发布顺序及标准发布年代号(4位数)组成,示例见图5-23。

　　3)地方标准的代号和编号

　　a.地方标准的代号:由汉字"地方标准"大字拼音"DB"加上省、自治区、直辖市行政区划代码的前2位数字,再加上斜线T组成推荐性地方标准;不加斜线T的为强制性地方标准。如:

　　强制性地方标准:DB××

　　推荐性地方标准:DB××/T

　　b.地方标准的编号:地方标准的编号由地方标准的代码、地方标准发布顺序号、标准发布年代号(4位数)三部分组成,示例见图5-24。

笔记

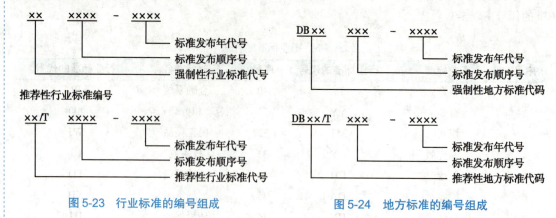

图 5-23 行业标准的编号组成   图 5-24 地方标准的编号组成

4）企业标准的代号和编号

a. 企业标准的代号：企业标准的代号由汉字"企"、大写拼音字母"Q"加斜线再加企业代号组成，企业代号可用大写拼音字母或阿拉数字或两者兼用所组成。企业代号按中央所属企业和地方企业分别由国务院有关行政主管部门或省、自治区、直辖市政府标准化行政主管部门会同同级有关行政主管部门加以规定。示例：Q/。

企业标准一经制定颁布，即对整个企业具有约束性，是企业的法规性文件，没有强制性企业标准和推荐性企业标准之分。

b. 企业标准的编号：企业标准的编号由企业标准的代号、标准发布顺序号和标准发布年代号（4位数）组成，示例见图 5-25。

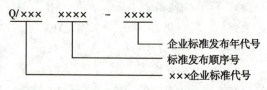

图 5-25 企业标准的编号组成

（二）标准文献检索工具

1. 技术标准的检索和获取方法 各种标准都有各自的标准目录（年刊），这是技术标准的主要检索工具。国际标准和一些主要国家的国家标准都有中文译本。另外还有一些标准化期刊及时报道新标准的信息。

各国的标准目录编排不尽相同，一般由两部分组成。

（1）分类目录或标准号目录：它是标准目录的主体，有两种编排方式，各种标准目录采用其中1种。

1）分类目录：标准按分类编排，同类标准按标准号顺序排列，标准号后列出标准名称等项目。

2）标准号目录：标准按标准号顺序排列，标准号后列出标准名称等项目。

（2）主题索引：主题词按字母排列，主题词下列出有关标准号或分类号等项目。

2. 中国标准文献检索工具

（1）《中华人民共和国国家标准目录总汇 1999》：该总汇由原国家技术监督局编辑，中国标准出版社出版。

该目录总汇收集了截至 1998 年年底国家批准发布的现行国家标准目录共 18 684 项，其中强制性标准 2476 项、推荐性标准 16 208 项。每项国家标准列出分类号（CCS）、标准编号、标准名称（中英文）、采标情况和代替标准 5 栏。正文按 CCS 分类号先后排列，书后附国家标准顺序号索引。1999 年目录总汇再编辑时，对目录信息中的不妥和有误之处做了更正，删除了决定转为行业标准的原国家标准。

（2）《中华人民共和国强制性国家标准目录 1999》：该目录由原国家技术监督局编辑，中国标准出版社出版。

　　本目录收入截至 1999 年 6 月底由国家批准发布的现行强制性国家标准目录信息共 2500 项。每项强制性国家标准列出分类号（CCS）、标准编号、标准名称、采标情况和代替标准 5 栏。正文按中国标准文献分类法 CCS 分类号先后排列，书后附强制性国家标准顺序号索引。

　　（3）《国家标准修改、更正、勘误总汇 2010》：本书由原国家技术监督局编辑，中国标准出版社出版。

　　本书是国家标准修改、更正、勘误总汇最新版本。在 2005 年版本的基础上，收集了截至 2010 年 3 月新发布修改的全部信息，同时删去了因国家标准作废已经不再适用的信息。该书的主要内容包括原国家技术监督局发布的国家标准修改单、有关标准化技术委员会提供的信息以及对在标准编辑出版过程中出现的错误的更正等。所收信息经多方核对、校正，内容准确可靠。其内容按中国标准文献分类法一级类目录分类，书后附有按标准类别和标准顺序号编排的两种索引。

　　（4）《中国标准化年鉴》：中国标准出版社出版。自 1985 年以来，每年出版 1 册。这本年鉴介绍了我国标准化的基本情况和成就等，其基本内容是以专业分类编排的国家标准目录，每个专业内再按国家标准顺序号排列。年鉴的最后附有以顺序号编排的国家标准索引。

　　（5）《标准化通讯》双月刊：由标准化协会编辑出版。刊载新发布和批准的国家标准和部颁标准。著录项目包括标准号、标准名称和被代替标准号 3 项。

　　（6）《标准化通讯》：《标准化通讯》是我国唯一的标准化的综合性检索性刊物。下方按标准化理论和方针政策、标准研究及制定（修订）、国内外新标准简介、新国标选登和标准译文、采用国际标准的初衷及经验、企业标准化、标准情报与标准化动态等 10 余个栏目编排，每年最后一期刊登本年度的专业分类累积索引。

　　（7）网络标准检索：国家标准化管理委员会（Standardization Administration of the People's Republic of China，SAC）是国务院授权履行行政管理职能，统一管理全国标准化工作的主管机构。国务院有关行政主管部门和有关行业协会也设有标准化管理机构，分工管理本部门本行业的标准化工作。各省、自治区、直辖市及市、县质量技术监督局统一管理本行政区域的标准化工作。各省、自治区、直辖市和市、县政府部门也设有标准化管理机构。国家标准化管理委员会对省、自治区、直辖市质量技术监督局的标准化工作实行业务领导。

　　中国是 ISO 的正式成员，代表中国的组织为中国国家标准化管理委员会。中国国家标准化管理委员会网站（http://www.sac.gov.cn/）设有国标目录查询（图 5-26）、国标计划查询（图 5-27）、国标公告查询（图 5-28）和技术委员会查询（图 5-29）4 种检索功能。

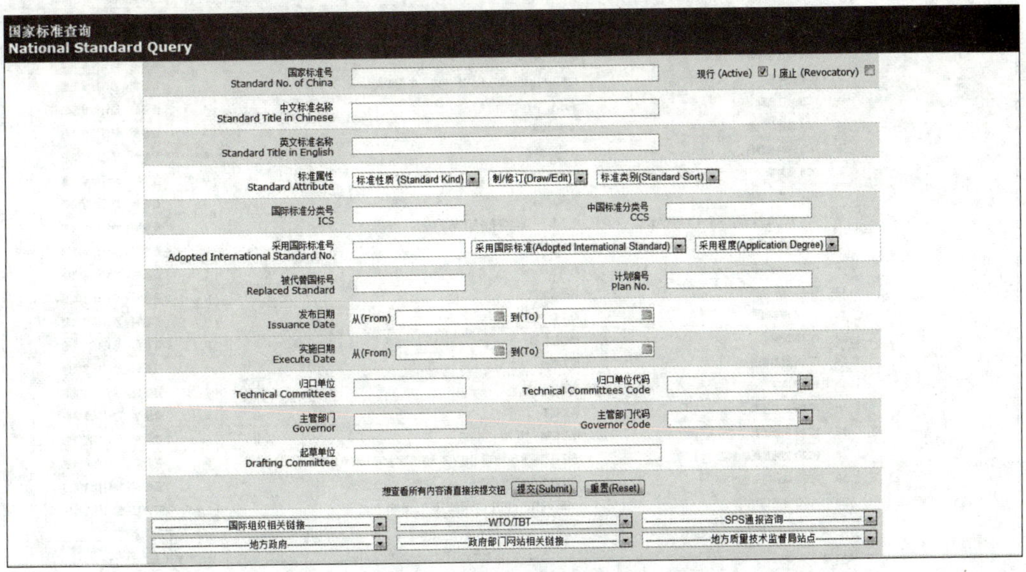

图 5-26　中国国家标准化管理委员会国标目录查询

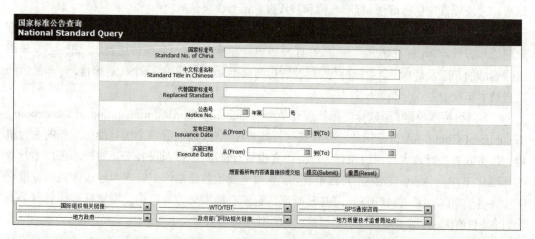

图 5-27   中国国家标准化管理委员会国标计划查询

图 5-28   中国国家标准化管理委员会国标公告查询

图 5-29   中国国家标准化管理委员会技术委员会查询

笔 记

3. 国外标准化检索工具

（1）《国际标准化组织目录》（ISO Catalogue）：ISO Catalogue 是检索世界上最大的国际标准化组织制定的有关机械、化工、农业等诸个领域的国际标准的最具权威性的工具书，该书为年刊。它由六部分内容组成，实际上是为读者提供了 6 条不同的检索途径：①国际标准分类目录（List of Standards by Fields and Groups）：主题分类目录是本目录的正文部分；②作废标准目录（Withdraws Annotations）：作废标准目录按照作废标准的标准号的数字顺序编排；③标准号索引（List in Numerical Order/Liste par ordre Numerque）：标准号索引是按照序号编排的，在各条标准的右端依照顺序列出价格代码、TC 分类号和所在的页次；④英文字顺索引（English Alphabetic Index）：英语字顺索引相当于关键词指南，用于从关键词角度确定国际标准分类号；⑤ TC 分类目录（List in Technical Committee Order/Liste par ordre de comite technique）：TC 分类目录从 ISO 下设的所有技术委员会的角度排列标准，同一 TC 号下的标准按照标准号的大小排列；⑥按专业委员会代码为序排列的目录。

此外，国际标准（ISO）收载的类型有正式标准（ISO）、推荐性标准（ISO/R）、技术报告（ISO/TR）、技术数据（ISO/DATA）、建议草案（ISO/DP）和标准草案等。

（2）《美国国家标准目录》：本目录是美国国家标准 ANSI 的检索工具，是 1 年刊。分为以下三部分：①主题索引（Index to American National Standards）：主题词按字母顺序排列，每个主题词下面列出说明语和标准号；②标准号目录（Alphanumeric Listing of American National Standards）：全部现行标准按标准号的顺序排列，每个标准号后列出标准名称和价格；③作废标准（"Retired"Designations）：列出近年来的作废标准或替代标准。

（3）《德国技术规程目录》：本目录是德国国家标准（DIN）的检索工具，为 1 年刊。该目录有 3 卷，第 1 卷为德国标准目录，第 2 卷为国标和他国标准，第 3 卷为增补本和德国标准的译文。自 1995 年起，第 1 卷也有用软盘形式提供，每月更新，并可以转换成订单而订购标准。第 1 卷有 3 个分册，第 1 分册为分类目录，另 2 个分册为索引。

1）分类目录（Sachtei）：1990 年 DIN 将标准分成 817 个专业类目，分类号为 4 位数字。现在已按国际标准分类法分类。

2）索引（Register）：它包括 3 种索引：①标准号索引（Numberregister）：列出状态、标准号、出版日期、价格和页数；②德文主题索引（Schlagwort register）：主题词按德文字母顺序排列，后跟说明语及有关分类号；③英文关键词索引（English Keyword Index）：它的编排方式同德文主题索引，但主题标引得较粗略。

（4）国际标准化组织和 ISO 标准查询：ISO 标准是指由国际标准化组织（International Organization for Standardization，ISO）（www.iso.org/）制定的标准。国际标准化组织是一个由国家标准化机构组成的世界范围的联合会，现有 140 个成员国。根据该组织章程，每一个国家只能有一个最有代表性的标准化团体作为其成员，原国家技术监督局以 CSBTS 名义国参加 ISO 活动。ISO 的前身是国际标准化协会（ISA），ISA 成立于 1926 年（1926 年美、英、加拿大等七国标准化机构第三次代表联席会议决定成立国际标准化协会，并于 1928 年成立）。第二次世界大战的爆发，迫使 ISA 停止工作。战争结束后，大环境为工业恢复提供了条件，于是 1946 年 10 月，来自 25 个国家标准化机构的领导人在伦敦聚会，讨论成立国际标准化组织的问题，并把这个新组织称为 ISO，即 International Organization for Standardization 的简称。会议一致通过了 ISO 的章程和议事规则。1947 年 2 月 23 日 ISO 开始正式运行，ISO 的中央办事机构设在瑞士的日内瓦。中国既是发起国又是首批成员国。ISO 检索可通过其网站进行在线检索，图 5-30 为其网站主页。

在其主页上，设置"Store"及"Visit the ISO Store"按钮，便于公众检索标准目录，购买标准全文。

笔记

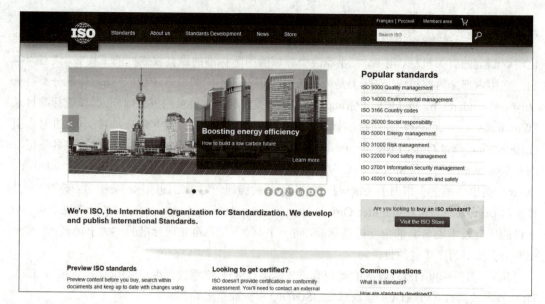

图 5-30　ISO 网站主页

在目录浏览（图 5-31）中，Browse by ICS 按照国际标准分类法（International Classification for Standards，ICS）浏览，Browse by TC 按照技术委员会（Technical committees，TC）浏览。

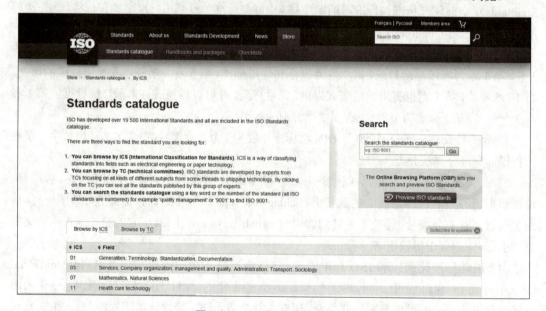

图 5-31　ISO 标准目录浏览页

在检索页中（"Online Browsing Platform"）可以检索标准（图 5-32）。

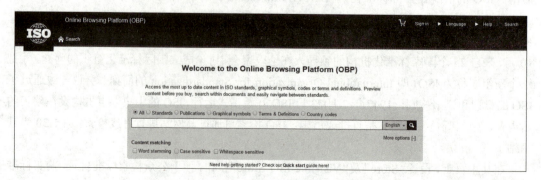

图 5-32　ISO 标准检索平台

4. 其他标准检索工具

（1）药物标准查询：http://www.drugfuture.com/standard/（图5-33）。

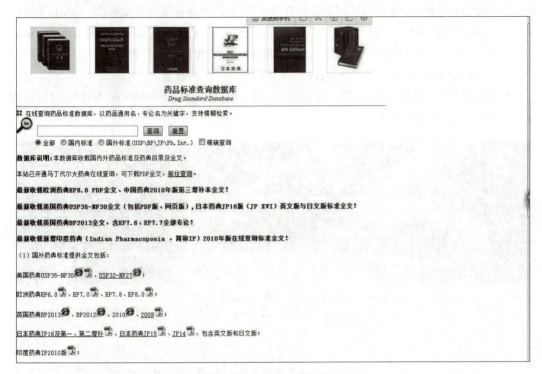

图 5-33　药物标准查询网站

（2）药典在线：http://www.newdruginfo.com/index.asp（图5-34）。

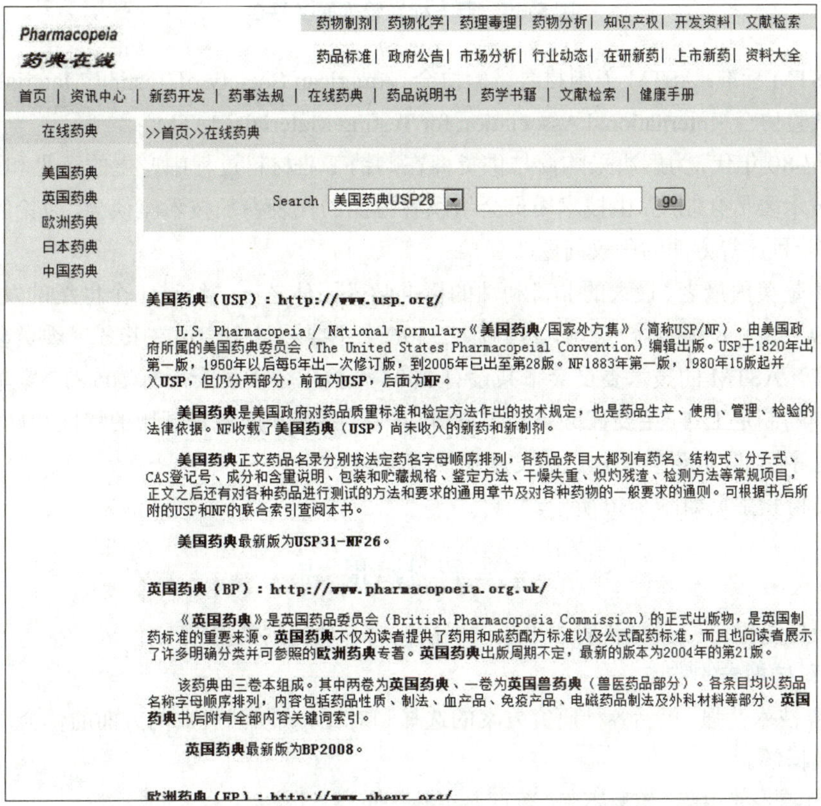

图 5-34　药典在线网站

（3）万方标准管理服务平台：万方标准管理服务平台 http://et.wanfangdata.com.cn/bz/ 的中外标准数据来源于国家质量监督检验检疫总局，收藏 14 个国内外的标准数据库：除了 NSTL 收藏的 7 个标准数据库外，还有 ITU 国际电信联盟标准、ISO 国际标准化组织标准、ASME 美国机械工程师协会标准、IEEE 美国电气电子工程师学会标准、SAE 美国激动工程师协会标准、通信行业标准、石油化工行业标准、农业行业标准、机械行业标准和电力行业标准。其中中国标准的收录范围是 1964 年以来发布的全部标准，并包括台湾地区的标准。

提供标准号、中国分类号、中英文标准名称、发布单位等 11 个检索项（图 5-35）。目前用户只能检索目录信息，不能获取全文。

图 5-35　万方标准管理服务平台

（4）ASTM 标准：ASTM 美国材料试验协会（American Society of Testing Materials），前身是国际材料试验协会（International Association for Testing Materials，IATM）。

20 世纪 80 年代，为解决采购商与供货商在购销工业材料过程中产生的意见和分歧，有人提出建立技术委员会制度，由技术委员会组织各方面的代表参加技术座谈会，讨论解决有关材料规范、试验程序等方面的争议问题。

ASTM 是美国最老、最大的非营利性的标准学术团体之一。经过 1 个世纪的发展，ASTM 现有 33 669 个（个人和团体）会员，其中有 22 396 个主要委员会会员在其各个委员会中担任技术专家工作。ASTM 的技术委员会下共设有 2004 个技术分委员会。有 105 817 家单位参加了 ASTM 标准的制定工作，主要任务是制定材料、产品、系统和服务等领域的特性和性能标准、试验方法和程序标准，促进有关知识的发展和推广。

其网站检索主页如图 5-36 所示。

二、科 技 报 告

科技报告是报道（记录）科研成果或进展情况的一种文献类型。

（一）科技报告的特点

1．内容技术性强，包括各种研究方案的选择和对比、成功和失败两方面的体会，附有图表、原始实验数据等。

2．以单篇形式出版，篇幅不限，数页乃至数千页。

3．出版量大，全世界每年发表 70 万件以上。

笔记

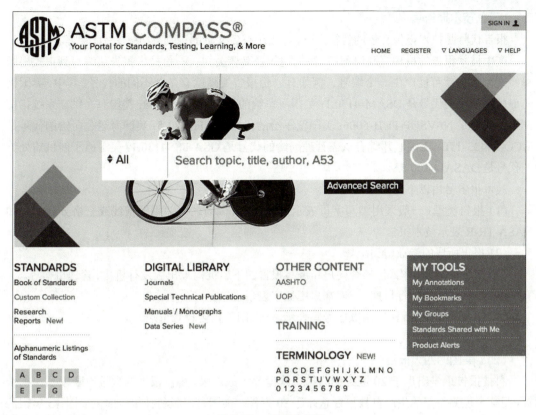

图 5-36　ASTM 主页

　　4．每篇报告均有一定的编号系统给予的编号，一篇报告可有多个编号，例如收藏或发行机构号、编写机构号、合同号、资助项目号等。

（二）科技报告的类型

1. 按报告内容的性质分类

　　（1）报告书（reports，R）：它的内容比较完整，大部分是科技成果的总结报告。一般公开发行。

　　（2）札记（notes，N）：它是研究过程中的临时性记录或小结，往往是写报告书的素材。有的札记专门报道新技术、新工艺、新材料等。一般公开发行。

　　（3）论文（papers，P）：它是准备在会议或刊物上发表的报告，先用单篇报告的形式发表。

　　（4）备忘录（memorandum，M）：它是内部使用、限制发行的出版物。内容包括试验报告数据或重要的保密文献和会议文献，过一段时间才公开发行。

　　（5）通报（bulletin）：它一般是对外公布、内容成熟的摘要性文献。

2. 按科研活动的阶段分类

　　（1）研究进展过程中的报告，如现状报告（status reports）、预备报告（preliminary reports）、中间报告（interim reports）、进行报告（progress reports）。

　　（2）研究完成阶段的科技报告，如总结报告（final reports）、终结报告（definitive reports）、试验成果报告（test results reports）、竣工报告（completion reports）。

3. 按密级分类

　　（1）保密报告（classified reports）。

　　（2）解密报告（declassified reports）：原属保密，过一定期限，经审查解密后公开发行。

　　（3）非密限制发行报告（restricted reports）：在一定范围内发行。

　　（4）非密公开发行报告（unclassified reports）：我国收集的报告多数属于此类。

（三）技术报告号

报告代号是技术报告文献的特征之一，它用于报告文献的识别、采购与书目管理。

产生技术报告的机构有政府部门、民间组织及私营公司。一份技术报告从编写到正式出版每经一个机构就可能产生一个编号。例如有一份报告文献就有 7 个不同的代号，其中，美国国防部供需处给的代号是 DSAM-4130.1；美国海军给的代号是 AR-708-8；美国海军供需系统指挥部给的代号是 NAVSUP-PUB-5006；美国空军给的代号是 AFM-72-5；美国海运公司给的代号是 MCO-P4423-17B；美国联邦综合供需管理局给的代号是 GSA-FSS4130.1；美国原子能供需处给的代号是 DASAI-4100.5A。

技术报告号由以下几部分组成。

（1）报告类型：一般采用缩写字母表示，排在报告机构之后并用短横线或空格分开。比如 NASA-TR-R 表示技术报告。

（2）报告所属的专业门类。

（3）报告的编写机构（包括合同户和编写报告的下属机构）、出版发行机构、管理机构等。

（4）报告的出版发行日期：一般都采用数字表示。

（5）报告的连续号码：采用顺序号码表示，一般附于报告代号末端。

（6）报告的密级代号。

（四）美国的四大报告

科技报告最早出现于 20 世纪初。第二次世界大战以来，科技报告的数量不断增长。据统计，目前全世界每年的生产自救报告总计达 80 万件。美国是出版科技报告的主要国家，美国的科技报告正版数量占世界科技报告总量的 80% 左右，其中最著名的报告是美国政府的四大报告：PB 报告、AD 报告、NASA 报告和 DOE 报告。

1. PB 报告（Publication Board）　PB 报告原由美国商务部出版局（Office of the Publication Board）出版发行。本报告的前 10 万号为二战时美国从德国、日本、意大利等战败国夺取的科技资料。现由美国国家技术情报服务处（National Technical Information Services，NTIS）出版发行，涉及政府科研机构、公司企业、高等院校、研究所以及国外部分科研机构的科技报告。

PB 报告的内容侧重于民用工程方面，如土木建筑、城市规划、生物医学、航空、电子、原子能利用、军械等。

2. AD 报告（ASTIA Document）　AD 是美国武装部队技术情报局（Armed Services Technical Information Agency，ASTIA）的报告文献。该局成立于 1951 年，是美国空军控制的一个组织，它由早期的国会图书馆海军研究部和大气文献局中心合并组成。

ASTIA 于 1963 年改名为"国防文献中心"（DDC），1979 年又改为"国防技术情报中心"（Defense Technical Information Center，DTIC）。尽管机构几经变化，但 AD 登记号始终未变。其公开报告由 NTIS 发行，保密报告和一部分限制发行报告在"技术文献通报"（Technical Abstracts Bulletin）半月刊上内部刊登。

AD 报告来源于美国海、陆、空三军的科研单位、公司企业、大专院校，以及国外的一些科研机构和国际组织。由于保密，早期的 AD 报告往往加编"PB"字样发行，使两种报告有交叉现象。自 AD254980 号报告之后，AD 不再以 PB 号码字样出现。

1975 年之后，AD 报告顺序数字号码之前加上 A、B、C、D、E 等字母，以表示 AD 报告的性质。比如：

AD-A　表示公开发行的报告

AD-B　表示近期解密阶段的报告

AD-C　表示保密阶段的报告

AD-D　表示美国军事系统专利

笔记

AD-A 表示美国海军研究所及合同户报告

3. **AEC/ERDA/DOE 报告** 1946 年 8 月美国成立了"原子能委员会"(Atomic Energy Commission, AEC),它直属总统领导,主管核武器研究工作,也涉及原子能应用研究。它拥有大量拨款,建立了一批国立实验室,并与大学和私营企业签订合同,进行原子能研究工作,在研究工作中形成了大量技术报告和其他技术资料。AEC 将这些报告纳入自己的报告系统,故称之为 AEC 报告。

1974 年 10 月美国原子能委员会被撤销,成立了"能源研究与发展署"(Energy Research and Development Administration, ERDA)和"核管理委员会"(Nuclear Regulatory Commission, NRC)。原来 AEC 的大部分职能由 ERDA 接管,AEC 报告随之变成 ERDA 报告。但是,ERDA 报告收集的专业范围要比 AEC 报告广得多。

1977 年 10 月,ERDA 又改组为能源部(Department of Energy,简称 DOE),ERDA 报告又变成 DOE 报告。1985 年起由 DOE 收集的报告开始启用统一编号:"DE+ 年号 + 序号",如 DE86016001。DOE 报告的内容包括能源保护、矿物燃料、环境与安全、核能、太阳能与地热能、国家安全等方面。

4. **NASA 报告** NASA 是美国国家航空和宇航局(National Aeronautics and Space Administration, NASA)收集、出版航空和空间技术领域内的报告。它也收集航空和宇航生物学、医学方面的文献。

NASA 报告的类型多样,分别有技术报告、技术札记、技备忘录,合同书、译文、特种出版物、专利说明书和专利申请案以及 NASA 技术简讯。

NASA 报告近年来收集了许多航天生物医学方面的资料,故对医药工作者有一定的指导意义。

(五)科技报告的检索工具

1. **美国《政府报告通报和索引》** Government Reports Announcements and Index(GRA & I)是由美国商务部国家技术情报服务处(NTIS)出版的,创刊于 1964 年,为半月刊。

GRA & I 以文摘形式报道美国政府研究机构及其合同户提供的科技报告,同时也报道美国政府出版的科技译文及某些外国的科技报告。具体地说,它报告全部的 PB 报告、所有公开或解密的 AD 报告、部分 NASA 报告、DOE 报告及其他类型的报告。

GRA & I 的内容包括航空、农业、天文物理学、大气科学、行为与社会科学、生物学与医学、化学、地球科学、土木工程、船舶工程、机械与材料、军事、通讯、导弹、宇宙等。几经变化,现按 38 个大类目编排。其中与医药卫生密切相关的有生物医学工程(Biomedical technology and Engineering)、化学(Chemistry)、环境污染与控制(Enviroment Pollution and Control)、保健计划(Health Planning)、医学与生物学(Medicine and Biology)。

GRA & I 共有 5 种索引:关键词索引(keyword index)、个人著者索引(personal author index)、团体著者索引(corporate author index)、合同号 / 资助号索引(contract/grant number index)和报告号索引(NTIS order/report number index)。

2. **其他检索工具** 除 GRA & I 外,还有由美国能源部出版的《能源研究文摘》(Energy Research Abstracts, ERA),专用于 DOE 报告的检索;美国国家航空航天局出版的《宇航科技报告》(Scientific and Technical Aerospace Reports, STAR),它专用于 NASA 报告的检索。

另外,还有一些检索工具也兼收科技报告。例如美国生物科学发报社(BIOSI)出版的《生物学文摘 / 报告、评述、会议》(BA/RRM)、国际原子能机构(IAEA)所属国际核情报服务处(INIS)出版的《原子索引》(INIS Atomindex)、日本《科技文献速报》、美国化学文摘服务社出版的《化学文摘》(CA)等也可以用作查找科技报告的检索工具。

(六)科技报告全文的获取方法

从检索工具中查到了所需的科技报告后,可通过 3 种途径得到报告的全文。

1. **订购**　可以根据 GRA & I 中提供的某篇报告的 NTIS 订购号、报告名称、出版年月及价格，通过各地的外文书店向美国 NTIS 订购，也可在网上直接订购。

2. **借阅**　应该注意的是，国内不是所有的图书馆、情报所都收藏科技报告，系统收集的单位更少，因此必须了解本地和附近有哪些单位收藏、收藏范围如何。如北京的中国科技信息研究所和上海图书馆是系统收集美国的四大报告和其他科技报告的主要单位。但限于经费，国内收藏的国外科技报告只是其中的一小部分。

3. **向报告的著者索取**　当国内无收藏，而且受本人（或单位）的经费限制，无力向国外购买报告时，可直接写信给著者索取复印件。对于非近期的报告，要注意著者有可能调动工作单位，应通过近期检索工具的著者索引进行核实。

（陈东林　顾东蕾）

随着计算机网络技术和现代通信技术的飞速发展，人类已经进入信息时代、网络时代。作为专业的药学人员，检索和交流网络信息资源现在已经成为其工作和生活中必不可少的一部分。互联网上的信息资源呈现出分布广泛和类型丰富的特点，我们要在浩如烟海的网上资源中快速、准确、全面地查到所需的药学信息，就要掌握常用搜索引擎的使用技巧，了解搜索引擎的概念、分类和工作原理；掌握 OA 的概念、基本模式及 DOAJ 和 PMC 的使用方法，熟悉其他常用的国内外生物医药类开放获取资源；掌握国家食品药品监督管理总局及其直属单位、国家卫生和计划生育委员会、中医药管理局、商务部、丁香园、小木虫等网站和药学相关的内容及使用方法，熟悉其他常用的药学网站。

第一节　网络信息资源与搜索引擎

一、网络信息资源概述

（一）网络信息资源的定义

网络信息资源（network information resources）是指通过计算机网络可以利用的各种信息资源的总和，又称虚拟资源。总的来说是指将文字、声音、图像、视频等多种形式的信息以电子数据的形式存放在磁性介质或者光介质等非印刷型的载体中，并通过网络通讯由计算机或终端方式再现出来的信息资源。

（二）网络信息资源的类型

将网络信息资源按照不同的标准分为以下几类。

1. 按照网络信息的发布者身份进行分类

（1）政府机构信息：各个国家的各级政府机构网站一般提供的是政策性文件和相关的法律条文等信息。例如国家食品药品监督管理总局网站 http://www.sfda.gov.cn。

（2）学术组织信息：通过各种学术组织的网站，可以了解到某学术组织的学术观点和会议议程，了解行业的最新动态。例如中国药学会网站 http://www.cpa.org.cn。

（3）企业信息：企业通过互联网进行自我商业宣传和推销，用户通过企业网站可以了解企业的产品、服务、规模、动态和联系方式等信息。例如美国辉瑞公司网站 http://www.pfizer.com。

（4）大学信息：通过大学网站可以了解该大学的管理机构和院系设置、师资力量、科研实力和动向、联系方式等信息。现在各高校都在进行信息化校园建设，在学校的 IP 范围内或者通过 VPN 的方式，用户可以免费获得大学的教育资源，包括教学课件与视频、电子图书、付费数据库等。例如中国药科大学网站 http://www.cpu.edu.cn。

（5）图书馆信息：各级图书馆网站会提供大量的馆藏资源供读者进行查询和了解。例如中国国家图书馆 http://www.nlc.gov.cn。

（6）普通个人信息：个人网站、博客、微博、论坛和贴吧是网民个人和普通大众发布信息的重要渠道。例如新浪微博 http://www.weibo.com；百度贴吧 http://tieba.baidu.com。

2. 按照网络信息资源的安全级别进行分类

（1）完全公开的信息资源：这一类信息资源每个网络用户都可以获取和使用。例如各大门

笔记

户网站的新闻频道和政府机构面向大众的信息频道。

（2）半公开的信息资源：这一类信息资源是网络用户有条件地获得。例如在网站注册后通过缴纳一定的费用才能获得符合用户需求的信息资源。

（3）不对外公开的信息资源：这一类信息资源只提供给有限的具有一定要求的用户使用。例如在网站允许的 IP 范围内登录的终端才能获取到网站发布的信息。

3. 按照网络信息资源的传播范围分类

（1）光盘局域网信息资源：20 世纪 80 年代开始，计算机技术等相关技术的发展出现了新的信息载体——光盘。光盘以其容量大、存储信息密度高和存储信息类型多样等特点深受广大用户的推崇。之后随着网络技术的发展以及更大存储容量的硬件出现（例如大容量硬盘和光盘塔），光盘的多用户检索和联机共享被广泛使用。供单机使用的光盘数据库也可以实现局域网、广域网和 Internet 上共享。国内外曾经使用比较广泛的药学类光盘信息资源包括《美国化学文摘》的 CD-ROM 版本和重庆维普公司推出的国内最早的 CD-ROM 光盘数据库——《中文科技期刊数据库》。

（2）传统的联机检索信息资源：20 世纪六七十年代，欧美发达国家建立了计算机联机信息服务系统，例如美国的 Dialog 等，可以面向部分用户提供信息检索服务。这种早期的联机检索是集中式的网络系统，由联机检索中心、通讯网络和协议、检索终端三部分组成。用户通过操作检索终端，利用通讯网络这座桥梁访问联机检索中心获得相关信息。这种联机检索系统的方式有利于系统管理员的统一管理，安全性较高。但是因为所有的检索任务都由主机完成，所以主机负担重，容易出现故障导致瘫痪，从而影响整个系统的执行效率。而且更为重要的是这种联机检索系统的网络局限性导致其发展受限。经过多年的努力，世界知名的联机系统都建立了自己的 WWW 服务器，开发 Internet 接口，扩大了用户范围。

（3）Internet 信息资源：Internet 信息资源是目前发展最为迅速的信息资源，其网络资源的多样性、检索界面的友好丰富、操作的简便快捷是其最大的特点。Internet 信息的发布者包含各个层面，与传统的信息发布相比缺乏过滤机制，信息质量参差不齐，信息真假很难辨别，信息产生和消亡得十分频繁；但因其平等便捷的网络条件更加受到大众的认可。

换句话说，光盘局域网信息、传统的联机检索信息和狭义的 Internet 信息构建了 Internet 上的信息资源。

（三）网络信息资源的特点

与传统的信息资源相比，网络信息资源具有以下特点。

1. 数量庞大、增长迅速　根据中国互联网络信息中心 2015 年 7 月发布的《第 36 次中国互联网络发展状况统计报告》，截至 2015 年 6 月，中国的网站数量为 357 万个，半年增长 6.6%；我国的域名总数为 2231 万个，其中 .CN 域名总数为 1225 万个，半年增长 10.5%。

2. 内容丰富、覆盖面广　网络信息资源基本涉及了科学技术、经济管理、文化教育、政策法规、人才供给、房价物价、股市行情、娱乐消遣、医疗保健、旅游观光等内容，基本包含了社会的方方面面。

3. 传输速度快　根据中国互联网络信息中心 2015 年 7 月发布的《第 36 次中国互联网络发展状况统计报告》，截至 2015 年 6 月，中国国际出口带宽为 4 717 761Mbps。

4. 共享程度高　相比较传统的信息资源，网络信息资源的基础就是建立在共享的原则上，最大化地实现用户的信息资源共享。

5. 使用成本低　接入网络信息资源的终端门槛从早期价格高高在上的计算机到现在价格仅需几百元的手机，网络数据流量的使用费用也逐年下滑，网络信息资源使用的成本已经十分低廉。

6. 更迭快、难以预测　网络信息资源的出现和更迭是不受人为控制的，每个接入网络的普通大众都可以产生大量的信息数据,很难控制和管理。

7. 质量良莠不齐　网络的共享性与开放性使得普通大众都可以在互联网上索取和存放信息,由于没有有效的质量控制和管理机制,这些信息没有经过严格的编辑和整理,质量良莠不齐,各种不良和无用的信息大量充斥在网络上,形成了一个纷繁复杂的信息世界,给用户选择、利用网络信息带来了各种各样的障碍。

二、搜索引擎简介

在浩瀚的网络信息资源中,如何快速、有效、准确地获取所需要的信息是一件非常困难的事情。在这个背景下,网络搜索工具"搜索引擎"的出现让人们获取信息的方式有了很大的改变。

(一)搜索引擎的定义

搜索引擎(search engine)是指根据一定的策略、运用特定的计算机程序从互联网上搜集信息,在对信息进行合理的组织和处理后,为用户提供相关的检索服务,将用户检索的信息展示给用户的系统。

搜索引擎由搜索器、索引器、检索器和用户接口四部分组成。搜索器会定期或不定期地在互联网中漫游,发现和搜集网页或信息。索引器根据所搜索的信息进行理解和分析,从中抽取出索引项,用于表示文档以及生成文档库的索引表,从而建立索引库。检索器根据用户的查询在索引库中快速检索出文档,将文档中的检索标识和用户的提问标识进行匹配和相关度评价,对将要输出的结果进行排序,并实现相关的反馈机制。用户接口是用户输入查询条件、选择查询选项、显示查询结果的界面(图6-1)。

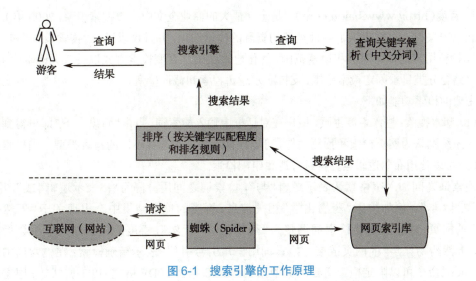

图 6-1　搜索引擎的工作原理

(二)搜索引擎的类型

搜索引擎的类型繁多,用户可以根据自己的需求来选择,其主要的分类方法有以下两种。

1. 按组合方式分类

(1)全文搜索引擎:搜索引擎由计算机控制,定期从互联网上提取各个网页的信息(包括文字、图片或视频)搭建网页数据库。当用户使用搜索引擎以关键词查询信息时,搜索引擎会在数据库中进行匹配,找到与用户要求内容相符相近的网站,采用特殊的算法(根据网页中关键词的匹配程度、出现的位置和频次,网页的链接质量)计算出各个网页的相关度等级,然后根据由高到低的顺序将这些网页链接反馈给用户,由用户自行选择。目前主流的搜索引擎都属于全文搜索引擎。

（2）目录搜索引擎：是互联网上最早出现的 WWW 资源查询的服务。搜索引擎以人工或半人工方式通过搜集互联网资源，对收集到的网页和网站将网址分配到相关分类主题目录的不同层次的类目之下，类似于图书馆目录一样的分类树形结构索引。用户无需输入任何关键词，只要根据网站提供的主题分类目录逐层点击进入，便可查询到所需的网络信息资源。这种方法查全率低，搜索范围狭窄，信息更新不及时，操作烦琐。

（3）元搜索引擎：该搜索引擎接受用户的查询请求后，同时在多个搜索引擎上搜索，并将结果返回给用户。和全文搜索引擎的最大区别有两点：一是全文搜索引擎只是单个的搜索引擎操作，而元搜索引擎可一次在多个搜索引擎中就同一个关键词进行检索，扩大了检索结果的范围；二是元搜索引擎在搜索结果方面的排序有的会直接按照来源排列搜索结果，有的则按照自定的规则将结果重新排列组合。著名的元搜索引擎有 infospace 和 sowang。

2. 按照采集内容分类

（1）综合搜索引擎：又称通用搜索引擎。搜索引擎采集网络资源时不受主题范围和类型的限制，给用户提供互联网上的多种类型的信息，信息覆盖面广，适用的用户没有局限性。检索结果涉及任何领域、任何方面的网络信息资源。根据中国互联网络信息中心 2014 年 8 月发布的《2014 年中国网民搜索行为研究报告》指出，百度搜索的品牌渗透率为 97.4%，腾讯搜搜 / 搜狗的渗透率为 43.6%，谷歌搜索的渗透率为 41.7%。

（2）专业搜索引擎：又称垂直搜索引擎。搜索引擎采集互联网的内容局限在某一学科专业领域，采集到的信息经过人工筛选和评价后整理编排供用户查找。例如学术网站大全 http://dir.cnki.net。

（三）综合搜索引擎

1. 百度（http://www.baidu.com） 是全球最大的商业全文中文类搜索引擎，2000 年 1 月创立于北京中关村。百度提供了多种类型的资源的检索选项，并且可以进行"搜索设置"和"高级搜索"，调整用户的检索习惯和检索范围，优化检索结果。百度检索方式以关键词检索为主，同时可以结合分类目录限定检索范围，支持布尔逻辑检索和截词检索。

主要的检索功能如下。

（1）基本搜索：进入百度主页，用户在对话框中输入检索词，点击"百度一下"即可得到检索结果。系统默认为网页检索和预测功能，可以根据用户需求选择不同的检索类型。当检索词为多个时，可以使用布尔逻辑运算符进行逻辑组配检索。

检索词之间加入空格默认表示逻辑"与"，检索词之间用分隔符"|"表示逻辑"或"，用"-"表示逻辑"非"。例如检索"药物化学"相关信息，百度的检索结果中会出现关于"天然药物化学"的网页链接；如果将检索词调整为"药物化学 - 天然"，百度的检索结果里不会再出现关于"天然药物化学"的网页链接。检索词用半角引号引住，表示精确检索；在检索词中使用"filetype："命令可以限定检索文献的类型，比如 DOC 格式、PDF 格式、PPT 格式等；限定检索词出现在网页标题中使用命令"intitle："；限定检索词出现在网页网址中使用命令"inurl："，比如检索教育类网站，使用"inurl：edu"即可；限定检索结果只在某一个网站范围内使用命令"site："。

检索结果中列表的网址后会有"百度快照"功能，该功能有两个好处：一是如果链接失效而打不开的网页可以通过百度快照查看存储在百度服务器的网页信息；二是如果网页服务器在国外网速不稳定打开很慢，可以使用百度快照快速查看在国内的百度服务器上的网页信息。

（2）高级搜索：点击百度主页右上角的设置，选择"高级搜索"，会出现新的对话框界面供用户进行表单式的检索，搜索结果对话框分别对应的命令是"与""精确检索""或""非"。文档格式

笔记

选项对应的命令是"filetype："；关键词位置选项对应的命令是"默认""intitle：""inurl："；站内搜索对应的命令是"site："，注意网址不要加"http://www."。如图6-2所示。

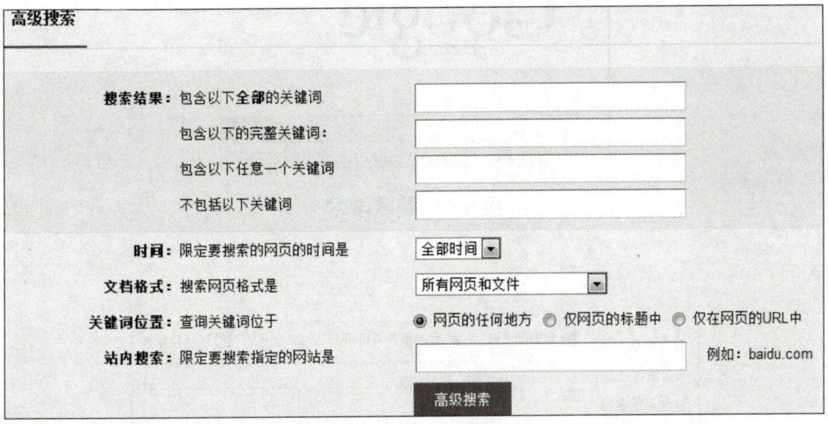

图6-2 百度高级搜索

（3）网站导航：百度主页设有新闻、hao123、地图、视频、贴吧等基本频道和信息类型链接，根据用户的需求选择。如点击右上角的更多产品选择全部产品，可见百度的所有资源列表。如图6-3所示。

图6-3 百度产品大全

2. **谷歌学术**（http://scholar.google.com） 是一个可以免费搜索学术文献的网站（类似的有百度学术等），信息资源包括全球大部分出版的学术期刊等各种出版物，部分提供免费资源下载，这些资源来自学术著作的出版商、专家评审文献、论文、书籍、预印本、摘要以及技术报告等。谷歌学术提供快速检索和高级检索两种方式。检索方式和技巧与百度类似，不再赘述。具体见图6-4和图6-5。

笔记

图6-4   谷歌学术

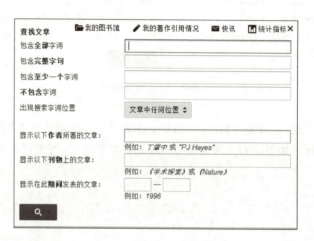

图6-5   谷歌学术高级设置

3. **百链数据库**   百链(http://www.blyun.com/)是超星公司推出的云图书馆,目的是实现区域内多个图书馆的资源共享。百链以区域内图书馆收录的各种中外文学术资源元数据为基础,通过对收录的元数据数据库进行检索,从而实现资源的一站式检索。百链集成了 270 个中外文数据库(包括 SpringerLink、ProQuest、EBSCO 等外文数据库和中文学术期刊、万方、维普等中文数据库)收录的学术资源,可检索的资源类型涵盖图书、期刊、会议论文、学位论文、报纸、专利、标准、视频等,作为新一代的云图书馆,也是图书馆的应用平台及全文传递平台,每天的数据都以 10 万～20 万条索引的速度更新,并且通过超链接方式帮助读者找寻获取途径,提供全新的利用图书馆的形式。一站式检索对网络中的数字资源进行整合,为用户在多个不同的数据库中检索信息提供了便利,从而提高了用户获取资料的效率。

(1)基本检索:首先访问 www.blyun.com 进入百链,在图书、期刊、学位论文、会议论文等文献类型中选择要检索的文献类型,可以在检索框下方选择全部字段、标题、作者、刊名或关键词,然后根据文献的语言种类选择中文搜索或外文搜索。

(2)高级搜索:可以点击高级搜索链接进入高级搜索界面。在高级搜索界面可以增加搜索框,输入不同的检索词以及使用布尔逻辑运算符表示多个检索词之间的关系,也可以限定检索文献的时间范围。

(3)查看搜索结果:对于搜索到的结果,可以通过左侧的类型、年代、学科、期刊种类、来源等进行聚类,也可以在搜索结果中进行二次检索以缩小范围。在搜索结果中选择需要的文献,即可进入详细页面查看文献的标题、作者、刊名、出版日期等信息。在详细信息页面右侧可以找到"获取资源"栏目,如果存在"本馆全文链接",可以直接点击进入,阅读和下载全文;对于没有"本馆全文链接"的文献,可以通过"邮箱接收"以文献传递的方式获取(需要填写自己的电子

笔记

邮箱地址并验证,然后在邮箱中查看)。

(四)药学专业搜索引擎

1. 药品网(http://www.drugs.com)　该网站(图6-6)提供了超过 24 000 多个处方药的信息,还包括非处方药物和天然产物。数据信息来源包括 Micromedex 公司、Cerner Multum 公司和 Wolters Kluwer 公司,不定期更新网站数据。网站有多种服务提供,比较具有代表性的有 drugs A-Z、pill identifier、interaction checker。和 http://www.drugs.com 类似的网站还有 http://www.rxlist.com。

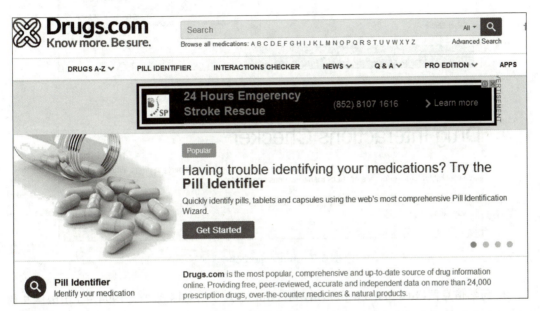

图6-6　drugs 网站主页

(1) drugs A-Z:该功能可以根据药物的通用名检索药物数据库 A-Z drug index,查询药物的各种信息。除此功能外,还有查询功能可以选择。如图6-7所示。

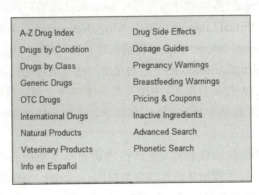

图6-7　drugs A-Z

(2) pill identifier:该功能可以根据药片的形状、颜色,以及药片上的字母查询出药片的具体成分和相关信息。此项功能仅限于美国 FDA 批准的处方药和非处方药中的片剂剂型。如图6-8所示。

(3) interaction checker:如果患者同时服用多种药物时,通过该功能可以查询药物之间的相互作用,避免不必要的副作用和不良反应,减少对患者的影响。这项功能尤其适合需要长期服用多种药物的老年人,也可以帮助医师和药师查询相关的信息。如图6-9所示。

笔记

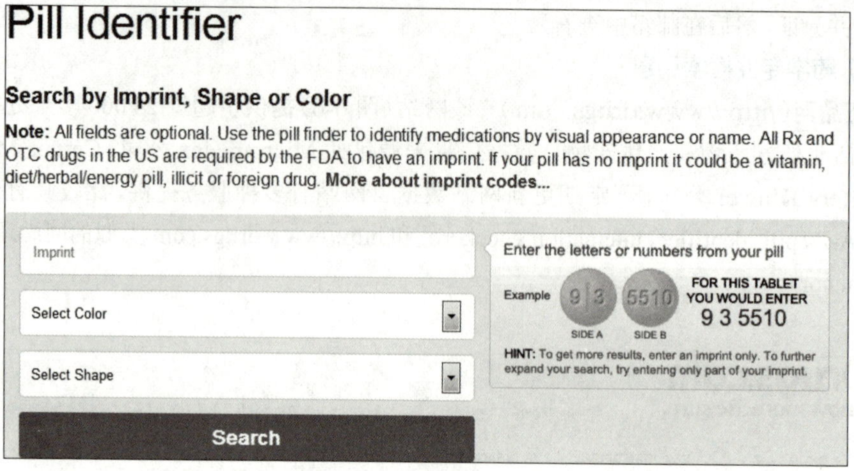

Pill Identifier

Search by Imprint, Shape or Color

Note: All fields are optional. Use the pill finder to identify medications by visual appearance or name. All Rx and OTC drugs in the US are required by the FDA to have an imprint. If your pill has no imprint it could be a vitamin, diet/herbal/energy pill, illicit or foreign drug. **More about imprint codes...**

Imprint		Enter the letters or numbers from your pill

Imprint

Select Color

Select Shape

Example　9 3　5510　**FOR THIS TABLET YOU WOULD ENTER**　9 3 5510

SIDE A　SIDE B

HINT: To get more results, enter an imprint only. To further expand your search, try entering only part of your imprint.

Search

图 6-8　pill identifier

Drug Interactions Checker

Type in a drug name and select a result from the list. Repeat the process to add multiple drugs. When complete, save your list for future reference or check for interactions immediately.

Drug Name　　　　　　　　　　　　　　　　　　　　　**Add**

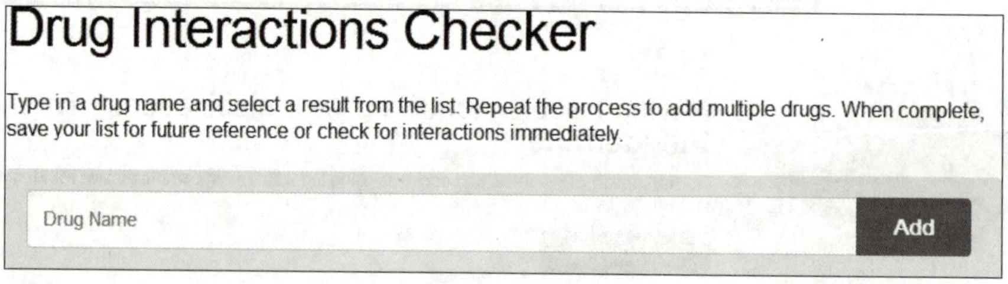

图 6-9　interaction checker

2. **药学信息网**（http://www.pharmweb.com） 药学信息网建立于 1994 年，由医学和药学的专业人员管理和维护，是提供药学相关信息资源的专业网站，网站采用分组分层式的索引结构，为用户提供不同的检索需要。主要栏目包括 Conferences/Meetings（会议）、PharmWeb Discussion Forum（网站讨论组）、World Wide Pharmacy Colleges/Departments/Schools（全球药学高校）、Government and Regulatory Bodies（政府和管理机构）、Patient Information（患者信息）、PharmWeb Yellow Web Pages（药学信息网黄页）、Societies（社团）、PharmWeb Appointments（网站职位空缺）、PharmWeb Virtual Library（虚拟图书馆）、Newsgroups（新闻组）、Continuing/Further Education（继续教育）、Special Interest Pages（特别兴趣）等。如图 6-10 所示。

3. **药物在线**（http://drugfuture.com） 药物在线网站是国内的药学方向数据库检索的重要网站之一，网站提供了 FDA 药品数据库、中国及其他国家的专利数据库、中国及其他国家药典等多种数据库的检索，满足药学专业人员在工作和学习中的各种检索需求。其中使用较多的有以下几个数据库。

（1）物质属性数据库（含活性物质、非活性物质的基本概况）：①化学物质索引数据库（Chemical Index Database）；②药物非活性成分数据库（Inactive Ingredient Search for Approved Drug Products）；③药用辅料手册（Handbook of Pharmaceutical Excipients）；④化学物质毒性数据库（Chemical Toxicity Database）。

（2）化学合成数据库：①药物合成路线数据库；②新版有机人名反应库。

（3）专利全文下载数据库：①美国 FDA 药品专利库（U.S. FDA Drugs Patent Database）；②中国专利打包下载；③美国专利打包下载；④欧洲专利打包下载。

（4）药品注册信息数据库：①中国药品注册数据库（Chinese Marketed Drugs Database）；②美国 FDA 药品数据库（U.S. FDA Drugs Database）；③药品标准查询数据库（Drug Standard Database）。

笔记

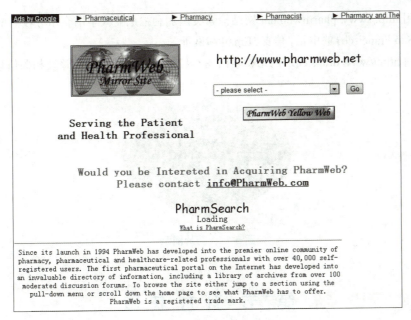

图 6-10　PharmWeb 主页

三、检 索 实 例

利用谷歌学术检索 2014 年来发表的关于苯磺酸氨氯地平被引量最高的期刊类文献。

在浏览器地址栏里输入 http://scholar.google.com，进入谷歌学术，在对话框输入"Amlodipine Besylate"。

其中第一条文献被引用了 228 次，为引用次数最多的文献，得到检索结果。每一篇报道的文献包含标题、作者、出版物信息、文摘、引用次数、相关文章、所有 n 个版本、引用和保存。小部分文献可以提供全文下载服务（例如标题后标有 PDF 的），标有 HTML 的会链接到出版社出版此文献的所在界面。如图 6-11 所示。

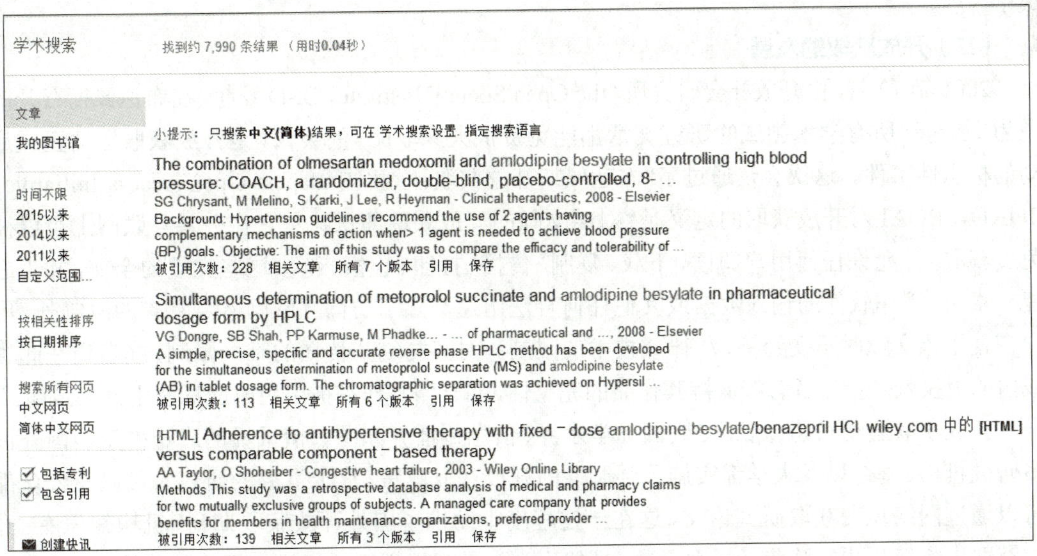

图 6-11　谷歌学术检索界面

四、实 习 题

1. 利用谷歌学术检索药物阿托伐他汀钙原料药的合成路线的综述论文文献。

笔记

2.利用 http://www.pharmweb.net 网站检索美国加利福尼亚大学旧金山分校（University of California-San Francisco）的电话，传真、Email 和网址。

3.利用 http://www.drugs.com 网站检索出图 6-12 中药片的成分和用途及相关信息。

图 6-12　药片图示

第二节　开放获取

一、概　　述

开放获取（又称开放存取，open access，简称 OA）是国际学术界、出版界、图书情报界为了推动科研成果通过互联网免费、自由地利用而进行的运动。其目的是促进科学信息的广泛交流，提高科学研究的公共利用程度，对世界各国平等、有效地利用人类的科技文化遗产和科技成果具有重要意义。

（一）开放获取的概念

开放获取是指在网络范围内任何人都可以免费、及时、永久、全文联机获取数字科技与学术资料。这里的学术资料主要是在同行评议的期刊上发表的研究资料。开放获取意味着任何用户在任何地方都可以利用互联网链接、阅读、下载、存储、打印、使用和数据挖掘这篇文章的数字内容。

（二）开放获取的发展

2001 年 12 月，由开放社会研究所（the Open Society Institute，OSI）发起，在布达佩斯召开的题为"加速让所有学术领域的研究文章都能免费供大家取阅"的会议，是开放获取运动正式启动的标志性事件。这次会议通过了"布达佩斯开放获取计划"（Budapest Open Access Initiative，BOAI）。BOAI 对开放获取的定义是"对某文献的开放获取即意味着它在公共互联网上可以被免费获取，并允许任何用户阅读、下载、复制、传播、打印、检索、链接这些文献的全文，并为之建立索引，用作软件的输入数据或其他任何合法用途。除了访问互联网本身具有的限制外，用户在使用该文献时不受经济、法律或技术的限制。对其复制和传播的唯一限制，或者说在此领域内的版权就是指作者有权保持其作品的完整性，并且当其作品被引用时应标明出处并致谢。"

开放获取运动兴起以后，受到国际学术界、信息传播界和图书情报界的广泛推崇。国外很多研究机构、基金以及大学都实施了强制性的开放获取政策，让全世界的研究人员以及公众都可以通过网络免费获取研究论文，这在一定程度上助推了国外开放获取期刊、机构知识库、开放获取出版等形式的繁荣。反观国内，虽然不少大学都积极开展机构知识库的建设，但是由于缺乏相关政策的支持，其建设质量普遍不高，普遍存在无法获取全文等问题。为此，我国出台了强制性开放获取政策。在 2014 年 5 月 15 日召开的全球研究理事会（Global Research Council，GRC）2014 北京会议新闻通气会全体大会上，为响应 GRC 的开放获取行动计划，国家自然科学基金委员会和中国科学院一同发布强制开放获取政策声明。《中国国家自然科学基金委员会关

笔记

于受资助项目科研论文实行开放获取的政策声明》：国家自然科学基金全部或部分资助的科研项目投稿并在学术期刊上发表研究论文的作者应在论文发表时，将同行评议后录用的最终审定稿存储到国家自然科学基金委员会的知识库，不晚于发表后 12 个月开放获取。如果出版社允许提前开放获取，应予提前；如果论文是开放出版的，或出版社允许存储最终出版 PDF 版的，应存储论文出版 PDF 版，并立即开放获取。中科院：我院研究人员和研究生以我院所属机构名义承担的各类公共资助科研项目，自本政策发布之日起投稿并在学术期刊上所发表的研究论文，作者应在论文发表时把同行评议后录用的最终审定稿存储到所属机构的知识库，并于发表后 12 个月内开放获取。

（三）开放获取的运行模式

科学信息的开放获取主要有两种运行模式：自存储（self-archiving）模式（也称开放仓储）和开放获取期刊（open access journals）模式。

1. 自存储模式　自存储模式是由作者自己或第三方将学术信息存储在公众可自由获取的作者个人网站、学科知识库（disciplinary repository）或机构知识库（institutional repository）中，供公众免费获取所需的学术信息的模式，这种传播模式常被称为实现开放获取的"绿色之路"（green road to open access）。

（1）机构知识库：机构知识库是收集、存放由某一个或多个学术机构的专家、教授、学生创建，可供机构内外用户共享的学术文献的数据库。目前全球有多个机构建立了机构知识库，如美国密歇根大学的 Deep Blue at the University of Michigan 和美国麻省理工学院的 DSpace@MIT，其全文获取率近 100%。

（2）学科知识库：学科知识库是收集、存放某一学科的学术信息并提供给网络用户共享的数据库。现在许多学科已建立了这种学科知识库，其中生命科学领域中的公共医学中心（PubMed Central，PMC）是一个生命科学期刊文献的数字化资料库，由美国国家医学图书馆（NLM）的国家生物技术信息中心开发和设计，获取 PMC 的期刊文献是免费的、不受限制的。

2. 开放获取期刊模式　开放获取期刊模式就是由作者支付论文处理费，读者通过互联网免费查阅的网络期刊出版模式。这种传播模式常被称为实现开放获取的"金色之路"（golden road to open access），是目前学术界大力提倡的开放获取的主要实现形式。

目前，在开放获取期刊中比较著名的有美国的《公共科学图书馆（生物学）》卷、英国的生物医学中心系列期刊等。《公共科学图书馆（生物卷）》（PLOS Biology）对读者免费，但向论文作者收费，其目标是创办一种与 Science、Nature、Cell 等相媲美的具有国际顶级水平的高质量、高知名度的科学期刊。生物医学中心（BioMed Central，BMC）是一个独立的出版商，提供经过同行评审的生物医学研究资料，所有发表在 BMC 刊物上的研究文章均可随时在网上免费任意查阅，亦无其他任何限制。

（四）开放获取资源的特点

1. 作者付费，读者免费　这是开放获取出版在出版形式上的重要特征。这里的作者付费，包括作者个人付费和作者所在机构或赞助者付费。读者免费获取是开放获取出版之所以受到公众及文献收藏机构（如图书馆）欢迎的主要原因。

2. 时效性强，交互性强　与传统的出版模式相比，开放获取出版尤其是即时性开放获取出版能够省去编辑、出版、印刷、发行等环节，因而极大地提高了出版发行的时效性。而且，开放获取出版因以网络为载体，所以能够具有即时交互的功能，这一点是传统出版形式所望尘莫及的。

3. 开放性与互操作性　为使互联网的用户能够查找检索 OA 资源的信息，机构仓储系统或开放获取期刊均支持、遵循互操作性协议，以利于被第三方搜索引擎所寻获。

笔记

4. 内容丰富，形式多样　OA 覆盖不同学科、不同领域、不同地域、不同语言的信息资源。既有期刊论文、学位论文、会议论文、科技报告等，又有图像、声音、软件等多媒体信息，是多媒体、多语种、多种类型信息的混合体。

5. 作者拥有作品的版权　开放获取出版是在遵守著作权法的前提下开展的，作者拥有作品的原始版权。这与传统的出版模式是完全不同的，因为大多数传统的学术期刊要求作者必须签署将版权转让给出版商的协议书，但在开放获取的环境下，版权属于作者所有。

6. 学术价值高　许多开放获取信息，特别是开放获取期刊的文章与传统的出版刊物一样须通过严格的同行评审才能出版，从而保证开放获取期刊文章的学术质量。2013 年年底，科学引文索引 SCI 已收录 1100 种开放获取期刊。另外，机构学术仓储收集、整理、存储一个或多个机构的科技成果，它所收集的学术成果可反映一个或多个机构的学术质量与学术水平，同样具有很高的学术价值。

7. 学术信息获取便捷，影响力大　开放获取资源可从互联网上免费、无限制、方便、快捷地获取，改变了传统的学术传播与交流方式，推动了科学的发展，同时也增加了作者的能见度，提高作者的学术影响力。

8. 作品内容变更的随时性　由于开放获取出版也是一种"桌面出版"（即出版技术环节均通过计算机进行），所以作品内容的增删、修改甚至全文删除都可以随时进行。当然，如果这一过程由第三者操作，则必须得到作者的授权。对传统的出版形式来说，由于纸张载体的限制，这种随时性的内容变更是难以做到的。

任何事物都有其两面性，开放获取具有开放、免费等特性，但也面临着运行费用、质量控制、知识产权等各种问题。如一些开放期刊为了追求更高的商业利润，不严格控制审稿环节和论文筛选，在降低学术质量的情况下接收论文。

二、国内外生物医药类开放获取资源

（一）国外开放获取资源

1. OA 医学信息仓储

（1）开放获取知识库名录（http://www.opendoar.org/）：开放获取知识库名录（the Directory of Open Access Repositories，OpenDOAR）是关于开放获取知识库的权威目录与工具。OpenDOAR 旨在通过对全球范围内的开放获取知识库资源进行系统的搜集、描述、组织和传递，提高开放获取学术资源的获取和使用效益，推动开放获取的发展。

OpenDOAR 名录提供有关机构知识库、学科资源库等资源的目录列表，是生命科学领域最好的机构库导航目录，用户可以通过知识库的地点、类型、收录资料类型等方式检索和使用这些知识库。比较适合那些在专门知识库中查找原始研究论文的用户使用，也适合于搜索引擎等第三方服务使用。

（2）开放获取期刊名录（https://doaj.org/）：开放获取期刊名录（Directory of Open Access Journals，DOAJ）是全球开放获取期刊目录，创立于 2003 年 5 月。其目的有两个：一是增加开放获取期刊的显示度，方便使用开放获取期刊；二是促进开放获取期刊的使用，增加开放获取期刊的影响力。用户可以按刊名字顺浏览期刊，或者按专业主题浏览特定类别的期刊。DOAJ 收录的均为学术性、研究性期刊，具有免费获取、可全文检索、质量高等特点，内容涵盖多个学科主题，对学术研究有很高的参考价值。初期的 DOAJ 仅收录期刊 350 种，截至 2015 年 10 月已发展到收录 10 624 种开放获取期刊，其中 6522 种可以进行全文检索。DOAJ 收录的期刊均实行严格的同行评议和编辑质量控制，论文质量较高，有较高的学术研究参考价值。

（3）High Wire Press（http://highwire.stanford.edu/lists/freeart.dtl）：High Wire Press 是全球最大的免费自然科学文献网站之一，同时也是为全球免费提供全文检索的学术文献出版商之一，由美国斯坦福大学创立于 1995 年。截至 2015 年 3 月，High Wire Press 提供的免费检索期刊有 1700 种，共收录 2 434 604 篇免费的全文文章和 7 659 003 篇总文章，主要包括生命科学、医学、物理学和社会学领域的核心期刊，被称为全球最大的免费全文学术论文数据库。页面上列出所有可供检索的期刊名称：标识为 free site 的期刊是完全免费的期刊，可以看到数据库里任意卷期的全文；标识为 free trial period 的期刊是免费试用的期刊，在一段试用期内可以免费得到期刊全文；标识为 free back issues 的期刊是指不能看到最新出版卷期的论文，但可以回溯到每个时间段的论文。

（4）PubMed Central（http://www.ncbi.nlm.nih.gov/pubmed/）：PubMed Central（PMC）是美国国立卫生研究院（National Institutes of Health，NIH）下属的美国国立医学图书馆于 2000 年开发的生物医学文献数据库，建立在国立生物医学信息中心（National Center for Biotechnology Information，NCBI）平台上，是 NCBI Entrez 数个数据库查询系统中的一个，涵盖 1966 年至今的生物医学文献索引信息。截至 2015 年 10 月加入 PMC 的期刊有 1700 多种，涉及生物学、行为科学和临床研究等学科领域，提供完全免费的全文服务。有的期刊可在出版后立即下载全文，有的期刊则需要在出版 6 个月或 12 个月或 24 个月后才可下载全文。该中心采用的研究论文必须经过同行的严格评议，用户不需要任何注册。出版社自愿参加 PMC，但必须满足编辑出版标准。PMC 论文的版权属于期刊或作者所有。PMC 目前是国际上公认的检索生物医学文献时最权威、利用率最高、影响最广的数据库之一，也是我国教育部、卫计委认定的科技查新必须检索的国外医学数据库。

（5）Open Science Directory（http://www.opensciencedirectory.net/）：Open Science Directory 是 OA 期刊查询的入口，可以检索到世界上大部分开放存取的期刊，现可查到 13 000 个 OA 期刊，其中包含了一些著名的 OA 期刊目录，例如 DOAJ、PMC、BioMed Central 和 High Wire Press 等。

2. 开放获取期刊

（1）公共科学图书馆（http://www.PLOSone.org/）：PLOS（the Public Library of Science，PLOS）于 2000 年创建，是由科学家和医师自愿参加组成的非营利性机构，原是开放存取的拥护者和鼓吹者，后来成为重要的开放存取杂志的出版商之一。其目标是致力于促进全世界的科技和医学文献的传播，向全世界的用户提供最新的医学科研成果。其最初号召出版社在期刊出版后的 6 个月内将期刊存入档案库，如 PubMed Central，从而提供开放获取服务。由于很多出版社不能配合，PLOS 的领导者计划建立自己的一套开放获取期刊以便保证开放获取计划的实施。从 2003 年 10 月 13 日发行了它的第一种开放存取的刊物 PLOS Biology，其综合性和易读性都很好，影响因子达到 9.3。目前 PLOS 出版了 8 种可以免费获取全文且经过同行专家评审的关于生命科学与医学领域的期刊，分别是 PLOS Biology、PLOS Medicine、PLOS Computational Biology、PLOS Genetics、PLOS Pathogens、PLOS Clinical Trials、PLOS One、PLOS Neglected Tropical Diseases。

（2）生物医学中心（http://www.biomedcentral.com/）：生物医学中心（BioMed Central，BMC）是全球第一家开放获取出版社，现隶属于 Springer 出版集团。BMC 致力于提供经过同行评议的生物医学类期刊的开放获取服务，现共出版 280 多种期刊，已发表超过 135 000 篇经同行评审的开放获取文章，涵盖生命科学和医学的各个领域，其中已有 170 多种期刊被 SCI 收录，164 种期刊已有影响因子。在 BMC 上获取原文可以通过浏览的方式找到和本专业相关的期刊，然后通过卷期浏览文献；也可以通过检索的方式检索关键词或主题词等获取相关文献。该网站提供了很多高级检索的功能，包括布尔逻辑运算等方式。

（3）Springer Open（http://www.springeropen.com/）：Springer Open 创立于 2010 年，是

笔记

Springer 集团除 BioMed Central 之外的另一个纯开放出版平台。Springer Open 发展迅速,现已出版 180 多种期刊,内容横跨科学、技术、医学、人文及社科等各个领域,实现了开放获取期刊的全学科覆盖。虽然各刊创立时间尚短,但是 20 种期刊已获得影响因子。2012 年,Springer Open 开始覆盖图书出版。

(4) J-STAGE(http://www.jstage.jst.go.jp/browse/-char/en):由日本科学技术振兴机构(Japan Science and Technology Agency, JST)创建,即时发布日本科学技术研究的杰出成果和发展,传播科技期刊文献信息,促进国内外对研究成果的评价,促进科学研究和发展。出版的期刊涉及各个学科领域,收录了日本各科技学会出版的文献(以英文为主),包括 1768 种电子期刊、多种会议录以及研究报告等。

(二)国内开放获取资源

1. **中图链接服务(cnpLINKer)(http://cnplinker.cnpeak.com/)** 为了给读者用户提供一个方便、快捷的查阅国外各类期刊文献的综合网络平台,中国图书进出口总公司组织开发了 cnpLINKer(cnpiec LINK service)在线数据库检索系统,并正式开通运行。截至 2015 年 8 月,cnpLINKer 收入的 OA 期刊已有 46 052 种,可供用户免费下载全文。cnpLINKer 目前主要提供国外期刊的目次和文摘的查询检索、电子全文链接及期刊国内馆藏查询功能:①目次和文摘的查询检索:提供简单检索、高级检索、专家检索和期刊浏览 4 种方式查询检索期刊的目次和文摘,附加历史记录检索和选择打印编目记录的功能;②电子全文链接:提供用户访问基于 web 的全文电子期刊的链接通道;③国内馆藏查询:提供期刊目前在国内各大图书馆的馆藏情况说明,用户可了解到该刊在国内的馆藏,从而选择借阅。

2. **OA 资源一站式检索服务平台(Socolar)(http://www.socolar.com/)** 从用户的信息需求和信息检索角度考虑,中国教育图书出口公司启动了"OA 资源一站式检索服务平台(Socolar)"项目,旨在为用户提供重要的 OA 资源一站式服务,并力求实现以下功能:① OA 资源的检索和全文链接功能:全面系统收录重要的 OA 资源,包括重要的 OA 期刊和 OA 仓储,为用户提供题名层次和文章层次的浏览、检索和全文链接服务;②用户个性化的增值服务功能:根据用户的个性化需求,为用户提供 OA 资源各种形式的定制服务和特别服务;③ OA 知识的宣传和交流功能:建立权威的 OA 知识宣传平台和活跃的 OA 知识交流阵地,用户可以通过该平台了解 OA 的基本知识和发展动态,也可以与他人进行互动交流;④ OA 期刊的发表和仓储服务功能:为学者提供学术文章和预印本的 OA 出版和仓储服务。截至 2015 年 8 月,Socolar 收入的 OA 期刊已有 11 739 种,包含文章 13 503 317 篇;OA 仓储数目 1048 个,包含文章 10 391 241 篇;平台收录文章总计 23 894 558 篇。

3. **中国科技期刊开放获取平台(COAJ)(http://www.oaj.cas.cn/)** 由中国科学院主管、中国科技出版传媒股份有限公司主办、北京中科期刊出版有限公司承办的一个开放获取、学术性、非营利性的科技文献资源门户。其于 2010 年 10 月上线运行,目的是集中展示、导航中国开放获取科技期刊,强化科技期刊的学术交流功能,提升中国科技期刊的学术影响力,引领中国科技信息的开放获取。截至 2015 年 10 月,COAJ 收录的期刊数量为 650,可检索论文的期刊数量为 337,论文数量为 1 419 694。其期刊分级为 A(本站全文 - 即时开放)、B(本站全文 - 延迟开放)、C(本站摘要 - 链接全文)、D(本站期刊基本信息 - 链接期刊网站)。

4. **香港科大机构 OA 仓储(http://repository.ust.hk/ir/)** 香港科大机构设立的仓储收录、分类和保存香港科大的数字资源产品,能够提供各种数字形式的文章、研究论文、预印本、技术报告和经过评审的论文等,数据库每天都在增加新内容。收藏的内容涉及符合香港科大仓储要求的管理机构,如学校、部门、实验室和研究中心,这些部门存入仓储中的文献数量不受限制。

笔记

三、检 索 实 例

例如查找壳聚糖（chitosan）结肠靶向（colon-specific）的免费外文全文文献。

（1）分析课题：本课题欲查找壳聚糖结肠靶向免费外文全文文献，可选用国外开放获取资源进行检索，此处以"BMC"和"Springer Open"为例。

（2）检索步骤

1）BMC 检索：进入 BMC 网站，网页右上角有一个搜索框，输入 chitosan，点击查询按钮，可以查询到所有领域内含有 chitosan 的文章共有 675 篇，后面都标注有可以开放获取。点击任意一篇文章的题目，可以看到文章的全文，在页面右侧有 PDF 按钮，点击进入可以获取文章的 PDF 格式全文，此时我们可以自行下载并保存这篇文章。如果在搜索框中输入 chitosan colon-specific，点击查询按钮，可以看到所有领域内的文章中含有 chitosan colon-specific 的有 11 篇，都可以免费获取全文。

2）Springer Open 检索：进入 Springer Open 网站，网页右上角有一个搜索框，输入 chitosan，点击查询按钮，可以看到查询到所有领域内含有 chitosan 的文章共有 257 篇，后面都标注有可以开放获取。点击任意一篇文章的题目，可以进入文章的全文页面，在页面右侧有一个 PDF 按钮，点击进入可以获取文章的 PDF 格式全文，此时我们可以自行下载并保存这篇文章。如果在搜索框中输入 chitosan colon-specific，点击查询按钮，可以看到文中含有 chitosan colon-specific 的文章总共有 3 篇，都可以免费获取全文。

四、实 习 题

1. 结合本节内容尝试找到和你专业相关的 1 种开放获取外文期刊，登录期刊页面并浏览（或检索），了解可下载期刊论文全文的年限、全文格式（是 PDF 还是 HTML 或其他形式）。

2. 请在 BMC 中检索关于噻吗洛尔眼用制剂的文献。

3. 请在 PMC 中检索关于对乙酰氨基酚不良反应的文献。

第三节　常用医药学网站

一、国内生物医药学网站

国内生物医药学网站的数量较多，可以为我们提供从药品研究、生产、流通、使用和监管的各种信息，但其质量参差不齐，我们要辩证地来看待所检索到的信息。

（一）政府机构主办的网站

目前我国政府部门掌握着大部分有价值的信息资源，政府上网可以使这些数据资源得以最大限度的共享；并且通过公开政府部门的机构组成、职能、办事程序等，还能够大大提高工作的透明度，方便公众行使对政府工作的民主监督权利，推动我国社会的民主化进程。我国政府对电子政务尤其关注，期望快速推进电子政务的发展，使得政府可以扩大信息公开，促进信息资源共享，推进政务协同，提高行政效率，改善公共服务，有效推动政府职能转变。

2012 年国家发改委发布了《国家电子政务"十二五"规划》，提出了"十二五"期间电子政务的发展目标，即政务部门的主要业务信息化覆盖率，中央和省级超过 85%，地市和县区分别平均达到 70% 和 50% 以上。加强政府网站建设和管理，促进政府信息公开，推动网上办事服务，加强政民互动。加大政府网站信息公开力度，不断丰富公开信息内容，提高公开信息质量，增强信息公开的主动性、及时性和准确性。大力提升政府网站网上办事能力，以社会公众为中心，

笔记

扩大网上办事服务事项,优化办事流程,不断提高网上办事事项的办事指南、表格下载、网上咨询、网上申请、结果反馈等5项服务功能的覆盖率,提高便捷性和实效性。

1. **中华人民共和国中央人民政府门户网站**（http://www.gov.cn）　中国政府网于2005年10月1日开通,是国务院和国务院各部门,以及各省、自治区、直辖市人民政府在国际互联网上发布政务信息和提供在线服务的综合平台。网站现开通"国务院、新闻、专题、政策、服务、问政、数据、国情"等栏目,面向社会提供政务信息和与政府业务相关的服务,方便公众了解国家法律法规和重大决策,逐步实现政府与企业、公民的互动交流。如其中"政策"栏目又包括中共中央文件、国务院文件、解读（专家、媒体、评论、部门）、法律法规（法律、行政法规、部门规章）、国务院公报和政府白皮书等,我们可以从中得到全方位的法律法规信息。如从2015年第21号"国务院公报"可以查到发改价格[2015]918号《发展改革委关于公布废止药品价格文件的通知》,从该通知中可以了解自2015年6月1日起废止了哪些药品价格文件。

2. **国家食品药品监督管理总局及其直属机构网站**　国家食品药品监督管理总局（CFDA）自1998年成立以后,一直很重视网上政府的建设。从CFDA及其直属机构的网站不仅可以了解国家食药监总局公布的最新法规、公告,及全国食药监的最新动态;同时还可以了解各部门的机构组成、职能、办事程序等,大大提高工作的透明度;并且其正在大力开展网上办公,实现虚拟政府,以进一步深化政府转变职能的改革。这些网站对我们药学专业人员应该是最熟悉、最经常请教的良师益友。

（1）国家食品药品监督管理总局（http://www.sfda.gov.cn/）:国家食品药品监督管理总局（以下简称国家总局,原名国家食品药品监督管理局）的网站于2000年1月18日正式开通,经过多年运行,历经3次改版,进一步强化了"信息公开、公共服务、公众参与"的三大功能,成为CFDA电子政务的体现、政务公开的窗口。其网站在网页上方,设置了信息公开、公众服务、许可服务、专题专栏和数据查询五大版块;在网页右侧,开辟了食品、药品、医疗器械、保健食品和化妆品5个"快速通道";具体包括总局领导、公开专栏、图片新闻、时政要闻、最新动态、地方动态、法规文件、公告通告、征求意见、专题发布与访谈、网上办事、送达信息、申请表及软件下载、行政许可事项申办须知、行政许可综合事项查询、数据查询、司室专栏等栏目,内容极其丰富。如法规文件包括药品管理法、食品安全法、广告法、药品管理法实施条例、医疗器械监督管理条例、中药品种保护条例、麻醉药品和精神药品管理条例、反兴奋剂条例、局令、规范性文件、工作文件和其他相关法规。法规解读包括药品管理法问题解答、药品管理法释义、规章文件解答和医疗器械解答等。公告通告包括行政事项受理服务公告、食品抽检公告、食品生产监管、食品添加剂、食品生产许可审查、保健食品生产许可公告、药物临床试验机构认定公告、中药保护品种公告、药品GMP认证、GSP认证、GAP检查公告、GLP认证公告、质量公告、违法广告公告、医疗器械生产许可公告、医疗器械行业标准公告和其他公告通告。并且在国家总局的网站上还有其所有直属单位和地方食药监局的链接。

（2）中国食品药品检定研究院（http://www.nifdc.org.cn/）:中国食品药品检定研究院（以下简称中检院,原名中国药品生物制品检定所）是国家检验药品生物制品质量的法定机构和最高技术仲裁机构,依法承担实施药品、生物制品、医疗器械、食品、保健食品、化妆品、实验动物、包装材料等多领域产品的审批注册检验、进口检验、监督检验、安全评价及生物制品批签发,负责国家药品、医疗器械标准物质和生产检定用菌毒种的研究、分发和管理,开展相关技术研究工作。其网站主要设置工作动态、公告通知、政策法规、数据查询（进度查询、网上送检系统、批批检批签发、进口报告书查询、进口药品注册检验和国家抽验管理系统）、检务公开（送检须知、检验流程、网上送检、收费标准、检验周期、能力验证、培养基服务、基本药物平台、药包材注册审评、业务联系方式、下载区）等栏目。

中检院的网站上还有其二级网站标准物质与标准化研究所、实验动物资源研究所、编辑出版、医疗器械标准管理研究所、包装材料与药用辅料检定所和仿制药质量一致性评价工作办公室等的链接。

（3）国家食品药品监督管理总局药品审评中心（http://www.cde.org.cn/）：该中心是国家食品药品监督管理总局的药品注册审评机构，为药品注册提供支持。其网站主要设置"新闻中心、法规与规章、申请人之窗、信息公开、交流与反馈、科学研究、数据查询、临床试验登记与公示"等与药品审批注册有关的栏目。其中指导原则、国外参考指导原则和电子刊物等栏目对新药研究及注册帮助极大。

（4）国家药典委员会（http://www.chp.org.cn/）：国家药典委员会网站的工作动态栏目主要包括"通知公告（工作文件、标准公告），标准公示（中药、化学药品、生物制品、辅料、通则、医学评价、药包材），业务动态（中药、化学药品、生物制品 辅料、通则、医学评价和药包材），专项工作（2015版药典实施专栏、2010版药典增补征求意见、全球基金药品质量标准提高、中药注射剂标准草案公示、中药基本药物标准的公示、中药地升国试行标准转正）"。公众服务栏目中可查询标准和中药指纹图谱。

（5）国家食品药品监督管理总局食品药品审核查验中心（http://www.cfdi.org.cn/）：该中心是国家食品药品监督管理总局的直属机构，主要负责组织制定药品、医疗器械、化妆品审核查验工作的技术规范和管理制度；参与制定药品、医疗器械、化妆品相关质量管理规范及指导原则等技术文件。组织开展药品注册现场核查相关工作；开展药物研究、药品生产质量管理规范相关的合规性核查和有因核查。

其网站的公众服务栏目可以查询 GMP 认证、GAP检查、GLP 检查、GCP 认定和体外诊断试剂体系考核等的受理名单、现场检查预告 / 公告、认证进度查询和认证公告等。

（6）国家中药品种保护审评委员会（http://www.zybh.gov.cn/）：该会是国家食品药品监督管理总局的直属机构，与国家食品药品监督管理总局保健食品审评中心实行一套机构、两块牌子的管理，其负责受理企业中药保护申请与技术咨询、审评过程的组织实施与协调，承办中药保护品种的批件、证书颁发与公告发布等工作。凡涉及保健食品技术审评事项时，以国家食品药品监督管理总局保健食品审评中心的名义实施，所以从该网站还可以了解保健食品技术审评的相关事项。

其网站主要设置中药保护工作、保健食品审评及化妆品有关的"最新动态、服务大厅、重要通知、政府信息公开、信息查询、业务办公系统、网上申报、审评进度 / 补充资料"等栏目。如中药保护栏目下包含相关的法律法规、工作文件、公告通告、资料接收品种名单、审评情况、常见问题及解答、保护品种年度调查等子栏目，从中我们可以学习中药品种保护相关法律法规、各时间段接收的受理品种名单及中药保护申请工作常见问题的解答，为中药品种保护工作的有序进行提供了方便。

（7）国家食品药品监督管理总局药品评价中心（http://www.cdr-adr.org.cn/）：该中心是国家食品药品监督管理总局的直属事业单位，与国家药品不良反应监测中心实行一套机构、两块牌子的管理，其参与国家基本药物目录制定、非处方药目录制定、制定调整的技术工作及其相关业务组织工作；参与药品再评价和淘汰药品的技术工作及其相关业务组织工作；承担全国药品不良反应和医疗器械不良事件监测及再评价的技术工作及其相关业务组织工作。

其网站包括"信息通报（ADR 信息通报、医疗器械不良事件信息通报、企业药品安全警示性通知）、警戒快讯（药物警戒快讯、医疗器械警戒快讯）、药械安全常识、新闻及地方动态，并设有专题专栏（药品定期安全性更新报告、处方药与非处方药转换评价公示、基本药物不良反应监测工作、疫苗安全性监测）"等栏目。药师可从该网站及时了解国内外的药物不良反应、医疗器械的不良事件信息，从而更好地指导患者安全用药。

（8）国家食品药品监督管理总局医疗器械技术审评中心（http://www.cmde.org.cn/）：该中心是国家食品药品监督管理总局的直属事业单位，主要承担对申请注册的境外进口医疗器械产品和申请注册的境内医疗器械第三类产品进行技术审评；组织起草相关专业医疗器械产品技术审评指南，接受相关产品的临床试验方案的备案等工作；组织开展相关的业务培训及咨询服务。

其网站主要设置"中心建设（机构介绍及各处职能）、最新要闻、法规文件、工作动态、审评状况、业务动态、公告通知、中心规章、指导原则、审评论坛、网站地图、办事大厅、数据库查询（医疗器械产品查询、医疗器械标准目录查询、国家食品药品监督管理总局药物临床试验机构目录查询、检测中心承检目录查询和产品分类查询）"等栏目。该网站还提供了医疗器械申请的审批结果公示、医疗器械监督管理相关的法律法规以及该中心医疗器械技术审评工作的整体情况。

（9）国家食品药品监督管理总局执业药师资格认证中心（http:// www.cqlp.org/）：该中心是国家食品药品监督管理总局的直属事业单位，主要承担起草执业药师业务规范、开展执业药师队伍发展战略及执业药师资格考试、注册、继续教育等专业技术业务组织工作。

其网站主要设置"政策法规、资格考试、执业注册、执业规范、继续教育、药学服务、要闻导读、教材资料"等栏目。该网站可以进行执业药师注册网上申报、执业药师注册人员查询、执业药师资格人员查询、执业药师执业记录查询、执业药师注册信息查询和资格考试信息查询等工作。在其资格认证栏目下，可以了解考试大纲的变动信息、考试结果信息的通报以及考试中违纪违规行为的处理规定等内容，为广大药学相关专业人士展示了一个更为全面的信息平台。

（10）国家食品药品监督管理总局高级研修学院（http://www.sfdaied.org/）：其是国家食品药品监督管理总局的直属事业单位和唯一的教育培训机构，首批20个国家级专业技术人员继续教育基地之一，食品药品监管系统唯一以社会科学研究为主的博士后科研工作站，唯一的国家级食品药品安全应急演练中心，是我国食品药品监管领域的权威性专业教育培训机构。

其网站主要设置"网络培训、教育培训、教学科研、图书教材、信息查询"等栏目，其中图书教材栏目下为相关专业管理人才提供图书宝典，并为广大食品药品专业人士提供了药品监管、药品研发、药品生产、药品流通、医疗器械及保健品等各个方向可供参考的图书资料。

3. 中华人民共和国国家卫生和计划生育委员会（http://www.nhfpc.gov.cn/）　国家卫生和计划生育委员会为国务院的组成部门，内设机构21个，并管理国家中医药管理局。与我们医药密切相关的各司局的职能如下。

（1）药物政策与基本药物制度司的主要职责为组织拟订国家药物政策，完善国家基本药物制度，组织拟订国家基本药物目录以及国家基本药物采购、配送、使用的管理措施，提出国家基本药物目录内药品生产的鼓励扶持政策和国家基本药物价格政策的建议，参与拟订药品法典。

（2）医政医管局的主要职责是拟订医疗机构、医疗技术应用、医疗质量、医疗安全、医疗服务、采供血机构管理等有关政策规范、标准并组织实施，拟订医务人员执业标准和服务规范，拟订医疗机构和医疗服务全行业管理办法并监督实施，指导医院药事、临床试验室管理等工作，参与药品、医疗器械临床试验管理工作。

（3）规划与信息司的主要职责为拟订大型医用装备配置管理办法和标准并组织实施。

（4）财务司的主要职责是拟订药品和医疗器械采购相关规范，提出医疗服务和药品价格政策的建议。

（5）体制改革司（国务院深化医药卫生体制改革领导小组办公室）的主要职责是承办国务

笔记

院深化医药卫生体制改革领导小组及其办公室的具体工作，研究提出深化医药卫生体制改革重大方针、政策、措施的建议，督促落实领导小组会议议定事项；承担组织推进公立医院改革工作。

（6）妇幼健康服务司的主要职责是依法规范计划生育药具管理工作。

（7）综合监督局的主要职责是整顿和规范医疗服务市场，组织查处违法行为，督办重大医疗卫生违法案件。

通过该网站可以全面了解到与医疗卫生保健有关的各项法律、法规与政策信息，以及国家基本药物制度，学习国家基本药物目录等知识，为广大民众和专业人士创造了一个较为广阔的学习平台。

4. 国家中医药管理局（http://www.satcm.gov.cn/）　国家中医药管理局是政府管理中医药行业的国家机构，隶属于国家卫生和计划生育委员会，其负责组织开展中药资源普查，促进中药资源的保护、开发和合理利用，参与制定中药产业发展规划、产业政策和中医药的扶持政策，参与国家基本药物制度建设，负责指导民族医药的理论、医术、药物的发掘、整理、总结和提高工作。通过该网站可以检索到与中医药有关的各项法律、法规及政策信息。其网站主要设置"机构介绍、政务信息、公众参与、中医药服务、中医药文化"等栏目。其特色服务栏目包括中医药讲堂、中医药图谱、中医药文化科普、养生保健等内容。

5. 国家发展和改革委员会（http://www.sdpc.gov.cn/）　国家发展和改革委员会作为国务院的职能机构，是综合研究拟订经济和社会发展政策、进行总量平衡、指导总体经济体制改革的宏观调控部门。其中价格司的价格公示处有关于医药价格的公示，通过该网站可以查阅医药行业十三五规划的编制和药品价格改革的相关信息等。如关于废止药品价格文件的通知，从中我们可以看到国家发改委发布文件，除了对麻醉、第一类精神药品仍暂时保留最高出厂价格和最高零售价格管理外，对抗生素等其他药品政府定价均予以取消。在文件资源中心栏目下也可以获得相关文件信息。

6. 国家知识产权局（http://www.sipo.gov.cn/）　国家知识产权局（原名为中华人民共和国专利局）是国务院主管专利工作和统筹协调涉外知识产权事宜的直属机构。在知识经济的今天，知识产权的保护及其在经济发展中所起的作用越来越受到重视，进入 WTO 的中国医药行业正面对着知识产权的挑战和机遇。

其网站主要设置"政务公示、政府信息公开、政策法规、国际合作、专利管理、专利代理管理、专利申请指南、文献服务、专利数据服务、专利申请、中国专利检索与查询"等栏目。

7. 国家质量监督检验检疫总局（http://www.aqsiq.gov.cn/）　国家质量监督检验检疫总局是国务院主管全国质量、计量、出入境商品检验、出入境卫生检验、出入境动植物检验和认证认可、标准化等工作，并行使行政执法职能的直属机构。

其进出口食品安全局主管进出口食品、化妆品安全工作，主要职能是拟定进出口食品和化妆品安全、质量监督和检验检疫的工作制度，承担进出口食品、化妆品的检验检疫、监督管理以及风险分析和紧急预防措施工作，按规定权限承担重大进出口食品、化妆品质量安全事故查处工作。

8. 国家人力资源和社会保障部（http://www.mohrss.gov.cn/index.html）　国家人力资源和社会保障部是统筹机关企事业单位人员管理和统筹城乡就业和社会保障政策的中国国家权力机构，其内设机构医疗保险司的主要职能是统筹拟定基本医疗保险、生育保险政策规划和标准，拟定基本医疗保险、生育保险基金管理办法，负责组织拟定基本医疗保险、生育医疗的药品、诊疗和医疗服务设施的范围及支付标准，组织拟定定点医院、药店的管理办法及费用结算办法等。其工伤保险司则主要负责组织拟订医疗机构、药店、康复机构等的资格标准。

9. 国家工商行政管理总局（http://www.saic.gov.cn/）　国家工商行政管理总局简称国家工

商总局,是国务院主管市场监督管理和有关行政执法工作的正部级直属机构,也是药品广告的监督管理部门。其广告监督管理司主管药品广告工作,主要职责是拟定广告业发展规划、政策措施并组织实施,拟定广告监督管理的具体措施、方法,组织、指导监督广告活动,组织监测各类媒介广告发布情况,查处虚假广告等违法行为,指导广告审查机构和广告行业组织的工作。

通过该网站我们可以查到药品广告有关的法律法规、新的药品广告审查办法、违法的药品广告等。如 2015 年 4 月 24 日,《中华人民共和国广告法》经第十二届全国人民代表大会第十四次会议修订通过,为贯彻实施新的《广告法》规范药品广告市场秩序、加强药品广告管理,国家工商总局对《药品广告审查发布标准》进行了修订。

10. 中华人民共和国商务部(http://www.mofcom.gov.cn/)　中华人民共和国商务部是主管国内外贸易和国际经济合作的国务院组成部门,也是药品流通行业的主管部门。其中市场秩序司主管药品流通行业管理(行业管理、地方工作、行业标准、行业规划)和国家中药材流通追溯体系。药品流通行业管理处提供不同时间段内药品流通行业状况分析和行业发展趋势的预测,同时给出各地方药品流通行业管理工作和各省药品流通行业的规划。中药材流通追溯体系中则可以了解到国家中药材流通追溯体系的要求和规范、各地中药材流通追溯体系建设工作的进程、中药材部分重点品种流通报告等内容。

11. 中华人民共和国工业和信息化部(http://www.miit.gov.cn/)　中华人民共和国工业和信息化部是国务院的直属部门,与医药行业相关的是消费品工业司。消费品工业司承担医药行业管理、中药材生产扶持项目管理、国家药品储备管理工作等。通过该网站可以了解全国各季度医药工业主要经济指标完成情况、医药工业经济运行状况分析及医药行业工业企业排名情况等内容。

(二)国内其他生物医药学网站

1. 中国药学会(http:// www.cpa.org.cn/)　其网站是由中国药学会主办的,是国家推动药学科学技术和民族医药事业健康发展,为公共健康服务的重要力量。其网站主要包括"学会简介、学术活动、国际交流、编辑出版、继续教育、科学普及、科技咨询"等栏目。

2. 中国非处方药物协会(http://www.cnma.org.cn/)　其网站是由中国非处方药物协会主办的,该协会网站的宗旨是倡导负责任的自我药疗,增进公众健康,致力于促进和推动非处方药物在中国的卫生保健体系中发挥更大的作用。该网站的自我保健栏目与我们关系密切,比如自我保健栏目中的西药常识、中药常识、孕妇保健、青少保健知识。西药常识中的西药临床应用的注意事项,如补钙需要注意的问题、是不是所有的疼痛都能用止痛药、老年人用药的注意事项等内容为广大读者科普了一些用药的基本常识;青少保健栏目则为众多家长提供了儿童在生长发育期常见健康问题的解决方案和注意事项。

3. 中国中药协会(http://www.catcm.org.cn/)　其网站是由中国中药协会主办的,国家中医药管理局主管,旨在弘扬中药文化,促进中药行业持续健康发展。该网站设有"协会简介、协会动态、政策法规、行业资讯、企业与产品、中药保健"等栏目。在其中药保健栏目中我们可以了解到国药大师的养生原则、常见疾病的中药医治、抗癌中药荟萃等信息。

4. 中国制药装备行业协会(http://www.phmacn.com/)　其网站是由中国制药装备行业协会主办的,其企业链接栏目可供读者链接制药机械企业,了解其相关信息,并在产品展示栏目下给出多种药机产品的型号、生产厂商等相关信息,可以供药师购买制药机械参考之用。

5. 丁香园(http://www.dxy.cn/)　其网站是国内规模较大的医药行业网络传媒平台。该网站的丁香园论坛含 100 多个医药生物专业栏目,采取互动式交流,提供实验技术讨论、专业知识交流、文献检索服务、科研课题申报、考硕考博信息等服务;丁香医药生物人才网为专业的医药生物人才招聘平台,提供医药行业人才招聘、职场快讯、求职指导、猎头服务等;丁香医药资讯网为权威的医药科技动态发布平台,为专业人士提供国际国内的最新资讯和

笔记

深度报道。

6. **小木虫**（http://emuch.net/）　小木虫的全称是小木虫学术科研第一站，是中国较有影响力的学术站点之一。内容涵盖化学化工、生物医药、物理、材料、地理、食品、理工、信息、经管等学科，除此之外还有基金申请、专利标准、留学出国、考研考博、论文投稿、学术求助等实用内容。其中"生物医药"包括新药研发、药品生产、药学模块、医学模块和生物科学等栏目，为专业人士提供了开放性的交流平台。

7. **生物谷**（http://www.bioon.com/）　生物谷是生物产业较大的中文媒介平台，面向生物医药产业园区、企业和研究机构，提供全面的咨询、行业分析、医药外包服务。生物谷旗下共五大网站群，分别是生物谷网站、生物在线、生命科学论坛、医药生物人才网（生物招聘网）、医药生物汇展网。其生物研究方向及时追踪关注并报道发表于生命科学和医药学顶级杂志的科研动态；生物医药产业方面关注生物医药产业，特别是医药领域企业动态、国内外行业进展、中药、新药研发、资本市场、政策法规、保健品、医药财经等产业新闻。

8. **放心医苑网**（http://www.fx120.net）　放心医苑网是国内较大的医疗健康门户网站。其下属的放心全搜是国内规模比较大、比较有名的医药专业搜索，在其网上可查询几千种中西药品，多家药品生产经营企业、几千家医院、上万家医药机关单位的基本信息。搜索类型包括疾病搜索、医院搜索、医师搜索、药品搜索、资讯搜索和网站搜索等。

二、国外生物医药学网站

1. **美国食品药品监督管理局网站**（http://www.fda.gov/）　FDA 是美国食品药品监督管理局（US Food and Drug Administration）的英文缩写，其主管食品、药品（包括兽药）、医疗器械、食品添加剂、化妆品、动物食品及药品、乙醇含量低于 7% 的葡萄酒饮料以及电子产品的监督检验；产品在使用或消费过程中产生的离子、非离子辐射影响人类健康和安全项目的测试、检验和出证。

其网站主要设置"首页（Home，包括新闻中心、公共卫生焦点、法规信息等），食品（Food），药品（Drugs），医疗器械（Medical Devices），放射性产品（Radiation-Emitting Products），疫苗、血液和生物制剂（Vaccines，Blood & Biologics），动物和兽用药品（Animal & Veterinary），化妆品（Cosmetics），烟草制品（Tobacco Products）"等栏目。其中"医疗器械"栏目又包括焦点、召回和警戒、批准和许可、工具和资源、项目区域、产业扶助等，我们可以从中得到医疗器械有关的全方位信息。例如从"召回和警戒"栏目中可以查到召回医疗器械的清单（List of Recalls），从清单中可以了解在相应时段内被召回的医疗器械有哪些。

2. **英国药监机构网站（英国药监局）**（https://www.gov.uk/government/organisations/medicines-and-healthcare-products-regulatory-agency）　MHRA 是英国药监机构的简称，全称为 Medicines and Healthcare Products Regulatory Agency。MHRA 为英国卫生部下属的执行政府机构，用来保证药物和医疗器械的安全和有效；同时也与英国血液服务组织及卫生机构合作，监管血液及血液制品，保证血液质量和安全性。其网站主要设置"药品和药械警戒（Drug and device alerts）、药品安全更新（Drug safety update）、药品或医疗器械问题报告（Report a problem with a medicine or medical device）、血液制品严重不良事件或不良反应报告（Report a serious blood adverse event or reaction）、市场营销授权和许可指南（Marketing authorisations and licensing guidance）、患者信息传单和产品特性概要（Patient information leaflets and summaries of product characteristics）、药物分析打印（DAPs，Drug analysis prints）、公共评估报告（Public assessment reports）、医疗器械管理和安全性（Medical devices regulation and safety）"等栏目。通过该网站我们可以得到有关药品、医疗器械的广泛信息。如在"药品安全更新"栏目中有搜索和勾选功能，设定"治疗区域"（therapeutic area）为"癌症"（cancer），便可搜索到一篇名为"静脉使用双膦酸盐：

造成下颌骨坏死-将风险降至最低的措施"的报告，这篇报告于 2015 年 7 月 20 日刊出，报告中讲述了从 2009 年 11 月至 2014 年 9 月静脉注射使用双膦酸盐时造成下颌骨坏死的一些事件、静脉使用双膦酸盐时的禁忌证和将这一风险降至最低的措施，通过这一报告我们可以清楚地了解在使用"静脉注射双膦酸盐"进行治疗时要注意的药品安全相关知识。

3. **日本监管机构网站**(http://www.pmda.go.jp/)　PMDA 是日本监管机构"医药品和医疗器械综合机构"(Pharmaceuticals and Medical Devices Agency)的缩写，于 2004 年 4 月 1 日成立。PMDA 的责任是保护公共卫生，保证制药和医疗设备的安全、疗效和质量。对授权营销的药品和医疗设备的应用进行科学审查，进行上市后安全性监测。此外，还负责对产生药物不良反应和药品、生物产品感染的患者提供救济赔偿。其网站主要设置"认证审查相关服务(Reviews and Related Services)、上市后的安全保障(Post-marketing Safety Measures)、药物副作用救济服务(Relief Services for Adverse Health Effects)、科学监管/科学委员会/标准制定(Regulatory Science/the Science Board/Standard Development)、国际活动(International Activities)"等栏目，通过积极地进行公共关系活动和宣传信息来缓解和减少人们遭受的不良反应，提醒公众可能出现不良反应的药品或医疗器械，从而引起广泛重视，来提高和改善药物、医疗器械的安全性和可靠性。如在"上市后的安全保障"栏目下又包括科学研究和分析、信息服务、信息管理等模块。从"信息服务"模块中选择"医疗器械"后，可以查看到关于医疗器械预防措施的修正、自检通知、医疗安全信息和信息管理等内容而服务于公众和医疗工作者。

4. **欧洲药品局网站**(http://www.ema.europa.eu/ema/)　EMA 是欧洲药品局(European Medicines Agency)的缩写，前称为"欧洲药品审评管理局(European Agency for the Evaluation of Medicinal Products，EMEA)"，于 1995 年 1 月 1 日开始正式运作，2004 年更名为欧洲药品局(EMA)。EMA 主要负责欧盟市场药品的审查、批准上市，评估药品科学研究，监督药品在欧盟的安全性、有效性。同时，还负责协调、检查、监督各成员国的 GAP、GMP、GLP、GCP等工作。该网站面向世界公开欧盟市场的药品监管情况，推进欧盟各成员国与世界其他国家的互动交流。网站主要设置"寻找药品(Find medicine)、人力监管(Human regulatory)、兽用药品监管(Veterinary regulatory)、委员会(Committees)、新闻和事件(News & events)"等栏目，在各个栏目下又有许多详细的相关模块，如"新闻事件"栏目又包括"新闻和新闻发布存档、日历、统计、标志和视觉识别、简讯、社交媒体、疾病领域、刊物"等。

5. **世界卫生组织网站**(http://www.who.int)　WHO 是世界卫生组织(World Health Organization)的简称，是联合国下属的一个专门机构，是国际上最大的政府间卫生组织。世卫组织是联合国系统内卫生问题的指导和协调机构，它负责对全球卫生事务提供领导，拟定卫生研究议程，制定规范和标准，阐明以证据为基础的政策方案，向各国提供技术支持，以及监测和评估卫生趋势。主要职能包括促进流行病和地方病的防治；提供和改进公共卫生、疾病医疗和有关事项的教学与训练；推动确定生物制品的国际标准。

其网站主要设置"健康主题、数据和统计数字、媒体中心、出版物、国家、规划和项目、管理"等栏目。该网站设涉及信息广泛，旨在使全世界人民获得尽可能高水平的健康。如在"出版物"栏目下的"世卫组织重要出版物"便能找到《国际药典》，里边有关于活性药物成分、药用物质和剂型的质量规格的说明，供世卫组织会员国参考或采用或改编，作为一种法律定位为全球范围的新药研发、进一步加强药品质量的监督管理提供统一的标准性参考，保证质量、保障用药安全有效、维护人民健康。

三、检 索 实 例

例如在国家食品药品监督管理总局及直属单位的网站上查找对乙酰氨基酚片的国内生产厂家、说明书和主要国内外不良反应。

笔记

（1）分析课题：本课题欲在国家食品药品监督管理总局及直属单位的网站上查找与对乙酰氨基酚片有关的生产厂家、说明书和不良反应，可选用国家食品药品监督管理总局和国家食品药品监督管理总局药品评价中心网站检索。

（2）检索步骤

1）国家食品药品监督管理总局网站检索：点击进入数据查询，在该网页的药品版块下点击国产药品；在检索框中输入对乙酰氨基酚片，点击查询按钮，得到1100条生产厂家检索结果。同样在数据查询网页药品版块下点击OTC化学药品说明书范本，在检索框中输入对乙酰氨基酚片，点击查询按钮，得到6条不同规格的对乙酰氨基酚片说明书，点击其中一条对乙酰氨基酚片说明书（0.3g），可以看到【不良反应】偶见皮疹、荨麻疹、药物热及粒细胞减少，长期大量用药会导致肝肾功能异常；【禁忌】严重肝、肾功能不全者禁用。

2）国家食品药品监督管理总局药品评价中心网站检索：在网站首页的检索框中输入对乙酰氨基酚，进行检索，共得到38条检索结果。其中药物警戒快讯2013年第9期（总第125期）包含FDA告知对乙酰氨基酚的严重皮肤反应风险；药物警戒快讯2014年第2期（总第130期）为FDA限制含对乙酰氨基酚处方药的单位剂量不超过325mg的专刊。进入美国FDA的网站，点击其主页最下端的"safety"，在"safety"网页检索框中输入acetaminophen进行检索，检索结果中的www.fda.gov/safety/medwatch/safetyinformation/safetyalertsforhumanmedicalproducts/ucm381650.htm网页即为我国药物药物警戒快讯2014年第2期的原始网页。

四、实　习　题

1. 请在国家食品药品监督管理总局及直属单位的网站检索你所在的省份有哪些厂家在生产布洛芬片，其是否进入了国家现行版基本药物目录，其在国内外的主要药品不良反应。

2. 请检索你所在省份的药品生产企业进入2015年中国医药工业百强的名单。

3. 请检索你所在省份的药品流通企业进入2015年中国医药流通百强的名单。

（刘　伟　邱　玺）

第七章　药学文献信息分析与利用

药学文献检索的最终目的是通过一定的技术手段对文献资料进行梳理，从中寻找到具有创新性或应用潜能的科学问题，指导药学研究和产业开发。因此，药学文献检索注重研究人员根据研究方向，进行检索基础上的文献资料分析处理，实现文献内容的提炼、升华，指导创新性工作开展。本章将向读者介绍常用的药学文献信息处理、分析、管理方法和工具，文献信息挖掘技术和药学信息服务，网络药理学研究思想和药学组学信息资源，及药学科研标书设计和论文写作的基本要求和要点。药学学科涉及药物化学、药剂学、生药学、药物分析学、微生物与生化药学、药理学、中药学等众多学术领域，虽然各领域的专业知识有差异，但文献信息整理、分析和利用方法基本相通，对待具体问题，读者可根据情况具体分析。

第一节　药学文献信息的挖掘与管理

一、药学信息的收集

药学信息的收集是综合运用检索技术和工具，围绕某一主题进行核心信息的发现与获取的过程，是药学信息得以利用的第一步，直接关系到整个课题研究或项目开发工作的质量。药学信息可以分为原始信息和加工信息两大类。原始信息是指在药学学术研究或社会调查中直接产生或获取的数据、概念、知识、经验，是未经加工的第一手资料；加工信息则是对原始信息经过先期处理、分析、改编和重组而形成的具有新形式、新内容的信息。两类信息对于药学研究工作都发挥着不可替代的作用。

（一）药学信息收集原则

为保证药学信息质量，信息收集过程要坚持以下原则。

1. 准确性原则　要求所收集到的信息真实可靠，这是信息收集工作的最基本的要求。为达到这一要求，信息收集时必须对收集到的信息反复核实、检验，力求把误差减少到最低限度。

2. 全面性原则　要求所搜集到的信息广泛、全面，完整地反映某一药学研究领域（或研究方向）的发展全貌，为课题规划和决策提供科学性保障。实际工作中收集的信息很难做到绝对的全面，因此采用相应的分析手段，在不完整、不完备的信息下作出科学的决策也很重要。

3. 时效性原则　药学信息的利用价值与该信息是否紧跟当前研究进展密切相关。信息及时、迅速的获取并发挥作用，指导药学研究是具体工作中的关键要素。因此，课题开展前的信息产生时间的限定、课题开展过程的即时跟进对于创新性的药学研究都具有重要的现实意义。

（二）药学信息收集方式

社会调查和文献信息检索是药学信息收集的主要方式。社会调查是运用观察、询问等方法直接从社会生活中了解情况、收集资料和数据的活动，是获得真实可靠信息的重要手段。药学作为一门科学的同时，也与社会生活息息相关，关键药物信息的获得依赖于对临床工作、对药品使用者的跟踪和调查，是社会需求和效果反馈的关键方式。利用社会调查收集到的信息是第一手资料，接近于药学研究和开发的本源，并且能够架设起实验室与学科应用之间的桥梁。社会调查数据可能会因人而异，如不同的患者对某一用药效果的描述用语的差异，一般需要进行标准化的定义和处理，如设置科学的调查问卷。药学文献是早于本项研究的前人留下的宝贵财

笔记

富,是前期知识的集合体。作为一门产生久远的学问,药学文献数量庞大、时空分散,在如此繁杂的文献资源中找到所需要的有价值的信息是需要运用多种信息检索和处理手段来完成的。

药学信息的收集过程需要制订周密、切实可行的收集计划,确定信息来源和信息的时空特性,按照研究的目的和要求列出合理的信息收集提纲,明确主题限定条件、排除干扰条件,选取合适的收集方式和方法。这样才能保证信息的收集紧密围绕研究的主题,收集的信息符合要求,而不会产生信息的过度繁杂和冗余,从而提高信息分析的效率。信息收集时,可以采用边收集边整理的方式,以调查报告、资料摘编、数据图表等形式把信息整理出来,及时了解掌握信息的进展,适时作出调整。当然,在实际工作中,单次信息收集未能满足全部要求的情况也可能发生,这时需要进行信息的补充收集。

(三) 药学信息收集方法

药学信息的来源广泛,包括实物型信息源、文献型信息源、电子型信息源和目前快速发展起来的网络信息源等。实物型信息源又称现场信息源,是在实验室或公共学术场合直接产生的有关信息,包括实验现场、学术讨论会、展览会等。文献型信息源是承载着系统的知识信息的各种载体信息源,包括学术期刊、学位论文、图书、报纸、专利文献、公文等。电子型信息源是通过使用电子技术实现信息传播的信息源,包括广播、电视、电子刊物等。网络信息源是一种特殊的信息源,是蕴藏在计算机网络中的大量与药物研发有关的即时信息,有时网络信息源还是其他信息源的汇合体。

不同的信息来源,决定了不同的信息收集方法。目前药学信息的收集有多种方法,比较常用的有调查法、观察法、实验方法、文献检索和网络信息收集等。

1. **调查法**　调查法一般分为普查和抽样调查两大类。普查是调查有限总体中每个个体的有关指标值。抽样调查是按照一定的科学原理和方法,从总体中抽取部分样本(sample)个体进行调查,用所得到的调查数据推断总体。抽样调查是较常用的调查方法,也是统计学研究的主要内容。抽样调查的关键是样本抽样方法、样本量大小的确定等。抽样方法一般分为非随机抽样、随机抽样和综合抽样,样本抽样方法决定样本集合的选择方式,直接影响信息收集的质量。对于个体的调查,则主要采用两种调查方式:访问调查法和问卷调查法。访问调查法是通过访问信息收集对象,与之直接交谈而获得有关信息的方法。调查前要了解调查对象,收集有关的业务资料和相关的背景资料。其主要优点是可以就问题进行深入的讨论,获得高质量的信息;缺点是费用高,采访对象不可能很多,因此受访问者要具有代表性,对采访者的语言交际素质要求较高。问卷调查法是一种包含统计调查和定量分析的信息收集方法。这种方法主要考虑的问题是所收集信息的内容范围和数量、所选定的调查对象的代表性和数量、问卷的精心设计、问卷的回收率控制等。具有调查面广、费用低的特点,但对调查对象无法控制,问卷回收率和回答的质量受受访者的态度制约。

2. **观察法**　观察法是通过参加学术会议、深入临床一线、进行现场观摩,并准确记录(包括测绘、录音、录像、拍照、笔录等)调研情况。药学相关的观察法主要包括两方面:一是对受试人或受试动物的用药效果的观察,二是对药学学科相关指标的观察。观察法应用很广泛,常和询问法、搜集实物结合使用,以提高所收集信息的可靠性。

3. **实验方法**　实验方法能通过实验过程获取其他手段难以获得的信息或结论。实验者通过主动控制实验条件,包括对参与者类型的恰当限定、对信息产生条件的恰当限定和对信息产生过程的合理设计,可以获得在真实状况下用调查法或观察法无法获得的重要的、能客观反映药学相关研究表征的有效信息,还可以在一定程度上直接观察研究某些参量之间的相互关系,有利于对相关机制的研究。实验方法也有多种形式,如实验室实验、临床试验、计算机模拟实验等。前期实验与信息搜集相结合的方法常常作为现代药学研究的重要手段。

4. **网络信息收集**　药学网络信息收集的关键是对网络数据库和数据资源的访问、检索和

笔记

下载。网络信息搜索系统首先按照用户指定的信息需求或主题，调用各种搜索引擎进行网页搜索和数据挖掘，将搜索的信息经过滤等处理过程剔除无关信息，从而完成网络信息资源的"收集"；然后通过计算机自动搜索、重排等处理过程剔除重复信息，再根据不同类别或主题自动进行信息的分类，从而完成网络信息的"整合"；分类整合后的网络信息进行索引编目，并且进行实时更新。药学网络信息的收集既需要有药学专业知识，还需要用到网络信息挖掘技术，目前医、工分离的教育模式下，对于操作者有较高的难度。虽然目前生物医学信息技术在网络信息资源的提取方面有了很大进展，但真正面向药学工作者的检索工具数量和功能都极其有限。

5. **文献检索**　文献检索是从浩繁的文献中检索出药学研究所需的信息的过程。文献检索分为手工检索和计算机检索。手工检索主要是通过信息服务部门收集和建立的文献目录、索引、文摘、参考指南和文献综述等来查找有关的文献信息。计算机文献检索是文献检索的计算机实现，其特点是检索速度快、信息量大，是当前收集文献信息的主要方法。文献检索过程一般包括 3 个阶段：①分析研究课题和制订检索策略；②利用检索工具查找文献线索；③根据文献出处索取原始文献。文献信息检索是目前药学信息获取的最关键、最准确的手段。

二、药学文献信息的整序

作为目前药学信息获取的关键载体，药学文献具有准确性、即时性、广泛性和权威性的特点，基于文献的药学信息提取是药学研究创新和延续的必经之路。通过前文讲到的信息收集步骤及检索技巧进行文献检索，将获得大量的文献信息，如不进行一定的整理、排序，将不利于文献的快速提取和查找，而且很快就将因信息繁冗而失去其检索和利用的意义。因此，文献获取之后进行科学的整序将为文献利用和管理提供便利条件。

从学科门类的宏观角度看，药学文献至少可以分为药物化学、药剂学、生药学、药物分析学、微生物与生化药学、药理学、中药学 7 个门类，这是图书馆工作和文献数据库中常采取的分类方式。但在具体的药学文献信息应用中，很少有人不分学科方向或采用过于宽泛的关键词进行文献的检索和获取，从这个意义上讲，面向科学应用的文献整序工作主要是根据文献的属性进行归类和文件关联。

文献的归类根据文献检索的目的而采取不同的方式进行。如文献检索的目的是追踪某一研究团队的研究进展，那么文献归类的方式应根据作者进行分组；检索的目的在于开展学术研究，那么文献归类的方式应该依据核心检索词进行；而检索的目的在于收集有关资料编写著述，那么文献归类的方式应该根据学术领域进行。有时对于同一类的文献，还会从另一个层面如加入时间条件进行进一步的细化归类，增加文献信息的针对性，或者根据文献检索关键词的交叉情况形成整合的文献归类。文献的有效归类将提高文献的利用效率和效果，便于快速查询和提取，在此基础上进行文献索引信息的整理列目，建立起文献索引与文献位置（全文资料）之间的联系，还便于文献资料的管理。很多好的应用软件能够友好地辅助进行药学文献的归类和文件关联，下文中将对常用的文献管理工具 EndNote 和 E-Learning 进行介绍。

三、药学文献信息的分析

文献信息分析是对大量已知文献内容的整理和科学抽象，是对检索文献的深加工过程，而药学文献信息分析就是围绕药学相关文献展开的整理、分析。在文献信息的分析过程中，除了我们日常学习、工作中最常规的阅读思考之外，还涉及文献内容的文本处理、统计归纳、数据挖掘等重要的科学分析工具和技术。这些分析工具和技术的学习、应用将提高我们对文献信息综合利用的本领，增强文献分析能力，提升文献利用的科学性。

文献信息分析最终要实现的目标是：①对文献信息进行组织、整理，形成体系；②对信息价

笔记

值进行估计，实现去冗、辨新、加权、评价、推优；③对已知信息进行加工，推断未知信息；④对原有评价、结论进行支撑、佐证、修改、补充。

文献信息分析分为文献计量学分析和数据挖掘分析两个层面的内容。文献计量学分析强调关键词汇在文献中出现的频次情况，数据挖掘分析强调不同关键词（或检索词）之间的相互联系。分析过程主要包括样本获取、字段抽取、统计频次、结果排序、共现分析、聚类分析和结果推断几个步骤。

抽样过程需首先确定主题词或主题范围，在药学检索中我们更关注药物、疾病名称等指标，在此基础上获取一定数量的公共数据库中与此主题相关的文献（理想的取样以3000～5000篇为宜），检索数量较多时可以根据文献出版时间、期刊特征等进行分割处理，也可借助软件进行随机抽样。从选定的文献样本中抽取待分析的字段，如关键词、期刊名、作者、引文等，分析关键词及其他关注字段出现的频次，并按相应指标出现频次的高低进行排序，选取某个阈值来确定高频主题词、高频期刊、高频作者等。对于高频指标的分析能够反映一个阶段科研活动的结构，如近5年文献中出现的高频主题词能够反映当前阶段本领域的研究热点，高频期刊能够反映相关研究的集中发表情况支撑论文投稿选择，调频时段能够体现该领域研究的发展状态等。

通过对某个指标，如药物顺铂（cisplatin，CDDP）的单独分析能够获得一些有用的信息，指导文献阅读、科研选题、论文投稿等。但有时考虑单独的因素不足以支撑相关的研究工作，或者说产生的分析结果过于发散，难以形成精练的知识体系。这时就需要分析两个或多个指标之间的联系（如顺铂与结直肠癌），进一步提炼主题。最常用的一种方式就是在文献抽样的基础上进行共现分析，即分析多个指标在文献中共同出现的情况，作者的高频共现提示作者之间的合作关系、主题词与期刊名之间的共现提示期刊的收录重点、文献间引文信息的共现提示研究领域的相关性等。对主题词或关键词的共现分析的结果有两种理解，一种是对知识体系的梳理，两个高频共现的指标表明两者之间的关系密切，存在机制上的相关性；而较低频率出现的两个指标，如果本人、本课题组已经发现其存在可靠的联系，则有可能预示一个新的研究方向或创新性的研究课题。

对文献信息进行聚类分析是一种有效的实现信息挖掘和分类的方法。根据论文中主题词的共现情况，可以计算抽样文献中选定的一对主题词在某一文献中的共现频数，从而形成每篇文献中各不同情况的主题词对的共现矩阵。采用皮尔森相关或其他统计指标可以计算出任何主题词组合之间的相关性情况，产生聚类系数，形成主题词之间的关系树。对关系树的进一步分析能够清楚地显示不同主题之间的联系，帮助读者理清相关的知识体系，提升文献阅读的效率，进一步进行科研推断，明确研究方向。

近年来，随着生物信息技术的发展，对文献信息的分析利用更加趋向于计算机技术和工具的自动识别与分析技术。与之相适应的有基于文本的信息挖掘技术，例如Perl语言编程技术支持的数据挖掘、Python支持的网络信息提取等。文本挖掘技术的基本原理是指标的共现分析，但挖掘前将提出一个更为可靠的信息假设，即确定共现指标的类型。如先期选定目前所有的药品化学名称和当前我们了解的全部疾病名称，能够快速地识别公共数据库中两者共同出现在标题、摘要或同一句描述语句中的情况，进而帮助读者了解最全面的知识信息，甚至建立专业的数据资源库，帮助理清各种类型信息之间的内在关系和机制。目前建立起来的药学数据资源库很多，涉及药学研究的各个领域，可以为研究工作提供很好的借鉴，下一节中将对相关的药学大数据资源库进行介绍。当然，不是每一项工作都需要对知识进行全面的识别，而仅需要对感兴趣的指标进行分析，这时可以直接借助网络工具如PubMatrix（http://pubmatrix.grc.nia.nih.gov/）进行选定的两个指标之间的分析。另外也可以借助前面章节中介绍的ISI Web of Science系统等进行药学文献信息的细致分析。

笔记

四、药学文献管理软件

在药学研究立题、进展和论文写作过程中需要检索和阅读大量的学术论文,这些论文对于研究的全过程都有着重要的参考和指导作用,并且根据国际知识产权组织的要求,一项学术成果的发布需要公开标记他人工作对本项研究工作的贡献(即列出参考文献)。这样,对于本地化的参考文献的管理将关系到药学研究的每一个环节。EndNote、E-Learning、NoteExpress 等软件工具就是在这一大的学术背景下被研制出来的,以进行大量文献的便捷、有序管理。这里重点介绍 EndNote 和 E-Learning 的文献管理功能。

(一)EndNote 文献管理工具

EndNote 软件是最流行、功能最强大的文献管理工具,由美国 Thomson Reuters 公司开发,分为个人版和大客户版两个版本。目前最新发布的版本是 EndNote X7,其官方网站 http://endnote.com/ 提供 30 天免费试用版本和操作视频下载。这里我们以 X7 版本为例介绍其主要功能和使用方法。

EndNote X7 与前几个版本的差别主要在界面窗口上,其他方面基本保持不变,支持 Windows XP、Mac OS X10 以上版本的操作系统和微软 Word 2003 以上版本的排版软件,目前还不能完全兼容 WPS。能够实现 4 项主要功能:文献信息采集建库、文献资料管理、文献资料引用和格式管理功能。

1. 文献信息的采集建库　打开 EndNote 软件,点击工具栏"文件(File)"选中"新建(Create a new library)"可以创建一个后缀为".enl"、文件名为自定义的个人文献库。点击文件中的"打开(Open)"选项可以打开我们新建的数据库,相应的工具栏和图标说明见图 7-1。数据的采集可以通过手动输入、内置在线检索、PDF 导入、题录文件下载(PubMed、万方、CNKI、Google 学术等)、链接 PDF 全文、在线下载 PDF 全文等方式进行。其中 PDF 导入的方式能够有效地解决原有文献的整理工作,内置在线检索的方式便于快速添加期刊或学术论文引文,而万方和 CNKI 题录文件的导入对于中文参考文献的管理和引用有重要意义。

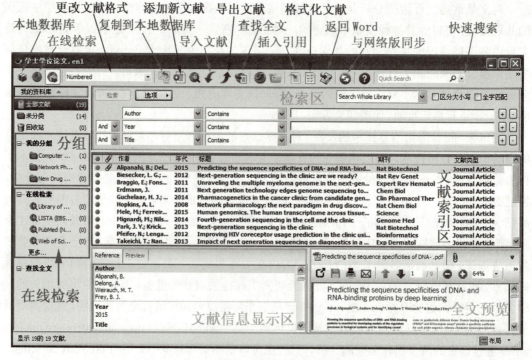

图 7-1　EndNote 工具栏和文献库界面简介

笔记

2. **文献资料管理**　EndNote 能够实现存储文献资料的信息修改、分类、去重和删除。文献信息修改主要是针对某些导入的不规范或有缺失的数据，手工进行正确格式的调整和数据录入。分类功能可在我的分组栏中创建新的分组，并将相关的文献索引直接拖拽至新的分组中实现分类。去重是一项很重要的功能，可以通过选择工具栏"文献（Reference）"中的"查找重复文献（Find duplication）"，去除文献库中冗余的信息。EndNote 中的文献信息可以以选中条目，点击鼠标右键中的"移动文件至回收站（Move reference to trash）"来实现，也可以从回收站中恢复误删信息，但回收站一经清空，相关信息将不能恢复。

文献资料的引用和格式管理功能是 EndNote 的核心功能之一，这部分内容将在科研论文写作部分进行详细介绍。

（二）E-Learning

E-Learning 是由中国知网（CNKI）开发维护的功能强大的文献管理工具，对于中文文献的收集、管理有着突出的优势。E-Learning 支持主要学术文件的阅读和格式转换、CNKI 在线文献检索和下载（下载功能需授权账号登录）、其他在线学术文献检索、文献辅助阅读工具支持和要点标注、文献资料的期刊论文引用和中文学术论文在线投稿等 6 项主要功能。E-Learning 可从网址 http://elearning.cnki.net/ 免费下载使用。这里我们主要介绍 E-Learning 的界面应用和中文文献导入与管理功能。

E-Learning 的界面与 EndNote 界面相似，但更加突出软件支撑文献学习的作用（图 7-2）。工具栏的"学习单元"支持题录的导入和文献分组，并在主界面左下方有专门的分组文献阅读栏，联合"笔记"功能支持文献学习。"检索工具"中有多种类型的在线检索方式，包括 E-Learning 与 CNKI 直接互联和信息导入。主界面还可通过工具栏中的"写作和投稿"功能支持国内期刊的直接投稿。其他重要功能可直接参见 E-Learning 网站的中文帮助文档。

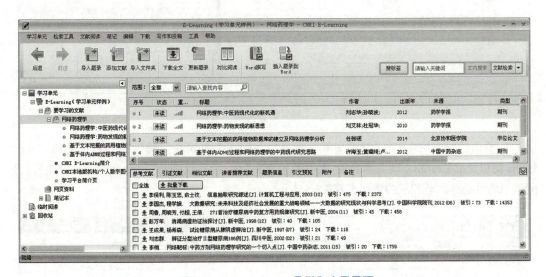

图 7-2　E-Learning 工具栏和应用界面

中文文献的管理是很多文献管理软件的软肋，EndNote 软件因其巨大的市场占有率，一般而言能够较好地实现与中文文献资源库的衔接。但 E-Learning 的中文文献管理功能因其直接依托于 CNKI 强大的中文文献收录和存储系统，所以有更好的便利性，如在 CNKI 的用户网络环境下，还可实现文献全文的直接下载和关联。E-Learning 的中文文献导入可通过以下步骤实现：

1. 点击 E-Learning 工具栏"检索工具"中的"CNKI 总库检索"打开 CNKI 网站（图 7-3）。

笔记

图7-3   E-Learning 的在线文献检索功能

2. 在 CNKI 检索栏中输入要查询的文献相关关键词（详细过程见之前章节），进行检索，选定拟导入 E-Learning 的文献资料（图7-4），点击文献资料上方的"导出／参考文献"按钮，进一步选择确认拟导出的文献信息。

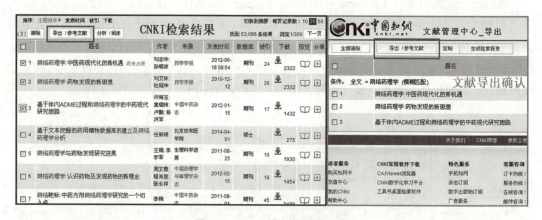

图7-4   CNKI 的文献题录导出

3. 点击验证页的"导出／参考文献"，选择"CNKI E-Learning"格式，点击右上侧的"导出"按钮，将引发 E-Learning 的监测功能，自动打开"导入题录"对话框，选择合适的文献分类后，文献信息将自动导入至相应的资料夹（图7-5）。

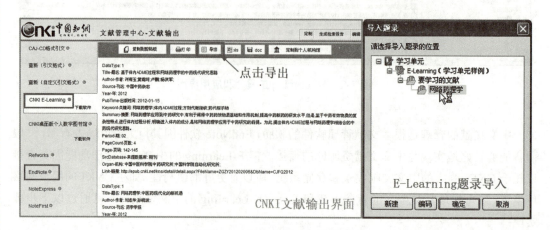

图7-5   E-Learning 的文献题录导入

4. 在未启动 E-Learning 的情况下，从 CNKI 检索到的文献信息也可通过与上述一致的方式将题录导出至 TXT 文本文档，然后打开 E-Learning 界面面板上的"导入题录"按钮，选择相应的文本文档，实现文献资料的导入。

5. 导入的文献资料可以进一步查询、下载全文信息，也可在论文写作时作为索引插入论文中，E-Learning 的微软 Word 插件有明确的功能指示（图 7-6），用户可按照各项中文说明进行引文操作，相应期刊的参考文献格式信息可从 CNKI 网站或各期刊官方主页下载。

图 7-6 微软 Word 中的 E-Learning 工具栏

五、实 习 题

1. 根据 EndNote 软件介绍，创建一个个人文献库，并将本人计算机中存储的 PDF 文献资料导入到 EndNote 软件库。

2. 参考 E-Learning 软件介绍中的 CNKI 文献题录导入方法，尝试以导入题录的方式向 EndNote 文献库导入 CNKI 和 PubMed 中的文献信息。

第二节 复杂网络药物信息挖掘技术

一、复杂网络基础知识

（一）生物网络的概念

复杂网络研究是近年发展起来的分析事物与事物之间联系的科学理论和技术。生物系统中包含众多类型、组织形式复杂的网络，如基因的转录调控网络、蛋白质的相互作用网络、代谢与信号转导通路等。疾病的发生过程、药物的效应和代谢同样是大量分子参与，并经过一系列相互作用过程而实现的，实际上也是一种复杂的生物网络。这些网络通常由许多不同的参与生物过程的元件组成，其中最重要的元件是基因、蛋白质和机体内源性产生或外源性摄入的小分子。但对"系统"而言，关键不是元件本身，而是元件之间的关系。从生物化学的角度来看，关系可以是分子与分子之间的相互作用，也可以是某种化学反应。为了能够清晰地重构与分析这些网络，这里首先明确下生物网络和通路的基本概念。

网络（network）通常可以用图 $G=(V, E)$ 表示，其中 V 是网络中全部参与元件（节点）的集合，每个元件可能是一个生物分子或者一个环境信号；E 是边的集合，每条边代表元件之间的相互关系。当 V 中的两个节点 v_1 与 v_2 之间存在一条属于 E 的边 e_1 时，称边 e_1 连接 v_1 与 v_2，或者称 v_1 连接于 v_2，也称作 v_2 是 v_1 的邻居，即两个元件之间存在相互作用或联系。

（二）网络的分类

1. **有向网络与无向网络** 根据网络中的边是否具有方向性或者说连接一条边的两个节点是否存在顺序，网络可以分为有向网络与无向网络，边存在方向性为有向网络（directed network），否则为无向网络（undirected network）。生物分子网络的方向性取决于其所代表的关系，如转录调控网络中的转录因子与靶基因之间是存在顺序关系的，因此转录调控网络是有向网络；而基因共表达网络中的边代表的是两个基因在多个实验条件下表达的相关性，因此是无向的。药物代谢是由药物前体（部分药物）经过一定的化学反应转化为有效化合物，然后降解的过程，这一过程也是有向的。

笔记

2. 加权网络与等权网络 边在网络中具有不同的意义或在某个属性上有不同的价值是网络中普遍存在的一种现象。比如交通网中，连接两个城市（节点）的道路（边）一般具有不同的长度，而在互联网中任意两台直接相连的计算设备间通讯的速度也不尽相同。如果网络中的每条边都被赋予相应的数值，这个网络就称为加权网络（weighted network），所赋予的数值称为边的权重。权重可以用来描述节点间的距离、相关程度、稳定程度、容量等各种信息，具体含义依赖于网络和边本身所代表的意义。如果网络中各边之间没有区别，可以认为各边的权重相等，称为等权网络或无权网络（unweighted network）。在实际的生物学过程中，反应或代谢途径的发生并不是完全随机，而是有一定的概率偏差，因此其本质上是一种加权网络，但有时权重难以赋值，这时只能粗略地看作等权网络来处理。

3. 二分网络 如果网络中的节点可分为两个互不相交的集合，而所有的边都建立在来自不同集合的节点之间，则称这样的网络为二分网络（bipartite network）。二分网络虽然是两个相对独立的体系，但从整体上看它们可能共同行使某个生物学过程，例如药物分子与其靶蛋白的结合关系即可以用二分网络的形式来表示。

（三）生物学通路

生物学通路（biological pathway）是指生物体内的一系列分子（包括基因、基因产物，以及各种化合物等）通过各种生化级联反应来完成某一具体的生物学功能的过程。生物体内的通路形式复杂多样，其中最常见的生物学通路是代谢通路和信号传导通路。另外，遗传调控过程、环境与机体相互作用过程、疾病的发生过程、药物的代谢和作用过程实际上都潜在地存在某一特殊的途径。这些途径有的已经被验证，有的还处于未知状态，但基本上都属于生物学通路的范畴，从这点讲，所有的生物学过程都是由通路来完成的，所有生物网络最终都可能被简化或划分为生物学通路。作为一种特殊的生物分子网络，同样可以用图的形式来表示生物学通路，其中节点代表参与生化级联反应的底物、产物或者酶，而网络的边表示节点之间的联系，大部分的生物学通路是有向网络。

二、药物组学信息资源

（一）药物靶标信息资源

1. DrugBank 数据库（http://www.drugbank.ca/） 收录了目前已知的最全面的药物和化学信息资源，提供详细的药物（如化学、药理和制药）和相关的药物靶标信息（如序列、结构和通路）数据。

2. 治疗靶标数据库 TTD（http://bidd.nus.edu.sg/group/cjttd/） 是一个以收集药物治疗靶点数据为主的公共数据库资源，收录药物靶点及其相应的疾病和信号通路信息、药物和配体作用、FDA 批准药物品类等信息。

3. KEGG DRUG 数据库（http://www.genome.jp/kegg/drug/） 是 KEGG 数据库的子库，存储日、美、欧批准的药物信息。基于药物的化学结构或化学成分、靶标、代谢酶和药物与其他分子的相互作用信息对药物进行关联和整理。

（二）药物副作用靶标信息资源

1. 药物副作用靶标数据库 DART（http://bidd.nus.edu.sg/group/drt/dart.asp） 利用生物信息学药物副作用靶标识别程序，提供已知药物副作用靶标、功能和性质、文献链接等数据信息。

2. 治疗相关多信号通路数据库 TRMPD（http://bidd.nus.edu.sg/group/trmp/trmp.asp） 包含来自文献的药物作用信号通路及靶标交叉信息，及对应的文献来源、疾病相关情况和针对通路中靶标的配体药物等信息。

（三）药物－蛋白质相互作用数据资源

1. 生物分子相互作用动力学数据库 KDBI（http://bidd.nus.edu.sg/group/kdbi/kdbi.asp） 收集了来自文献实验测定的蛋白质之间、蛋白质-RNA 之间、蛋白质-DNA 之间、蛋白质-小分子

笔记

配体之间、RNA- 配体之间、DNA- 配体之间的结合反应数据。

2. **蛋白质 - 配体相互作用数据库** PLID（http://203.199.182.73/gnsmmg/databases/plid/）收集了配体可结合的从蛋白质结构数据库中提取的蛋白质的复合物结构，及配体的物理化学性质、量子力学特征描述和蛋白质活性位点接触残基等信息。

3. **生物学相互作用通用库** BioGRID（http://www.thebiogrid.org/index.php）　收集了来自常见模式生物的蛋白质及基因间的相互作用信息。包含来自多物种的相互作用数据，及来自原始文献的酵母细胞内相互作用数据的完整集合，并可用于预测同类蛋白质的功能。

（四）药物基因组数据资源

1. **遗传药理和药物基因组数据库** PharmGKB（http://www.pharmgkb.org/）　是目前最权威、最完善的药物基因组学专用数据库，由遗传药理学研究网络（Pharmacogenetics Research Network，PGRN）建立，并获得美国国立卫生研究院（NIH）的支持。其主要目的是收录与药物基因组学相关的基因型、表型信息，并将这些信息整理归类，方便研究人员和公众查询。

2. **FDA 数据库**　是由美国食品药品监督管理局挂载在其官方主页上的食品药品相关信息检索数据库，可查询药品使用警告、批准的药品和医疗器械、药品说明书、政策法规等。并建立了提醒临床用药需予以重视的生物标记列表（http://www.fda.gov/Drugs/ScienceResearch/ResearchAreas/Pharmacogenetics/ucm083378.htm），提醒医师在应用药物时需注意个性化用药特征。

3. **Clinvar 数据库**　是由美国国家生物技术信息中心（NCBI）建立的基因突变与医学临床表型数据库，该数据库的建设主旨是促进和加速人们对人类基因型与临床表型之间的关系的深度研究。Clinvar 数据库的网址为 http://www.ncbi.nlm.nih.gov/clinvar/，登录首页后可以用基因名称、突变名称、临床表型和药物名称进行检索，可快速将基因突变与临床表型关联起来，为后期研究提供帮助。

4. **Cosmic 数据库**（http://cancer.sanger.ac.uk/cancergenome/projects/cosmic/）　由英国威康信托基金会 Sanger 研究所（Wellcome Trust Sanger Institute）建立，收集所有癌症相关的体细胞突变。研究人员可快速查找到所查基因的所有体细胞突变的详细信息，包括突变名称、位置、相关注释等，并提供筛查出体细胞突变的样本信息供科研人员下载。

（五）其他重要的药物信息学数据库

1. **药物蛋白质数据库** NRDB（Non-Redundant DataBase）　是由 NCBI 建立的药物靶标数据库，包含最新且较完全的药物相关蛋白质信息，是检索药物靶标的主要信息来源数据库，也是 NCBI BLAST 算法检索的默认数据库之一。

2. **药物关联蛋白数据库** ADME（http://bidd.nus.edu.sg/group/admeap/admeap.asp）　收集与药物吸收、分布、代谢和排泄相关的蛋白质信息，并可检索药物 ADME 信息和相关蛋白的功能、结构、相似性和组织分布等，同时提供文献链接。

3. **转运蛋白数据库** TransportDB（http://www.membranetransport.org/index.html）　是存储分子转运相关膜蛋白信息的数据库，数据主要来源于已测定基因组的解析，及预测所得的细胞质膜蛋白信息。对每个物种的转运载体类型和家族等提供概括性描述，列出被转运的底物类别，并实现与其他蛋白质序列数据库的交叉引用。

4. **药物遗传效应数据库** PharmGED（http://bidd.cz3.nus.edu.sg/phg/）　专门提供蛋白质靶点的多态性、非编码区突变、剪切变异、表达变异等遗传信息对药物作用效应的影响。

5. **候选小分子药物资源**　① Symyx ACD 药物筛选化合物来源数据库（http://www.symyx.com/products/databases/sourcing/acd/）是一个商业化的数据库资源，可用结构进行检索，提供分子的三维结构图示；② NCBI 化合物信息资源 PubChem 提供已知的化合物的结构和基本性质、生物活性、文献链接等信息；③主要候选化合物数据库 STFC（http://cds.dl.ac.uk/cds/datasets/

笔记

orgchem/screening.html）提供药物候选化合物信息；④剑桥结构数据库 CSD（http://www.ccdc. cam.ac.uk/products/csd/）提供实验测定的小分子结构数据，还收集聚合度低于 24 个单体的寡核苷酸、小肽的结构数据，并提供分子间相互作用的信息检索。

三、网络药理学分析

在传统的药物研发中，由于药物靶标发现的困难性，经典的新药研发往往是围绕同一个药物靶标进行多配体的重复实验，以期识别更为有效的疾病治疗药物。因此，近年来药物的发现效率越来越低，而且众多候选药物在Ⅱ、Ⅲ期临床试验中因为药效差或毒性大而停止试验。而实际上每种疾病都存在着多个药物治疗潜力的作用靶标，从这一点上讲，目前成功的新药研发不过是冰山一角，新的研发技术有待开发。随着小分子干扰细胞系统的高通量实验的大量开展，药物系统生物学和药物网络生物学快速发展，人们对不同基因、受体在疾病通路中的作用预估越来越准确，并且能够从分子功能的角度考量、模拟作用于某一候选靶标的药物的有效性和毒性作用，使得疾病的多靶标药物研发策略成为可能，网络药理学研究将成为下一阶段药物研发的主要推动力。

网络药理学（network pharmacology）将药物作用网络与疾病或生物网络相互整合，通过药物干扰实验数据的分析，研究药物在此网络中与特定节点或模块之间的相互关系。它突破了"一个药物，一个靶标，一种疾病"的局限，强调机体分子的联动性和相互作用，更加符合真正意义上的药物作用方式。另外，网络药理学研究推动了对药物作用机制的重新认识，为药物的重新定位研究提供理论依据和技术支撑，为临床合理用药及多药组合使用提供了科学依据，并有利于药物相互作用和个性化用药的研究，提高药物的有效性和安全性。

网络药理学目前的研究思路分为两种，一是依据已经公开发布的药学组学数据库或公开发表的药物干扰实验数据，建立特定疾病及其防治药物靶点网络预测模型，寻找药物潜在的作用靶标，构建药物 - 靶标 - 疾病网络，利用网络分析的方法研究该药物的作用机制，并结合实验室工作进行验证；二是充分利用基因组学或转录组学技术，及新近发展起来的高通量蛋白质组学技术，结合统计分析的方式，采用生物信息学方法估计药物作用与高通量指标之间的联系，一方面从大数据分析的角度推进药物作用机制的研究，另一方面识别与药物作用存在密切关联的分子指标，指导个性化用药。

网络药理学研究的核心是药物 - 靶标 - 疾病网络的构建和分析及其子网络、子通路的识别与分析。这些网络的构建过程依赖于分子指标、药物指标之间的相关性，并可通过网络拓扑结构及网络平衡或稳健性分析和比较方法，实现关键模块或与特定药物作用显著关联的网络模式的识别，准确地找出关键节点、亚结构，明确药物干预的主要靶标、次要靶标和协同靶标，理解网络的特征和意义。通过整合网络搜索算法、数据标准化算法和生物活性预测算法，充分利用已有的网络药理学软件，建立预测模型能够迅速、可靠地筛选具有较强的结构相关性及功能相关性的靶点、靶点组合或子网和子通路，进而推动新药的开发。

近年来，新一代测序技术的快速发展及其成本的急剧降低，使得通过测序的方式进行基因组定性和转录组定量的研究快速发展。基于网络药理学思想的研究工作已经不仅仅停留在小分子作用机制之上，而是全面考量各类分子的相互作用，并且识别新的生物靶点和生物药物的研究方式发展起来的。以 microRNA 为代表的机体靶向标记和治疗药物成为新兴的研究对象，疾病状态下的基因组 DNA 的甲基化和组蛋白修饰异常也成为人们关注的治疗靶标和研究方向。相信未来的药物研发和机制研究工作将是多层面、立体化的大数据共同研发格局，系统化的网络药理学将会为人类健康提供更为可靠的保障。

四、复杂网络方剂信息挖掘

方剂是中医整体观、辨证论治在用药上的体现和凝练。近几十年，中药方剂现代研究从饮

笔记

片层次上的全方、拆方研究模式,发展到了有效部位、有效组分、有效成分层次上的组分配伍研究模式,生物(人类)生理和遗传机制已经融入中药方剂的作用机制分析中。随着研究的深入和复杂性的增加,理解方剂复杂化学体系与机体复杂生物系统的相互作用成为当前方剂研究的根本问题之一。中药方剂化学成分、机体生物系统及其相互关系多方面的复杂性与还原、试错研究方法的矛盾,形成研究该问题的方法学瓶颈。近年来,伴随高通量分子生物和生物信息技术的发展,系统医学思想和策略成为研究重大疾病机制和治疗的重要手段,现代疾病多基因、系统性的发病机制与中药方剂的多效性、多靶标特征和作用方式一拍即合,基于网络药理学的研究方式成为中药方剂机制研究的重要支撑和有效手段。

基于网络药理学的方剂信息挖掘包括方剂多靶标的发现和方剂作用机制的研究。网络靶标在高通量分子指标(方剂刺激下的基因表达、蛋白质定量和互相作用、RNA 和小分子定量)测定的基础上,旨在将病证分子生物学网络当作靶标,设计和预测最佳的作用靶标组合。在整合、加权的分子生物网络基础上,寻找方药作用下显著变化的分子组合(网络多靶标),建立方剂、分子靶标与病证之间的联系。方剂的作用效果分析从病证与分子网络之间的联系和方剂刺激下的网络分子变化两个方向分别提取有用的信息(图 7-7)。病证与分子网络相关性分析识别与病证密切相关的分子集合(网络模块)。方剂刺激下的分子(或网络模块)变化考量先验识别的病证相关分子集合在药物作用下的变化趋势,进一步筛选与病证密切联系的药用作用方式,解释方剂的作用机制。

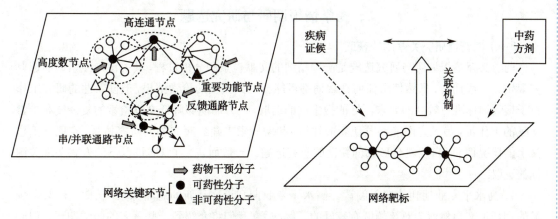

图 7-7 复杂网络方剂信息挖掘流程

[引自李梢. 网络靶标:中药方剂网络药理学研究的一个切入点. 中国中药杂志,2011,36(15):2017-2020.]

五、实 习 题

1. 试使用 DrugBank 数据库(http://www.drugbank.ca/)查询抗肿瘤药物顺铂(cisplatin, CDDP)相关的药物信息及其靶标。

2. 试使用 PharmGKB 数据库(http://www.pharmgkb.org/)查询由 DrugBank 数据库中查询到的顺铂靶基因的序列多态性信息,并尝试判断相应的序列多态性对药物作用的影响。

第三节 药学信息服务

一、药学文献传递

文献传递是伴随互联网技术快速推进而发展起来的新型的文献资料获取方式。类似于图书资料的馆际互借,文献传递的主要含义是通过互联网实现不同地域(省、市)文献存储、图书

笔记

馆藏联盟之间的电子文献全文共享。国内的药学文献传递主要依托于中国高等教育文献保障系统（China Academic Library & Information System，CALIS），通过全国文理、工程、农学、医学4个文献服务中心和7个地区性文献信息服务中心实现文献资源共享，有利于减轻各高校、图书馆的文献和全文数据库购置经费压力，提高中、英文文献的全文利用率。

文献传递过程本身是一个较为简单的资格审核和文献检索过程，以黑龙江省的药学文献传递为例，整个过程可以通过3个简便的环节完成：①从黑龙江省某大学图书馆（如哈尔滨医科大学）端口登录黑龙江省科技文献传递中心首页，注册一个实名制个人账号，指定接收文献的电子邮箱，等待管理员进行资格审查；②资格审查通过后，管理员将为每个账户设置每天的文献传递数量限制（默认为每天最高传送10篇），一经审核通过后，用户可登录个人账户，检索本人需要的全文文献；③检索到本人所需的文献后，可查看文献细节，在有当天剩余传递量的情况下，如确为本人需要的文献，并且本馆暂未收录全文，则点击"申请传递"按钮，一般在24小时内所需的文献将由合作图书馆传送到本人预留的电子邮箱，同时此文献将成为用户所在馆的馆藏资源。

各地区、高校的文献传递系统可能有所差别，但核心应用方式基本一致。文献传递技术为科学工作者、大学生快速获取感兴趣的学术论文全文提供了便利，同时也倾注了国家支持科学研究的大量心血，并且基本覆盖全国各大高校、科研院所，对该项资源的充分利用将有效减轻科研工作者获得全文文献的难度，提升全国整体的学术研究水平。

二、药学情报调研与研究选题

（一）创新性研究关键词的获取

药学文献情报调研与研究选题是一项精细的文献检索和分析过程，其关键是搜索词的选取和限定。一般而言，虽然使用任何搜索词都可能会得到相应的检索结果，但创新性的研究工作对于搜索词标准有较高的要求。好的搜索词的选取，一方面能够降低文献检索的复杂度和检索文献的工作量，另一方面能够发现新的知识，帮助检索人建立起完备的研究体系，实现真正意义上的情况调研，自然就会形成创新性的研究选题。一般而言，可以通过以下的方式实现关键词的选取：

1.高水平专业期刊的深入阅读。高水平专业期刊论文是新的思路源泉，长期关注某个领域的期刊论文自然就会对该领域有较好的了解，后文我们将介绍到一些著名的药学期刊。但同样，能够达到专业论文深入阅读程度的读者显然已经开始从事本领域的研究工作，具备了一定的知识储备，所以对于文献资料的阅读有一定的门槛限制。

2.自具有药学专业研究经验、专业知识丰富的药学专家处获取。有丰富的研究经验和对本专业领域有充分把握的导师是帮助初学者实现科学研究快速入门的捷径，能够在最短的时间内摸索、进入最新的研究领域，这也是传统意义上选名师、读名校的意义所在。

3.网络学术传媒的影响力。很多好的思路恰恰来自不经意的文献阅读，特别是在微博、微信时代，学术知识已经不再是以往的主动搜索模式。一旦涉足药学领域，可以很容易地加入网络"学术社团"中，很多高水平的研究成果将在日常的生活、娱乐之中深入浅出、潜移默化地融入受阅人的头脑中。虽然是被信息被动地围绕，但接触的知识档次很高，富有趣味性、创新性、高水平的学术词汇不经意间进入视野将直接带动读者的思考步伐和学习兴趣。

4.参加学术会议、讲座、活动等也是获取创新搜索词的重要途径。如果有条件，应该尽可能多地参加所从事领域的学术活动，一般的学术活动均会选择创新、前沿的话题展开讨论。对于本科学生，沿着前人的步伐开始个人的尝试性的学术旅程也是一种不错的选择。

5.深入药学应用的前沿阵地，从医护人员处了解最新的药学应用问题。药学研究的根本目的是发现（发明）疾病治疗药物，揭示药物的作用机制，改善治疗效果，避免毒副作用发生，提高现代医学治病救人的能力，实现个体化给药。因此，开展临床用药调研，深入临床一线，在虚心向医师和护师的学习中获取信息，不失为开展药学文献检索的一种重要手段，并且获得的信息与实际问题紧密贴合，有利于药学研究的有效转化。

（二）研究选题要点

有了好的研究方向和相对准确、集约的文献检索词，结合前文中系统介绍的文献检索工具和技巧，快速推进关键文献的获得，将使得药学文献选题过程变得非常顺利。文献信息获取之后，通过整理、分析，并借助 ISI、NCBI PubMed 等文献分析工具，了解该领域的进展和总体研究情况，进一步得到有用的信息，为确定研究题目奠定基础。当然，具体实施过程中还要注意研究选题的独特性。

一般来讲，研究选题需要具备创新性、科学性和可行性的特点，面向应用的课题还应当具备实用价值。创新性代表了选题研究内容的新颖性，不落俗套，不平庸，与先前的研究相比，有其自身的特点。科学性表示选题研究内容具有立体感，有来龙去脉，有立题的依据，有可靠的假设和预期的结果，理论上具备完整的研究体系。可行性意味着选题研究内容具备实施的基本条件，能够通过一定的方式、选择一定的实验手段将上、下游串联起来，并逐步付诸实施，不存在超越当前研究条件、不可克服的实际困难。而应用课题的实用价值主要体现在选题是否具备应用的范畴和是否能够解决实际问题上。

研究选题离科学研究成果的取得还有相当大的一段距离，是一个经验和知识逐渐积累的过程，需要在学习中扩展相关的知识和技术，同样也是在文献信息的支持下不断丰富，而且还可能随着研究的进展而进行调整。

三、药学标书设计与项目申报

（一）科研项目的类型

目前，我国的主要科学研究项目包括两类，一类是以研究课题为主体的科学研究和科技开发项目，另一类是以人才培养和提升为主体的人才支撑项目。科学研究和科技开发类项目中资助级别最高、额度最大的是由科技部负责组织评审、资助的国家科技攻关计划、国家重点基础研究发展计划（"973"计划）和国家高技术研究发展计划（"863"计划）。2015 年科技部资助项目组织和评审方式将进行重大改革，更加重视科技成果的产出和转化。资助面最广、与广大科研工作者联系最密切的是由国家自然科学基金委员会负责组织评审、资助的国家自然科学基金项目，包括重大项目、重点项目、杰出青年项目、重大研究计划、面上项目、青年项目、联合基金项目、地区科学基金项目、国际合作基金项目和国家重大科研仪器设备研制专项等。另外各部委（如教育部、农业部、发改委等）、省（自治区、直辖市）也根据各自的治理和科技推进重点，自行设置相关的科学研究和科技进步项目，有些项目的影响力和资助额度也很高，对某一领域或某一地区的科技发展有重要贡献。这些科学研究和科技开发项目几乎每年都会就药学研究和科技开发的重点领域设置课题指南，引导药学专家开展相应的申报和攻关工作。

我国目前设立的重大人才类支撑项目包括"长江学者"奖励计划、海外高层次人才引进计划（千人计划）、国家杰出青年科学基金、国家高层次人才特殊支持计划（万人计划）等。"长江学者"奖励计划是由教育部和李嘉诚基金会共同发起的国内最高层次的人才计划，面向内地和港澳地区的高校、科研院所以岗位聘任的形式设立长江学者特聘教授和讲座教授岗位，提高全国学术实力、振兴中国高等教育，长江学者已经成为我国科技发展领军人才的摇篮，培养出大批院士、重大科研项目首席科学家。海外高层次人才引进计划（千人计划）是 2008 年国家委托中组部负责组织协调的国家级重大人才计划，计划用 10 年时间围绕国家总体发展战略，在国家重点创新项目、学科、实验室，及中央企业和高新技术开发区等引进 2000 名左右的海外高级科学

笔记

家和领军人才，推动关键技术、高新产业、新兴学科和创新产业发展。国家杰出青年基金是由国家自然科学基金委负责评定的一项特殊的科研项目，资助全职在中国内地工作的优秀华人青年学者从事自然科学基础研究工作，重点关注申请人自身的研究水平和创新潜力，习惯上将获得国家杰出青年基金资助的科学家称为"国家杰出青年"，享有很高的科学荣誉。国家高层次人才特殊支持计划（万人计划）是由中组部等部委联合发起的，面向国内高层次人才的支持计划，与千人计划海外人才引进相呼应，自2012年起约用10年时间有计划、有重点地遴选支持1万名左右的自然科学、工程技术、哲学社会科学和高等教育领域的杰出人才、领军人才和青年拔尖人才，加快培养造就一批为建设创新型国家提供坚强支撑的高层次创新创业人才。除国家层面提出的各项人才支撑项目外，各地、部委还有相应的人才培养计划，各类人才计划的资助额度高、荣誉性和导向性强，总体设立趋势朝向更加年轻化、专业化，为中、青年人才的发展提供广阔的空间。

（二）科研标书设计的关键流程

科研标书设计是围绕不同的科研课题资助类型和资助侧重点进行科研选题和研究工作规划的过程，作为一种特殊类型的标书，其书写目的非常明确，即满足项目申报要求，成功获得资助，并推动后期研究过程的科技产出。标书设计是一项系统性工作，涉及创新课题的选择、课题研究内容和研究流程设计、前期工作的总结、科研人员的调配和研究经费的预算等。

前文中，已经对科研选题进行了简单介绍，与学术论文和单一的学术研究选题不同，科研标书要解决的问题是多个紧密联系又相互独立的研究内容（子课题）的组合，或某一研究项目的层层深入。因此，选题上除保证前沿性和科学性外，还要具有一定的广泛性和包容性。课题研究内容和研究流程要紧密贴合主题，围绕主题分阶段、分层次罗列对课题研究有重要作用的环节和内容，各部分研究流程具备创新性、科学性和可行性。标书的申报一般需要申报人和研究团队具备一定的前期研究基础，围绕主题对原有工作的总结梳理是课题研究可行性的有力支撑。科研标书中还要体现出课题研究的主要人员配备情况（人才类项目除外），合理的人员梯队有助于课题的顺利进展，也有利于标书的投标、中标。另外，科研标书还要充分地分析课题进展过程中的经费使用情况，根据项目资助标准进行预算是项目标书的重要要求之一。

（三）国家自然科学基金的申报

国家自然科学基金因其在全国范围的各科学研究和科技开发领域具有最广泛的资助面和较高的资助额度，在国内各类基金中具有最高的知名度和申报价值。虽然药学学科的涉及面很广，但其核心内容药物机制的研究、新型药物的开发、药物材料制剂的研制等都属于科学研究的重要领域，需要有一定的科研经费支持，因而与国家自然科学基金之间有密切的联系。另外，国家自然科学基金专门设立青年基金项目，是支持青年科技人才成长的第一个重要项目。这里，我们着重介绍一下国家自然科学基金课题标书的写作要点和申报方式。

国家自然科学基金主要考察标书的5方面的内容：研究课题的创新性、研究内容的科学性、研究流程的可行性、课题相关前期工作的扎实性、课题组人员配备和研究经费预算的合理性。标书应当围绕主题从课题研究背景、研究内容、实验流程和方法、前期工作和实验室条件、人员科研情况和经费预支明细等方面进行详细介绍。研究背景是文献信息的综述、评价，是课题立题的依据和研究意义的概述，揭示本项目立项的创新性和必要性，要列举与标书内容密切相关的参考文献。其他各方面要突出申请人和课题组的研究思想和拟解决的关键内容，及相应的解决方案。

自2014年起，国家自然科学基金的申报工作由原来的线下填报调整为在线填报与纸质材料审核相结合的申报方式。项目申报对申请人有一定的资格要求，申请人一般应当具有中级以上职称或博士学位、有固定的依托单位；青年项目和面上项目有固定的申报时间（一般为每年的3月上旬）；青年项目和杰出青年项目有年龄限制，青年项目申报的男性年龄上限为35周岁、女性年龄上限为40周岁；重大、重点项目要求具有正高级职称，并且需要依据基金委下发的项

笔记

目指南立题；地区项目和海外合作项目有申报地域和合作对象的资格要求；各类项目的详细申报要求可参见国家自然科学基金委员会官方网站 http://www.nsfc.gov.cn/。

在国家自然科学基金委员会主页的右上方能够找到"科学基金网络信息系统 ISIS（基金申报和评阅系统）"，基金申报前应向依托单位的科研项目主管部门提供常用的申请人电子邮箱，由依托单位为申请人建立系统账号（申请人的电子邮箱）和密码，申请人可凭账号、密码登录系统、修改个人信息（包括密码）、申请和查阅课题情况。课题的申报过程包括个人信息和单位信息的填写、项目基本情况的填写、项目组成员信息和标书正文上传等几个环节。课题申报前要做好各项准备工作，并且随时保存信息，以免因准备工作缺位导致申报时间过长，系统自动退出，造成填报数据的丢失。

1. **系统的登录和新增项目** 如图 7-8 所示，个人账户登录后选择系统中的"申请与受理"栏目，此处可以下载"科研简历模板"，点击右上角的"新增项目申请"选项，接受《科学基金项目申请科研诚信须知》和《科学基金项目申请填报须知》后进入课题申报页面，首先需选择申报项目的类型，因本书立项时已经超过面上项目的申报日期，此处以"重大研究计划"项目申报为例进行介绍。

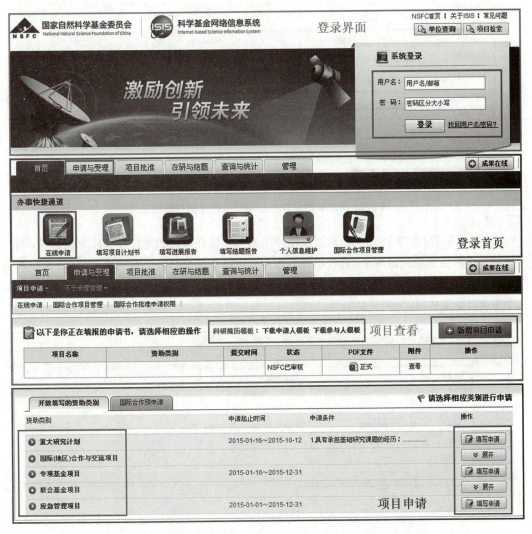

图 7-8 国家自然科学基金项目申报系统的登录与新项目创建

2. **项目申请所需的基本材料** 点击图 7-9 所示的"重大研究计划"后的"填写申请"链接进入标书信息填写界面。

（1）项目的基本信息（图7-9）：包括项目的中、英文名称，中、英文关键词（5个以内）和中、英文摘要（中文400字以内，英文3000字符以内），及项目的起止时间和申请代码（研究领域），项目延续时间一般为3年或4年。药学课题一般涉及医学科学部（H）的中药学（H28）、药物学（H30）和药理学（H31）等领域；化学科学部（B）的无机化学（B01）中的无机药物化学（B0112），有机化学（B02）中的有机合成（B0201）、药物化学（B0206）、生物有机化学（B0207）、有机分析（B0208）、有机分子功能材料化学（B0211）和化学生物学（B0212）等领域；还有一些相关学科门类分散在于其他生物分子合成与材料领域中，可根据特殊学科门类查找最相符的申请领域。

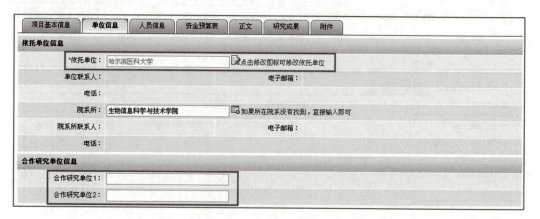

图7-9   国家自然科学基金项目的基本信息填写栏

（2）单位信息（图7-10）：主要需要注明申请人所在依托单位的部门和合作单位信息，同一项目的合作单位不能超过两家；合作单位为国内单位的须提交加盖公章的合作单位、合作者书面说明，合作单位为国外单位的须提交合作者同意参加项目的书面声明；依托单位的其他信息属于系统自动生成项，无需重新填写。

图7-10   国家自然科学基金项目申报单位信息填写栏

笔记

（3）人员信息（图7-11）：除申请人的个人信息自动生成外，还可以添加不多于10人的研究团队成员的信息。成员信息包括姓名、性别、出生日期、身份证号、电子邮箱、手机号码、所在单位、职称、研究分工、年工作时长等信息，并且需要按照模板要求填写和上传在职人员的科研简历。

| 项目基本信息 | 单位信息 | 人员信息 | 资金预算表 | 正文 | 研究成果 | 附件 |

请下载科研简历模板 ☑下载申请人模版 ☑下载参与人模版 点 这里 查看如何录入申请人每年工作月数
*人员列表（如果您需要修改项目负责人信息，请保存申请书后点击菜单"管理">"个人信息维护"完成修改）

选择	姓名	电子邮箱	手机	职称	单位名称	证件号码	每年工作（月）	简历
○					哈尔滨医科大学			上传

| 添加 | 上移 | 下移 | 编辑 | 删除 |

总人数	高级	中级	初级	博士后	博士生	硕士生

图 7-11　国家自然科学基金项目组成员填报栏

（4）资金预算表（图 7-12）：按课题进展所需的各项经费情况进行分项填写，相关项目包括设备费、材料费、测试化验加工费、差旅费、会议费、国际合作与交流费、出版文献费、劳务费、专家咨询费等。自 2015 年起，国家自然科学基金项目将总经费分为两部分，一部分为课题研究所需的直接经费，另一部分是根据直接经费自动生成的用于依托单位建设和研究人员绩效的间接费用。提交费用分项列表的同时还需要上传直接费用的详细预算和计算说明。

| 项目基本信息 | 单位信息 | 人员信息 | 资金预算表 | 正文 | 研究成果 | 附件 |

填表说明：（金额单位：万元）
　　具体填报请查阅：项目资金预算表编制说明

序号	科目名称	金额	备注
	(1)	(2)	(3)
1	一、项目资金支出：		/
2	（一）直接费用：		
3	1、设备费：		
4	(1)设备购置费：		
5	(2)设备试制费：		
6	(3)设备改造与租赁费：		
7	2、材料费：		
8	3、测试化验加工费：		
9	4、燃料动力费：		
10	5、差旅费：		
11	6、会议费：		
12	7、国际合作与交流费：		
13	8、出版/文献/信息传播/知识产权事务费：		
14	9、劳务费：		
15	10、专家咨询费：		
16	11、其他支出：		
17	（二）间接费用：		
18	其中：绩效支出：		
19	二、自筹资金：		

预算说明书

*请对各项支出的主要用途和测算理由及合作研究外拨资金等内容进行详细说明，可根据需要另加附页。（限2000字以内）

图 7-12　国家自然科学基金项目资金预算表

笔记

（5）国家自然科学基金的标书正文（图7-13）：主要包括立项依据与研究内容、研究基础与工作条件、资金预算说明和其他需要说明的问题四部分内容。其中立项依据与研究内容是关键陈述内容，包括项目的立项依据、研究内容、研究目标及拟解决的关键科学问题，拟采用的研究方案及可行性分析，项目的特色与创新，年度研究计划及预期研究结果等内容。研究基础与工作条件部分也需要充分展开、陈述，并按要求进行资金预算。正文部分根据模板书写后转换为PDF格式文件并上传即可。

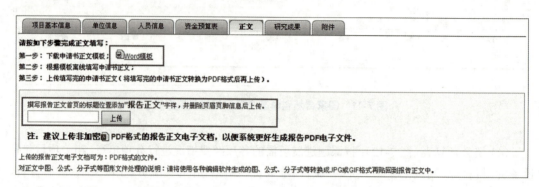

图7-13　国家自然科学基金项目正文模板下载与上传栏

（6）研究成果部分：需要填写课题组成员发表的重要学术论文、获得的科研奖励和完成的学术著作情况，体现课题组成员的整体研究实力（图7-14）。

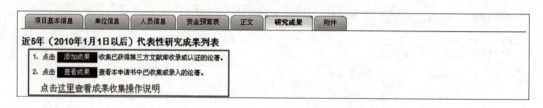

图7-14　国家自然科学基金项目相关研究成果填报栏

（7）附件部分：按要求应当上传5篇以内的代表作（论文、奖项、著作等）首页，如有合作单位信息需上传合作单位授权书扫描文件，如涉及人和动物实验等，需提交伦理审查证明扫描件等（图7-15）。

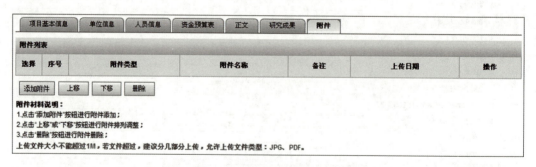

图7-15　国家自然科学基金项目相关附件上传栏

国家自然科学基金完成在线填写和文件上传后，点击生成草稿文件（PDF格式）后可进行检查，如填写内容符合申请人要求、各附件未出现上传问题，即可点击提交，由上级部门审核通过或退回修改。部门审核通过后，提交在线版本相同版本号的纸质文件，提请国家自然科学基金委进行格式审查，格式审查通过后由专家评审系统进行第一轮评审。第一轮评审一般由基金委选择3～5名本领域的专家进行审阅，如获得多数专家支持即可进入会评阶段（二审）。一般

笔记

一审结果优秀的项目都会通过二审,并批准立项;而一审评议结果一般的项目会在二审中进行评价,择优立项。项目一经批准,基金委除以电子邮件的方式通知申请人外,在评审系统的"在研与结题"栏目中将显示新批准和以往主持过的课题项目,申请人可根据要求进行下一步处理。

四、药学科技查新

(一)科技查新的概念和机构资质

科技查新是利用文献检索、分析的方式对某一研究项目或研究成果的创新性进行判定的过程。这一过程遵循严格的查新规范,由委托人提出查新委托申请,并且于主管单位指定等级的专业查新机构进行。科技查新一般分为立项查新和成果查新两类,立项查新的目的在于新的科研项目的审批,成果查新在于科研成果的认定或报奖。目前,较高等级的科技查新机构包括科技部认定的38家单位、教育部认定的85家单位和卫计委(原卫生部)认定的26家单位,这些单位可以对国家、部委级别的项目或成果审批提供查新报告。各省、自治区、直辖市还有其各自认定的查新机构,一般服务于本省区市管辖范围内的项目或成果查新。不同的项目、成果有不同的查新机构资质要求,应在查新前详细了解所需的查新机构资质。

(二)科技查新的一般流程

1. 查新委托　查新委托人在申请科技查新前,应根据主管部门的文件判断是否需要查证,按要求选择相应资质的查新机构,按查新机构的要求准备查新材料。

2. 材料准备　查新所需的材料目录可于相应的查新机构网站查看或下载,一般包括完整的科研项目申请书或奖项申报书、课题组成员发表的论文或申报的专利列表、本项研究的中英文关键检索词列表、与查新密切相关的其他文献列表。

3. 订立查新合同　查新的目的在于判断项目或成果的创新性和先进性,订立查新合同时要明确委托人的自评意见,即提供创新点列表;查新机构对查新要求和相关资质进行核实后订立合同。

4. 查新受理　查新合同订立后,查新机构围绕创新点和用户的其他要求开展查新、比较工作,并与委托人及时沟通、核实查新要点,确实存在问题和缺陷的内容要进行讨论修改。

5. 文献检索　前期工作完成后,进入专业人员的药学文献检索阶段,这一阶段着重解决以下问题:文献的回溯期,一般文献检索的回溯期为10~15年,但药学科技进展很快,可能需要根据查询学科进行适当调整;确定检索范围,重点锁定重要的药学相关学术期刊、网站和互联网站点,专业数据库不能有遗漏;确定合适的检索词和检索方式,保证查全率和查准率。

6. 文献对比　对照查新要点,逐一核实检索文献,选择相关性最高的文献资料作为进一步对比的关键材料,进行要点分析。

7. 查新报告　在第一手文献资料对比的基础上,确定查新点、关键检索词与文献资料之间的相关性,及课题组成员发表论文资料与查新要点的关系等,在此基础上形成查新结论;查新报告内容包括查新要点复述、检索文献信息描述、关键技术指标与文献资料的相关性比较分析、查新项目的创新性评价等;查新报告务求客观、真实,不能加入查新员个人的主观意见,也不能受到查新委托人的影响。

8. 查新审核和归档　查新完成后应由高级职称的查新员进行查新过程和查新结论的审核,审核通过后,对全部查新材料进行归档、上传,并向委托人出具加盖公章的查新报告。

(三)科技查新的局限性

科技查新是通过文献检索的方式对项目的创新性进行判断,对于关键词有较高的辨识度,能够通过关键词的出现频率反映相关研究领域的进展情况。但科技查新的过程过度依赖于语义的比对,查新员一般不具备对特定领域的专业了解,所以查新过程对整体的项目把握情况有限。从这个意义上讲,科技查新往往只作为专家评审系统的补充和参考,不能完全作为科研项

笔记

目创新性的判断依据。近年来,绝大多数国家级课题、成果并不要求评审前的科技查新,而主要依据专家评审系统,但部分部委和省厅级课题(如教育部博士点基金等)、成果申报受专家库资源的限制,还需要有先期的科技查新支持,此时应重点注意查新的要求,在保证项目、成果研究工作的创新性的同时重视查新材料的准备工作。

五、实 习 题

1. 通过所在的大学图书馆(在线)查询读者所在地区的文献传递系统使用方式,并注册一个文献传递账号,提交需要的论文全文传递申请。

2. 从百度等网络检索工具查询国家"万人计划"人才的入选标准。

第四节　药学论文写作

一、药学科研论文体例

科研论文是科学研究成果的文字概括,是对科学实验和经验的总结归纳。科研论文写作的直接目的是促成本人或某一团队科研成果的展示或发表,核心目标是将最新的研究结论、研究方式在一定范围内传播。科学研究涉及理论推导、实验研究、新事物发现、新技术发明等领域,作为科学研究的公众载体,众多高水平的学术论文最终汇集成当前我们看到的五彩缤纷的科学世界,推动各个领域新知识的积累、转化,提升科学研究的整体水平,促进人类文明发展,进一步提升人类的生活水平,扩展知识空间。从这个角度讲,科研论文要起到新知识的传播、社会科技发展的推动作用,一般应具备创新性、科学性、真实性、实用性、可读性、规范性的特征。药学作为科学研究和人类健康保障的重大学科,科研论文的写作也同样应该具备这些特质,并且由于药学研究本身的独特性,在写作方式、图表展示方面还有一些自身特征。

药学科研论文根据写作目的和写作方式的不同,一般分为学位论文写作和期刊论文写作两种。学位论义写作的目的是总结某一阶段(特别是学习阶段)的成果,为获得某一等级的学位而进行论文的展示和答辩。学位论文的写作要求较为全面地反映学位学习期间独立完成的研究工作,要有完整的研究历程和较大的(相对于所申请的学位)研究工作量,篇幅一般比较长,具有较高的创新价值和学术成就的学位论文可以通过一定的方式出版发行。期刊论文写作的目的是总结某一项完整的研究工作,并把这项工作的核心研究内容形成文稿,向公众发表或公布。期刊论文的研究内容比较集中,围绕一个论点展开,进行核心内容的阐述,根据阐述内容的原创性还是归纳性的特点,期刊论文概括起来分为研究性论文和综述性论文,并且由于期刊论文在发表过程中要受到期刊总页数的限制,与学位论文相比,期刊论文具有篇幅短小、语言精练的特点。在学位论文和期刊论文之外,还有一些其他类型的学术论文体例,如学术会议收录的会议论文,但一般情况下这些论文的写作方式也遵循期刊论文的体例,可以参考期刊论文的特点,并根据不同场合的特殊要求进行适当修正,这里不再介绍。

二、药学学位论文写作

(一)学位论文体例

目前,药学学位论文包括学士学位论文、硕士学位论文、博士学位论文和药学博士后出站研究报告等。学位论文的作者一般只有 1 个人,除作者之外,还应指明指导教师或教师组(合作导师或合作导师组)。虽然药学学科包括多个学术领域,各个领域的研究侧重各不相同,但每个领域的学位论文在写作格式上是一致的,一般都包括标题、中文摘要、英文摘要、关键词、文献综述(引言)、材料与方法、结果、讨论、结论、致谢、参考文献、个人简介和附录等几部分,有的单位要求在文献综述之前列出"缩略词表"。

1. **标题**　学位论文的标题要用一个短句高度精练,点明研究的核心内容和研究对象。中文字数控制在 25~30 字以内,英文标题一般不超过 100~120 个字符。例如论文标题"顺铂通过诱导膀胱癌细胞自噬促进细胞凋亡"能够清晰地指出两个研究对象和论文主要的研究内容。如果在机制研究中的研究对象是非人类物种,标题中还应当点明物种名称。

2. **摘要**　学位论文的中文摘要习惯上应该包括背景、方法、结果、结论 4 个要素,是对全文的高度概括,每一句话都要抓住要害、突出重点。学位论文的中文摘字数在 1000 字左右(特殊要求除外),清楚地点明研究的出发点、使用的材料方法、结果描述和结果揭示的研究结论,要求看完摘要基本能够了解全文的整体研究思路和研究价值。学位论文的英文摘要原则上应为中文摘要的通篇翻译,语句通顺、流畅,用词准确,而且符合中文的表述含义,不应与中文摘要有较大的出入。

3. **关键词**　学位论文的关键词有明确的数量要求,一般应为 3~5 个。关键词是研究课题中最重要或最具特色的研究对象、研究方法、研究内容的概括和索引,多为词组或短句,通过关键词的罗列能够基本展现本篇论文涉及的关键领域,有时关键词可以从本领域的学术词汇中直接找到规范化用词。

4. **文献综述**　学位论文的文献综述是学位论文的整体学术思想的体现,一方面要全面地总结前人在本研究相近或相关领域所作出的重要的贡献和创新性的工作,另一方面要在综述中展示本人(本组)工作的研究基础和创新所在,为本项工作的阐述提供合理、可靠的依据。学位论文的文献综述部分一般要占论文正文的 15%~20%,要有充足的文献支撑。例如如果有一个研究工作关注于麻醉药物丙泊酚的个性化反应问题,那么与之相关的文献综述至少应该考虑丙泊酚的应用现状和临床反应、丙泊酚的分子作用机制、丙泊酚的作用靶标多态性研究进展等几方面的文献整理和归纳。

5. **材料与方法**　学位论文中的材料与方法要求详细地列出本项研究用到的全部研究材料和分析方法。研究材料包括研究对象(人、动物、植物、药物等)、使用的实验试剂及规格等。研究方法包括实验中用到的各种仪器设备(品牌、型号、参数设定)、化学、分子生物学、细胞生物学、动物实验方法,及统计分析方法等。常规的实验方法以列出主要参数设计为主,其他步骤可以省略,不涉及科研机密的创新性方法应当细致描述。

6. **结果**　学位论文的结果部分往往是与方法部分一一对应,一般情况下针对每一个研究环节和每一次实验都应该有一个阶段性的结果描述,这个结果描述有时是对阶段性实验的现象描述,有时是对一个实验过程的统计概括。结果部分出现的任何内容都是实验获得、未经人为推断加工的真实现象和数据展示。结果部分的展示形式丰富,不便于用文字直接叙述的内容以图、表的形式展现会起到更好的效果。

7. **讨论**　学位论文的讨论部分是对研究结果的梳理、推断和思考、比较。讨论部分可以以一种通用的方式来展开:首先描述整个研究的流程、概括获得的结果;然后揭示结果背后的重要论断,并寻求文献信息和补充实验的支持;其次阐述本项研究的创新和特色,并指出研究中可能存在的不足;最后一部分在本工作概述的基础上进行下一步工作的规划和展望。讨论是对整个研究工作的反省和升华,但并不是篇幅越长越好,而是有针对性地、全面地展开对结果的综合、推断、检验,在可靠的数据基础上细致地思考、合理地决策。

8. **结论**　学位论文的结论部分一般都比较简短(不超过 1 页 A4 纸版面),但每一句话都要有结果和讨论内容的支撑,以精练的语句表达本项研究中重点解决的学术问题和取得的有代表性的学术成果。结论可以在研究工作的简短概括基础上,以列出条目的方式书写,一般的结论在 3~5 条,以叙述为主,不应有不必要的修饰词汇,也不能出现图、表和参考文献。

9. **致谢**　学位论文的致谢是对本工作有重要贡献的人士和团队表达谢意的部分。除作者之外,对学位论文贡献最大的一般是本人的指导教师(或合作导师),其次还有课题组的成员、

笔记

所在实验室的人员、合作实验室的人员等，以及关心作者学习、生活的同窗、家人。致谢中用到的语句点到即止，不需要长篇累牍。

10. 参考文献　学位论文的参考文献部分有细致的格式要求，下文中会介绍。

11. 个人简介　是对作者本人的基本情况，学习、工作经历，及在攻读本学位时参加的科学研究、发表的科研论文情况的整体介绍。

12. 附录　是对研究内容有辅助阐述意义，但因篇幅过大、过长不适合放于正文的独立的图、表、照片等内容；也可能包括与核心内容有一定的关联，但是与研究中心有偏差的研究方法和研究内容。

习惯上，学位论文的标题、中英文摘要和关键词统称为论文的前置部分，文献综述、材料与方法、结果、讨论、结论、致谢、参考文献统称为论文的正文部分，个人简介、附录称为论文的后置部分。另外，学位论文有严格的文字版式要求，要特别注意每一部分的标题和正文字体、字号、行间距和图、表、参考文献格式等。字体、字号、行间距的调整主要涉及计算机基础中的 Word 排版软件应用，图、表、参考文献的格式在科研论文写作中有具体的要求。

（二）图表的绘制方法

1. 学位论文中的图　学位论文中图的灵活、合理运用将对研究中心的描述提供有利的证据，并给读者最直观的印象。学位论文中的图包括多种类型，药学学位论文中最经常用到的图主要有 3 类，一类是病理（或药物作用）或细胞实验获得的照片，第二类是统计分析获得的图形描述。病理和细胞实验获得的图片一般应选取典型区域进行标记或进行组图罗列，并体现不同处理条件下的结果比较。统计图包括直方图、曲线图、饼图、箱式图等。直方图能够直观地显示不同组别的数据差异，并可以标记统计差异性和数据的波动性；曲线图和散点图能够反映某一指标的变化趋势，并进行多组数据的变化比较；饼图描述各不同组间的组分差别；箱式图能够反映数据的总体分布。组图中的每一张图都要标记序号。还有一类是实验方法、流程或结果示意图，这一类图一般是在原有材料的基础上人为加工而成的，是文字材料的总结或数据的形象化描述，以虚拟示意为主，不一定代表真实的情况。

学位论义中的图要有图注，图 7-16 中同时包含了照片、统计图（不同类型）和示意图，并且是多图组合的形式，图下有组图的标题和子图的介绍。这里组图的标题就是图的图注，是对图的准确描述，要基本能够涵盖图的特征和关键指标，反映图的真实信息。因此，图注从另一个角度讲是对某一部分实验结果的高度概括。对于比较复杂的图或多张图片形成的组图，在图注之后可以添加注释信息，简要地说明本图要说明的主要问题，及组图中每一张图反映的信息。论文中的每一个图（组图）要根据其出现在正文的位置进行编号，编号要在正文中进行文字引用，例如如图 1a 所示、见图 3-1 等，避免出现见下图、见左图等字样。图是一种特殊的信息表达方式，具有直观性，但由于每个人对图的解读有偏差，可能会丢失有用的信息量，因此图所反映的关键信息要在正文中进行一定篇幅的概括、描述。

学位论文最终要打印、装订，因此对论文中的图的分辨率有较高的要求，往往需要达到 200dpi 或 300dpi 以上。非专业的图片处理人员可能对图片的专业描述不熟悉，一个简单的原则是打印出的图片能够清楚地读出每一个希望展示的细节。另外，目前学位论文的装订展示以黑白色为主，因此如非必要，学位论文中出现的图尽可能地以灰度图为准，避免出现过多的色彩种类，不可避免的重要的有色图片（如病理图）应使用彩色打印。

2. 论文中的表　表格是对同一属性（类型）的多组数据信息的直观描述，并且可以根据数据行、列之间的相互关系，涵盖统计、分析所获得的结果。在科研论文中使用表格进行数据描述，有利于减轻同一类型信息的反复叙述造成的文字冗余，提高论文的可读性和科学性。科研论文中使用的表称为三线表，顾名思义，即这种表格只有 3 条可见的边框（列标题上、下各 1 条线，表的尾行后 1 条线），但在正式出版的文献中一般采用亮暗不同的条纹表示，以提高表的可读性和美观度。

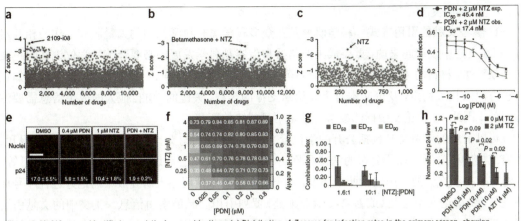

图 7-16 科研论文中的图与图注

[引自 Tan X，Hu L，Luquette L，et al. Systematic identification of synergistic drug pairs targeting HIV. Nat Biotechnol，2012，30（11）：1125-1130.]

在图 7-17 所示的表格中可见，一个完整的表应该包括表头、表体、注释三部分内容。表头是论文正文中出现的一种小标题，是对表格内容简短的描述，好的表头会对表格内容进行精确的概括。学位论文中的表头要根据全文中表格出现的顺序进行排序（特殊情况下可能按章节排序），一般还需要中英文相互注释。表体是数据描述的主体，每一行是一个（组）样本或一个（组）研究对象，每一列是对每个样本或对象的属性描述（前两条实线之间的内容）。表体中出现的数值信息应该有统一的精确数字倍数和描述方式，一般保留到小数点后第 2 位，极小或极大的数值采用科学计数法。表的注释是对表格中出现的特殊缩略词（有的学位论文将缩略词汇表放于文献综述前）、需要特别指出或重点强调的指标的解释或标记，最常见的注释信息是对达到统计显著性效力的指标的标注。

Table 1 | Summary of copy number variation in the genome based on the inclusive and stringent maps

Copy number variation measures	All variants		Gains		Losses	
	Inclusive map	Stringent map	Inclusive map	Stringent map	Inclusive map	Stringent map
Total genome variable (%)*	9.5	4.8	3.9	2.3	7.5	3.6
Total genome variable (Mb)	273	136.6	111.5	64.7	215	102.4
Median interval length of CNVRs (bp)	981	1,237	3,334	9,741	956	1,137
Mean interval length of CNVRs (bp)	11,362	11,647	35,581	55,370	9,181	8,883
Number of CNVRs	24,032	11,732	3,132	1,169	23,438	11,530

CNVR, copy number variable region. *Numbers listed are based on the upper boundary size estimates of CNVRs. Average boundary sizes of the total genome include: all variants in the inclusive map (8.8%) and stringent map (4.1%), gains in the inclusive map (3.5%) and stringent map (1.9%), and losses in the inclusive map (6.9%) and stringent map (3.1%).

图 7-17 科研论文中的三线表示例

三线表一般可以通过 Word 排版工具绘制。首先根据数据信息建立一个完整的带边框的表格，将内容填入表格后，将原有的全边框表格的边框显示为无色，然后选择绘制表格，画出表格最上、最下和表头下的 3 条线即可。学位论文中的三线表不能采用插入"直线"图形的方式制作，以免在论文编辑过程中出现"串行"。要制作的表格的内容也要提前规划，每一个样本设定为一行，每一个属性设置为一列。避免不使用表格，而使用回车加空格的人工分行、分列的制表方式，以提高表格制备的规范性和可读性。

笔记

（三）参考文献

1. 参考文献的引用方式   科学研究是在众多科学家和科学社团的大量研究工作的相互启发、相互支持中发展起来的，重要成果的传播与借鉴是科学发展的必要环节。学位论文的正文中文献综述、材料与方法和讨论三部分将涉及对原有知识的总结、归纳和比较，根据国际知识产权方面的相关约定，及论文本身重要论断支撑的需要，关键的、引自他人的成果信息需要注明出处。因此，学位论文中标注参考文献是不可或缺的环节。

可以引用的参考文献包括公开的学位论文、发表的期刊论文、正式出版的书籍、重要报刊、政府或权威科学研究社团公布的法律和规定、专业性学会在互联网上发布的权威科技信息等。参考文献在正文中的引用包括两个环节，其一要在正文中使用他人研究成果的地方进行序号标注，其二要在论文结尾处（或参考文献汇集处）罗列引用文献的索引信息。正文中的文献引用应该是对原文思想的总结、引述，而不能出现语句的直接搬用，在正文中进行文献序号的标记相对较为简单，在引述他人成果的结尾号前根据要求的格式标记数字即可。文后的参考文献索引要遵守严格的格式要求，目前学位论文执行的参考文献标准为国家标准文后参考文献著录规则（GB/T7714—2005），一般单位在学位论文格式要求中会罗列其中的关键部分，使用时可以参考，此处不再赘述。

2. EndNote 的参考文献引用和管理功能   参考文献的引用和索引有标准规则可以遵循，但对于学位论文而言，一般的参考文献数量会达到百篇，甚至更多，其中有些参考文献可能会在正文中多次引用，还有些引用文献可能会因正文内容的修改而新增、删除或更换位置。这将对学位论文参考文献的标记和格式整理工作造成很大的困扰，并容易出现编号错误。这里我们着重介绍 EndNote 工具的参考文献引用和管理功能，有助于提高文献引用和格式的准确性，提升学位论文参考文献管理效率。

EndNote 在文献引用和管理方面有着强大的功能，它能够实现在线文献条目的快速检索、正文引文的插入和格式调整、索引条目的自动生成和格式选择、参考文献次序的自动更新等。使用 EndNote 在学位论文中插入文献包括文献在线检索、文献正文插入、文献格式调整 3 个步骤。

（1）参考文献的在线检索：在 Word 中找到 EndNote 插件面板启动 EndNote 程序（图 7-18）。新建一个文献库，打开库文件，在左侧工具栏中双击 PubMed（NLM）选项，这样就可以在右侧的检索栏中检索相应的关键词。检索方式与 PubMed 在线高级检索相同，检索关键词所在的位置包括标题（title）、期刊名称（journal）、作者（author）、摘要（abstract）、全文（all fields）等。在检索结果中选中拟插入的参考文献，右键点击可以将文献信息转存到数据库（图 7-19）。

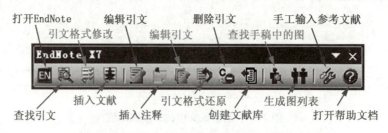

图 7-18   EndNote 软件的 Word 插件控制面板

（2）文献正文插入：在检索窗中选中要插入正文的文献后，选择正文中拟插入该文献的位置，点击 Word 中 EndNote 面板的"插入文献"按钮，当前文献信息将被插入正文中。EndNote 默认的文献格式为"Numbered"格式，在正文中显示的是类似于"[1]"格式的引用编号（bibliography number），在论文结尾产生相应的文献索引信息（图 7-20）。

笔记

图 7-19　EndNote 在线文献检索窗口

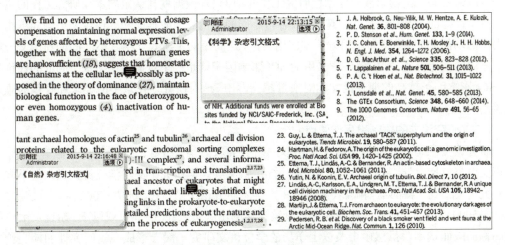

图 7-20　正文索引和文献引文格式示例

（3）文献格式调整：不同单位对参考文献的引用序号和引文格式要求可能并不相同，这时需要对参考文献的引用或索引格式进行调整。打开 EndNote 软件主界面，选择控制栏中的"编辑（Edit）"→"输出样式（Output style）"→"编辑 Numbered"，打开编辑窗口对正文中的引用或文末的索引进行格式调整。可调整的内容小到是否添加方括号、是否调整引用编号为上角标，大到引文作者显示的数量、引文显示的内容和次序等（图 7-21）。

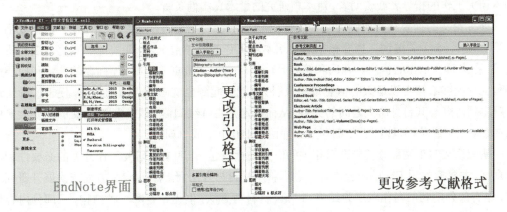

图 7-21　文献格式调整窗口示例

三、药学期刊论文写作与投稿

（一）期刊论文的类别

药学类专业本科生毕业设计一般是在导师指导下完成一个独立的研究课题，重点强调课题的完整性，以贯通本科学习知识、提升学生综合应用能力为主要目的，所以对学位论文的书写要求要更严格一些。同时由于本科学位论文本身多为重复性或验证性实验，一般不要求形成期刊论文，相应地也较少接触课题设计和论文投稿方面的问题。但近年来，国家特别重视大学生的创新创业能力培养，药学本科学生进行学术问题总结或课题研究并发表有一定价值的学术论文已经屡见不鲜。因此，在本章中重点介绍学位论文书写方式的同时，也将简略地介绍一下期刊论文的写作和投稿，以提供有益的借鉴。

在广泛的科学研究中，期刊论文的种类很多，包括综述（review）、原创性研究论文（original article）、研究报道（letter）、研究简报（report）、研究快讯（communication）等。近几年，随着大数据和信息技术的发展，还出现了数据库和软件介绍性论文。在这些论文体例中，综述论文相对特殊，每一篇综述是对近一个阶段某个学术领域的系统性归纳和总结。除综述以外的期刊论文体例均应为具有一定创新性的原创性研究工作介绍，只是根据期刊认定的本项研究工作的重要性进行了篇幅的删减和内容的节选，形成各自不同的体例。而数据库和软件论文更倾向于指明数据库的功能、数据类型和使用方法或应用案例，是简短的手册式介绍。不同的期刊论文一般具有不同的参考价值，如国内广泛采用的 SCI 影响因子就是一个对期刊论文水平高低的评价指标，SCI 影响因子越高的期刊论文相对质量越高，相应地对研究工作水平的要求和收稿的难度也越高。

（二）研究论文的体例和写作要点

研究论文的写作体例与学位论文相似，包括标题、作者、摘要、正文、参考文献等部分，其中正文内容包括背景、材料与方法、结果、讨论、致谢等。但研究论文与学位论文最大的不同在于研究论文受到严格的篇幅限制，常规的中文学术研究论文字数在 3000～5000 字，英文论文在 3000～5000 个单词，绝大多数期刊要求投稿论文的出版页数在 5～6 页或以下，超过页数将征收高额的版面费用。虽然硕士及以上学历的学位论文研究一般会形成一篇研究性的期刊论文发表在国内、国际期刊上，但研究论文绝不是学位论文的简单缩写版，要求语言要高度准确、凝练，各部分要突出主题和核心内容，常规信息点到即止，突出要点，在有限的篇幅里充分展示创新性的研究成果。

研究论文的标题要简明、突出重点，有充足的信息含量，可以使读者在阅读标题时对全文内容形成一个整体认识。研究论文作者一般在两人以上，根据对本项研究工作的贡献进行排序并标注每一个作者的工作单位。研究论文还会有一或两个通讯作者（责任作者），通讯作者一般为本研究工作的指导者或资助者，对本项研究的学术真实性负责。

研究论文的摘要具有明确的 4 个要素：研究背景、材料与方法、结果、结论，一般摘要后还需要标注 3～5 个关键词。摘要概括地介绍本项工作的整体情况，点明关键的研究方法和研究结果，指出研究工作的价值。标题和摘要是一篇研究论文最重要的部分，标题的选定和摘要的书写应该能够给读者以最大的信息量和吸引力，能够起到全文画龙点睛的作用，便于读者快速了解本项研究与其自身研究之间的关系，从而决定是否继续阅读全文。期刊论文的摘要大多要求在 250 个字或单词以内，有些期刊只允许使用 150 个字或单词。

研究论文的正文部分首先会对相关的研究进行概述，点明本项研究工作开展的必要性和现实意义，并概括本项工作的研究内容。之后将从材料与方法、结果、讨论 3 方面依次展开研究工作，也有部分期刊的写作顺序为结果、讨论、材料与方法，但无论是哪一种结构，三部分内容均相对独立，不应出现方法中掺杂结果、结果中掺杂讨论的现象。研究论文中的材料与方法部分

笔记

要点出本项研究中全部的研究对象和研究技术,常规技术、材料点明名称即可,特殊的技术、材料需要准确描述。研究结果与研究方法之间有一定的对应关系,在方法中出现的内容都应当有相对应的结果。结果中要恰当、充分地利用表和图,提升论文的可读性和科学性(图、表模式在前文已经介绍,这里不再赘述)。大部分研究论文并不单独设立结论部分,而是将结论与讨论混合在一起,因此研究论文中的讨论意义重大。讨论首先要概括本项研究获得的结果,并在结果分析的基础上指出其蕴涵的科学成果,并与以往的研究进行比较,寻找依据,解释差异,指出课题研究的创新性和优缺点,指出本项研究的科学意义。对于结果中出现的有异于原始假设的现象,还要追加实验进行验证。研究论文的致谢部分列出本工作的研究经费来源和对本工作研究有重要帮助的社团或个人即可。

研究论文的好与坏并不好评判,但一篇好的研究论文一定会有一个好的研究思路(idea)、一项完备的研究计划,并且具备很好的结果展示和重复性。另外,对于我国的科研工作者而言,论文的写作方式(外文论文)对于其最终的学术地位也将起到举足轻重的作用。因此,在日常的研究工作中,应当注意科学选题、实验的严谨性和文献信息的阅读、积累,只有 3 方面和谐统一才能作出优秀的研究工作。

(三)综述论文的体例和写作要点

作为以归纳和总结为主的学术论文,综述论文要求作者对某一领域的重要学术研究进行全面的了解,并要求作者在该领域有比较高的学术造诣,能够站在一定的高度上指点当前领域的发展方向。高水平的综述论文(如 Nature 杂志的一系列综述子刊)一般为期刊特别约请的某一领域最权威的专家写作和投稿,形成的综述论文除了有归纳总结内容外,还将加入作者对汇总信息的进一步加工、提炼和升华,并提出对未来工作有指导意义的展望,具有重大的科学参考价值。国内的中文综述论文也不乏学术大家的精辟总结和展望,但由于许多综述论文的主要完成人为在校学生,学术阅历和对学术前沿的把握水平相对较低,总体学术价值将受到影响,需要进一步梳理和总结。从这一层面讲,增强学生的综述写作能力对于提升我国的综述论文质量有重大意义。

综述论文在写作体例上与其他类型的学术论文有显著差别。论文主体包括标题、作者、摘要、正文和参考文献五部分。标题和作者格式与期刊论文基本相同,但标题的选取更为宏观,并带有归纳总结的性质。综述论文的摘要与研究论文的四要素完全不同,一般是简短地介绍本文综述的背景和综述的主要内容。参考文献部分的格式与研究论文相同,但引用的文献数量较大、年份较新。综述论文的正文部分的写作方式与研究论文完全不同,第一部分为综述相关研究背景的简短介绍,点明拟综述的主要内容,介绍核心概念;其后是围绕综述主题分部展开的归纳和讨论,每一部分有一个小标题,并围绕这一小标题引用和总结大量文献,介绍最新的研究成果,阐明这一部分内容与主题之间的联系,并可适当地使用图和表以提高综述的可读性;最后一部分在前文总结的基础上,提出一个简短的本学术领域(或研究方向)的未来发展展望。参考文献可能出现在综述正文的任何位置,并且是综述论文的核心要素。

综述论文写作的难度很大,一篇好的综述应当具备前沿性、系统性和权威性。体现在写作中主要包括参考文献数目在 50 篇以上,80% 以上的参考文献应该为近 3 年的研究成果,绝大多数参考文献和学术数据应当取自高水平的研究期刊,而且参考文献选取面应基本覆盖相应的研究领域。综述语言要通俗、流畅,总结到位,形神统一,各部分均服从于综述的核心内容,学术观点正确,各项判断合理,对学术发展方向的展望有可靠的依据,能够为读者提供借鉴。大学生尝试性的综述写作首要注意的是选题不宜过大;其次是参考文献的选择要新,适当参考相关领域国际著名期刊上的最新综述论文;第三是要注意综述的科学性,切不可毫无依据地标新立异或信口开河。

笔记

（四）药学期刊选择与论文投稿

1. 国内外著名的药学期刊　我国的药学门类学术期刊众多，其中比较重要、归属于北大核心期刊和科技源统计期刊的包括药学学报、中国药学杂志、中国医院药学杂志、药物分析杂志、中国医药工业杂志、中国新药与临床杂志、中国药理学通报、中国抗生素杂志、中国药科大学学报、中国药理学与毒理学杂志、中国新药杂志、中国临床药理学杂志、中国药房、中国现代应用药学、华西药学杂志、沈阳药科大学学报等，这些期刊涉及药学研究与应用的各个领域，代表着国内期刊收录的药学学术论文的最高水平，有较高的学术参考价值。

在国际药学研究中，被 SCI 收录的药学专业学术期刊超过 230 种，其中特别著名的药学门类综述期刊有 Nature Reviews Drug Discovery（最顶尖的药学综述期刊）、Annual Review Pharmacology、Pharmacology Review、Advanced Drug Delivery Review 等；高水平的药学研究期刊包括 Drug Resistance Update、Trends in Pharmacology Science、Pharmacology Therapeutics、Current Opinion of Pharmacology、Neuropsychopharmacology、Clinical Pharmacology Therapeutics、Drug Discovery Today、Molecular Pharmaceutics 等，中国药理学通报（英文版）也被 SCI 收录。当然每年在国际最著名的 Nature、Science、New England Journal of Medicine 等综合性或相关领域专业性期刊上也有一定数量的高水平药学论文发表，这些论文往往代表药学门类研究中的一项创造性、划时代的研究，特别值得科学工作者关注。

2. 药学论文投稿　药学论文投稿是一项系统性工作，涉及对本人（本组）研究工作的自评与投稿期刊的选择、论文格式的调整、期刊投稿材料的准备，及在线信息填报和文件上传等几个步骤。研究工作的自评直接关系到期刊的选择，是一个需要有一定经验或需要进行尝试的过程，投稿期刊层次远高于研究工作的水平将造成投稿时间的浪费，投稿期刊层次低于研究工作的水平将使作者感觉研究工作的价值未能完全体现。如果时间允许，投稿时可尝试从稍高于本人研究工作的期刊起投，以期达到最佳的论文价值体现。

投稿期刊一经选定后，要根据选定期刊的具体要求进行论文格式的修改，如摘要字数、作者标注格式、正文写作顺序、参考文献格式等，有些期刊还要求在正文中补充每个作者的贡献情况和商业竞争兴趣。这些涉及论文写作体例的问题，另外还需要对字号、字体、字间距等按要求进行调整。一般来讲，各个表格和表头要求放于全文的最后，每页一表；论文中的图需要以达到要求分辨率的 Tiff 格式或论文要求的其他格式单独作为一个文件存放，图的编号和图注放于论文正文的最后一部分。参考文献格式的调整相对比较繁杂，但 EndNote 软件给出了绝大多数期刊论文可选用的参考文献格式，如图 7-22 所示，作者只需在 EndNote 的 Word 面板中点击"引文格式修改"（图 7-18）按钮，选定对应的期刊名称，即可快速完成参考文献格式的转换。

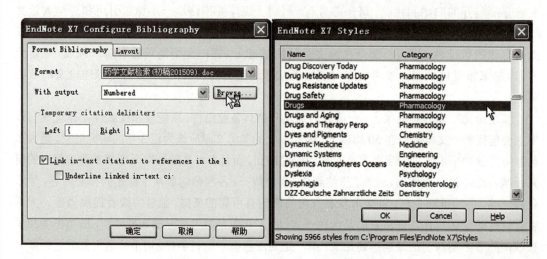

笔记

图 7-22　不同期刊论文的参考文献格式选择

　　投稿之前还需要按期刊的相关要求准备材料。以英文论文投稿为例，投稿前需要形成一个含有投稿说明，及对本论文研究的概括性介绍和创新、要点说明的文件，即常说的 cover letter（相应的格式可以从网络上查询），准备好论文稿件（manuscript），并注册一个投稿期刊的投稿人账号（一般应由通讯作者注册）。另外还需要提前准备投稿所需的其他相关材料，如提供每个作者的电子邮箱，作者的排序，3～5 位推荐审稿人的姓名、职位、电子邮箱信息，课题组希望回避的审稿人，单独存放、命名的论文图文件，重要的材料方法、结果等说明，补充文件（不能放入正文的文字、图、表等），涉及人或动物作为研究对象的还要准备研究伦理审查证明。根据期刊要求做好这些投稿前的准备工作，投稿过程将变得十分轻松。中文论文的投稿相对简便一些，可以通过杂志社的官方网站按步骤提交，也可以通过编辑邮箱直接发送。

　　材料齐全后，登录注册的投稿系统账号，按要求在线逐项填写信息、上传文件（论文稿、cover letter、图、补充材料、其他附件等）即可，所有内容填写、上传完成后系统会自动生成一个 PDF 格式的文件，对生成的 PDF 格式文件查阅无误后，点击提交（submission）按钮，投稿过程即告完成。投稿之后，可经常登录投稿系统查看稿件信息，如果稿件质量初审达到期刊要求，编辑将安排论文外审，并在外审后反馈意见，作出接收、修稿、退稿等审稿决定。如遇到修稿要求，应根据审稿人和编辑的意见逐项答复，并将修改材料和改稿说明（cover letter）按要求重新提交，直至论文接收。创新性的研究成果、流畅的语言描述、规范化的论文格式是决定论文接收的关键，每一个环节均应当充分重视。

四、实　习　题

　　1. 查看读者所在学校的本科学位论文格式要求，就本人感兴趣的学术方向设计一篇综述论文大纲，并向本校专家征求修改意见，尝试书写一篇综述论文。

　　2. 尝试使用 EndNote 文献管理工具进行 Word 文档的引文插入，并针对不同期刊的格式选取和人工格式调整，查看文献引用的格式效果。

（李　霞）

笔记

参考文献

1. 孙忠进，何华. 药学信息资源检索［M］. 南京：东南大学出版社，2002.

2. 孙忠进. 药学信息学与信息药学辨析［J］. 医学信息学杂志，2011，32（8）：40-43.

3. 江凌. 药学信息检索实验课教学内容设置探讨［J］. 科技信息，2011，33（8）：381.

4. 徐春. 中国药科大学文献检索课教学改革的实践与探索［J］. 情报探索，2014，34（8）：66-68.

5. 王细荣，韩玲，张勤. 文献信息检索与论文写作［M］. 第4版. 上海：上海交通大学出版社，2013.

6. 莫莉蓉，马世平，王孝亮. 药学专业数据库建设与研究［J］. 科技情报开发与经济，2006，16（22）：71-72.

7. 邓发云，信息检索与利用［M］. 第2版. 北京：科学出版社，2013.

8. 张迪等.《美国药典》36版《国家处方集》31版概览［J］. 中国药房，2013，24（21）：1923-1926.

9. 何林涛. Sadtler（萨特勒）红外光谱数据库联网检索［J］. 光谱学与光谱分析，2000，20（6）：825-826.

10. 肖风玲，李朝葵. 医学文献信息检索实用教程［M］. 北京：科学出版社，2013.

11. 国家药典委员会. 中华人民共和国药典［M］. 北京：中国医药科技出版社，2015.

12. 王大盈. Elsevier全文电子期刊数据库使用技巧［J］. 当代图书馆，2010，39（1）：36-38.

13. 刘莉，青晓，姜瑾秋. Ovid数据库使用指南［J］. 吉林大学学报：医学版，2007，33（1）：192-194.

14. 尹源. Science Direct数据库的使用评价［J］. 中华医学图书情报杂志，2003，12（3）：49-50.

15. 齐青. Web of Science的检索和应用［J］. 图书馆工作与研究，2013，35（2）：110-112.

16. 杨华，王小萍，干文芝，等. 基于Web of Science的国际茶多酚类研究文献发展态势分析［J］. 茶叶科学，2013，50（6）：541-549.

17. 龙旭梅，祝业，马明慧. 国外三大全文电子期刊数据库使用统计分析［J］. 中华医学图书情报杂志，2013，22（8）：75-78.

18. 杨慧. Wiley InterScience全文数据库及其信息服务［J］. 现代情报，2005，25（9）：89-90.

19. 王瑜，吴琦磊. 近几年国内外关于SCI的研究进展［J］. 现代情报，2010，30（12）：130-133.

20. 夏立娟，陈陶. 基于Web的ISI三大引文索引数据库引文检索方法［J］. 情报科学，2003，21（6）：643-644.

21. 李力. 美国ISI公司及其颇具信息服务功能的引文索引数据库［J］. 现代情报，2005，25（3）：159-161.

22. 华薇娜. 美国ISI公司引文索引数据库最新检索功能评析［J］. 情报理论与实践，2005，28（3）：332-336.

23. 谈鹤玲. 谈德国施普林格数据库（Springer link）的特点及检索功能［J］. 农业图书情报学刊，2003，21（5）：115-116.

24. 曹志梅，王凯. 我国四大引文数据库比较分析［J］. 情报学报，2002，21（4）：481-485.

25. 纪昭民. 中国科学引文数据库与中国科学引文索引［J］. 编辑学报，1996，8（4）：208-210.

26. 余致力. 基于专利信息分析的紫杉醇技术生命周期［J］. 医学信息学杂志，2010，31（11）：46-49.

27. 顾东蕾. 在我国失效的日本心血管疾病治疗药物的PCT专利申请数据挖掘［J］. 药学进展，2015，39（2）：119-125.

28. 顾东蕾，郑晓南. 会议论文在学术期刊上发表之研究［J］. 中国科技期刊研究，2014，25（1）：57-64.

29. 顾东蕾，何华. 联合分析法评测工科类研究生专利信息教育［J］. 现代情报，2013，33（9）：111-116.

30. 周振旗. 如何根据标准号查找药品质量标准［J］. 中国药业，2015，4（24）：3-4.

31. 黄应申. 生物医学开放获取资源的特性及相关网络资源介绍［J］. 图书情报工作，2014，58（增刊1）：69-72.

32. 李麟. 2012年国际开放获取实践进展综述［J］. 图书情报工作，2013，57（20）：136-142.

33. 魏明坤. 开放获取运动的现状及价值研究［J］. 农业图书情报学刊，2015，27（4）：17-20.

34. 黎静. 生命医学类信息的开放获取研究综述［J］. 情报探索，2010，29（12）：66-69.

35. 李霞. 生物信息学［M］. 北京：人民卫生出版社，2015.

36. 罗爱静. 医学文献信息检索［M］. 北京：人民卫生出版社，2010.

37. 李梢. 网络靶标: 中药方剂网络药理学研究的一个切入点[J]. 中国中药杂志, 2011, 36(15): 2017-2020.

38. 古明, 赵茜. 美国《化学文摘》纸质版、光盘版和网络版在药物信息检索中的应用比较[J]. 科技情报开发与经济, 2010, 20(8): 5-7.

39. 杨苹, 袁述. 2014 年 1—9 月美国 FDA 批准的罕见病用药概况[J]. 上海医药, 2015, 21(7): 73-76.